アーレントのマルクス

労働と全体主義

Baku Momoki
百木 漠

人文書院

アーレントのマルクス　目次

序章　いま、なぜアーレントなのか？　9

第一章　『全体主義の起源』と『人間の条件』のあいだ　35

アーレントのマルクス——労働と全体主義

序章　いま、なぜアーレントなのか？

1　問題関心

アーレントへの関心がますます高まっている。

日本でも二〇一三年に公開された映画『ハンナ・アーレント』がミニシアター系としては異例のヒットを記録したことは記憶に新しい。当初は、東京神保町の岩波ホールのみでの公開であったが、連日多くの観客が詰めかけた結果、公開規模は全国に広がった。この映画のヒットに合わせて、アーレントについての入門書や解説書なども次々と出版・再販され、研究者のあいだにとどまらず、多くの人々の注目を集めることとなった。もちろん、映画の公開によってアーレントへの関心が高まったというだけでは不正確で、時代の関心がもともとアーレントに向けて高まりつつあり、映画の製作とヒットもそのような関心の高まりの一現象であると捉えるほうがより正確であろう。

こうした関心の高まりは日本だけのものではなく、諸外国でも似たようなかたちでアーレント研究は活況を呈している。二〇〇〇年代以降、アーレントの草稿集や講義録、書簡集などが相次いで出版され、それにあわせるようにして、アーレントに関する研究書や論文も驚くべきスピードで量産され続けている。なぜ現在、これほどアーレントへの関心が国際的に高まっているのか、そのこと自体が興味深いひとつの現象ではある。

もちろん、アーレントはそれ以前から人気の高い思想家の一人ではあった。とりわけ、冷戦が崩壊した一九九〇年代以降には、左（革新）とも右（保守）とも分類できないアーレントの思想が新しい「公共性」の可能性を示すものとして注目を集め、「アーレント・ルネッサンス」と呼ばれるほど大量のアーレント研究を出現させた(1)。しかし二〇一〇年代に入り、そのようなアーレント研究熱もようやく落ち着き始めたかというところに来て、映画『ハンナ・アーレント』のヒットがあり、アーレント研究が再び勢いを増しているのである。これは一体どうした理由からだろうか？

それはやはり、アーレントの思想が「現代」という時代（とりわけ二〇一〇年代を取り巻く社会状況）に深く共鳴するところがあるからではないか、というのが筆者の考えである。世界的な金融危機が訪れたのちのナショナリズムの再燃、排外主義の高まり、グローバル化への反動、ポピュリズムの流行、民主主義の危機、立憲主義の形骸化、テロリズムの横行、などの二〇一〇年代のわれわれを取り巻く政治状況と国際情勢は、アーレントが若き日々に遭遇し、それについて生涯思考し続けたところの問題とほとんど同じものである。一言でいえばそれは、文明の行き着く先に「全体主義」という究極的に野蛮な政治体制が現われてきた歴史の結末をどう考えるか、という問題である。

その意味では、今日多くの人がアーレントの思想に関心を持ち、アーレント研究が国際的に加熱していることは、必ずしも喜ばしいことではないのかもしれない。なぜならそれは、アーレントが格闘した「全体主義」の問題が、われわれの社会に回帰しつつあることを示唆しているからである。もちろん今日、「民主主義の危機」と呼ばれている国際的な政治状況がそのまま「全体主義」に繋がるものであるかどうかについては慎重な議論が必要だろう。単純なイメージや類比だけでそれを語ることはできない。むしろそのためにこそ、われわれは「全体主義」という二〇世紀の危機について考察し続けたアーレントの思想から多くを学び、それを新たな思考の糧としなくてはならない。そもそも全体主義とは何なのか、全体主義はどのような社会状況から生まれてくるのか、全体主義に対抗するためには何が必要なのか。こうした根源的問いに立ち向かうにあたって、アーレントの思考は重要な道標となるはずである。

アーレントは、「全体主義 totalitarianism」とは過去に例を見ない全く新しい支配形態であると述べ、これが「独裁 dictatorship」や「専制 tyranny」、「暴政 despotism」などの伝統的な支配形態と根本的に異なるものであると論じている。それゆえ、「全体主義」という新たな支配形態を理解するためには、伝統的な政治思想の語彙に依拠するだけでは不十分であり、伝統を超えた新たな思考の枠組みを創り出していかなければならない。それこそが、彼女が「手すりなき思考 thinking

---

（1）アーレント研究の動向をまとめた解説文として、川崎修「アレントを導入する」（『ハンナ・アレントの政治理論〈アレント論集Ｉ〉』所収、二〇一〇）は今なお代表的な位置を占めている。ほかに森川輝一『〈始まり〉のアーレント――「出生」の思想の誕生』（二〇一〇）の第一章が、ここ数十年のアーレント研究動向を的確に網羅した秀逸な論考となっている。

without banisters」と呼んだ思考のあり方である。言うまでもなく、アーレントは全くのゼロから独自の思考を創りあげたわけではない。彼女は多くの過去の思想家を参照しながら、それを独特のやり方で反芻し、批判し、再解釈することによって、新たな思想の地平を切り開いたのである。

アーレントはしばしば古代ギリシアに郷愁を抱いていた伝統主義者として捉えられ、そのことでこれまで多くの批判に晒されてきた。しかし、そのような理解は端的に言って不正確である。アーレントが古典古代に対して愛着を抱いていたことは事実であり、それが彼女の発想の源になってきたことは確かであろう。だがそのいっぽうで、近代が「伝統から断絶」した時代であることを彼女が繰り返し強調していたことを忘れてはならない。「伝統の糸は切れており、われわれは自らの手で過去を発見しなければならない」(BPF, p.201／二七五頁)。近代以降の社会を生きるわれわれは、もはや素朴に「伝統」へと回帰できないことを彼女は嫌というほど強く理解していた。それゆえあたかも彼女が「昔はよかった」といった風な回顧主義者であると捉えたり、古代的な政治を現代に復興させようとした伝統主義者であると捉えたりするのは明らかに間違いである(Canovan 1992, 森川 二〇一二)。

過去の思想家を参照しつつも、常にそれを通常とは異なる角度から読み直し、再解釈し、新たな思想を打ち立てるという思索をアーレントは死の直前まで続けていた。「私にとって大事なのは、思考の過程そのものなのです。何かを考え抜くことができたとき、私としてはとても満足なのです。そして、それを書くことのなかで適切に表現できたときにも、同様に満足を感じます。……私が影響力を持ちたいかですって？　いいえ、私は理解したいのです。そして、私が理解したのと同じ意味で他の人もまた理解するとき、そのとき私は、故郷で安らぐようなある種の充足感を覚えるのです」とアーレントは晩年のインタビューのなかで述べている（EU, p.3/（一）五頁）。

アーレントは生涯をかけて全体主義の問題と向き合い続けたが、もしわれわれもまた現在、彼女が向き合っていたのと同じ問題に直面しているのだとするならば、そしてそれこそが、われわれが彼女の思想へと惹きつけられる理由だとするならば、われわれもまた彼女に倣って、われわれ自身の「手すりなき思考」を実践していかなければならないだろう。つまり、われわれはアーレントの思想から多くを学びつつも、ときにそれを批判し、新たな角度から再解釈し直していくことを求められているのである。これはセイラ・ベンハビブが「アーレントと共に、アーレントに抗して with Arendt, contra Arendt」と呼び表したところの態度である（Benhabib 1996）。

以上のような状況を踏まえたうえで、本書では、現代における全体主義の問題を考察するために、アーレントの「労働」思想をその手掛かりとする。従来、アーレントの思想は、「活動」や「公共性」の概念を中心として、主に政治思想の分野で研究が盛んになされてきた。このことは、アーレントが人間の営為において「活動」や「公共性」の意義を高く評価してきたことからすれば、ごく自然な流れであったと言える。しかし本書では、敢えてアーレントがもっとも低く評価した（と一般的に理解されている）「労働」の観点から、彼女の思想を再検討することを試みる。これまでほとんど主題的に取り上げられてこなかったが、アーレントの労働思想は、彼女の近代化論、大衆社会論、全体主義論などにまたがる重要な位置を占めており、彼女の思想の隠された土台をなしていると言ってよい。「労働」の観点から再検討を行うことによって、アーレントの思想に新たな角度から光を当て、そこから「労働と全体主義」の親和性という重要なモチーフを取り出すことが本書の狙いである。

そして、アーレントの労働思想を研究するにあたって欠かせない要素となってくるのが、彼女のマルクス批判である。『人間の条件』の「労働」章を一読すれば明らかなとおり、(2) 彼女の労働思想はマルクスの労働思想を強く批判し、これに代わる新たな労働論を構築しようとするところから出発している。「労働」と「仕事」の区別、「労働」と「生命」の関係、「労働」と「全体主義」の結びつきなど、アーレント労働思想の特徴をなす諸要素は、ほとんどすべて彼女のマルクス批判から生まれてきたものであると言ってよい。そこで本書では、アーレントがマルクスの思想をどのように読み、また批判し、そこから独自の労働思想を創りあげていったのか、という過程を検証していく。その検証を通じて、「労働と全体主義」の思想的結びつきを明らかにすることが可能となるはずである。

2 先行研究

アーレントといえば、一昔前までは「反マルクス主義・反共産主義の思想家」というイメージが強かった（あるいは今でもそういうイメージを持たれている方も多いかもしれない）。エリザベス・ヤング・ブリューエルが指摘するように、『全体主義の起源』が発表された当時は、冷戦体制下という時代背景が大きく手伝って、ナチズムとスターリニズムを並列して「全体主義」として論じたアーレントの理論は、スターリニズムおよびマルクス主義を全体主義として批判したものと受け取られた。その結果、アーレントは冷戦体制における「アメリカの代弁者」であり、保守反動の思想家であり、左派にとっての敵であると受け止められていた時期が長く続いた（Young-Bruehl 2006, pp.39-40／四三‐四四頁）。『暗い時代の人々』の翻訳者である阿部齊も、『人間の条件』文庫版解説のなかで永井陽之助の文章を引きながら、アーレントの『人間の条件』がまず「マルクス主義に対する根底的批判」としてわが国で受容された経緯を説明している（『人間の条件』邦訳版、文庫版解説、五四一頁以下）。

しかし、「アーレント＝反マルクス主義＝反動保守の思想家」という理解は、控えめに言って、あまりに単純化されたものである。先にも述べたように、単純にリベラル（左派）とも保守（右派）とも分けられないところにこそ、アーレント思想の醍醐味があるのだ。マルクスを批判していたからアーレントは反共で保守主義の思想家だ、といった単純化された理解は過去のものとなりつつある。われわれは彼女のマルクス批判から、もっと多くのものを汲み取ることができるはずである。

実際、アーレントとマルクスの思想比較は、近年、アーレント研究のなかで急速に関心の高まっているテーマのひとつである。ここ数年の間にアーレントとマルクスに関する複数の著書や論文が発表されて注目を集めている。

（2）『人間の条件』の「労働」章の冒頭は以下の一文から始まる。「以下の章ではカール・マルクスが批判されるであろう。これは不幸なことだ」（HC. p.79／一三三頁）。

そのきっかけとなったのは、アーレントの草稿集『カール・マルクスと西欧政治思想の伝統』が公表されたことであろう。本論のなかで詳しく述べるが、この草稿集は彼女の生前に発表されることはなかったものの、アーレントがどのようにマルクスを読解し批判しながら、独自の思想を形成していったのかを知るうえで極めて重要な資料となっている。この草稿の一部が、海外では二〇〇二年に『ソーシャル・リサーチ』誌に掲載され、また日本国内では同年に佐藤和夫らの翻訳・編集によって公刊された。とくに日本語翻訳版は、『ソーシャル・リサーチ』誌に掲載されなかった多くの草稿を含んだものであり、国際的に見ても重要な価値を持つ草稿集となっている。現在では、アメリカ議会図書館（Library of Congress）のウェブサイトからほとんどすべての草稿データを確認することができるが、一冊にまとまった活字のかたちでその内容を確認できる日本語翻訳版の『カール・マルクスと西欧政治思想の伝統』（以下、『伝統』と略す）は大変に有用性が高いものと言えるだろう。(3)

また、この草稿集の他にも、ジェロム・コーンやウルズラ・ルッツらの編纂によって、『思索日記』、『責任と判断』、『政治の約束』、『政治とは何か』など、多くの草稿集や遺稿集が公刊されたことも、アーレント研究に新たな進展をもたらすきっかけになった。これらの草稿集・遺稿集などから、アーレントがどのような思想家の著作に目を通し、それらをどのように解釈して、独自の思想形成に繋げていったのかという過程を確認することができるようになった。それらの資料をとおして、アーレントがどの時期にマルクスのどのような著書を読み、それに対してどのようなメモを残していたかを検証できるようになり、とりわけ一九五〇年代の彼女の思想形成においてマルクスから受けた影響が予想されていた以上に大きなものであったことが明らかになってきたのである。

それ以前にも、アーレントとマルクスの思想比較（あるいはアーレントのマルクス解釈）について論じた先行研究がなかったわけではない。例えば、一九七九年にアーレントを追悼するかたちで出版された『ハンナ・アーレント――公共世界の再生』（未邦訳）というアンソロジーでは、ビクー・パレークが「ハンナ・アーレントのマルクス批判」という論文を寄せており（Parekh 1979）、またミルドレッド・バカンとロバート・W・メジャーの論文も、アーレントの「労働」概念と「仕事」概念の区別を批判的に考察するなかで、アーレントのマルクス解釈の妥当性について言及している（Bakan 1979, Major 1979）。これらの論文はいずれも、アーレントによる「労働」と「仕事」の区別が特異なものであることを指摘し、その独自性を評価しつつも同時にその区別の理論的限界を提示するという恰好をとっている。またあわせてアーレントのマルクス解釈の問題点が指摘され、そこに多くの誤読が含まれていることが批判的に論じられている。

こうした理解はその後の論者にも基本的にそのまま引き継がれ、例えば二〇〇〇年以降には、ショーン・セイヤーズが、マルクスの労働論を擁護するかたちでアーレントのマルクス読解を厳し

（3）The Hannah Arendt Papers（The Library of Congress） http://memory.loc.gov/ammem/arendthtml/arendthome.html 二〇一八年一月一五日最終アクセス。オンライン上で未公開のデータについては、アメリカ議会図書館、ニュースクール・フォア・ソーシャル・リサーチ図書館、バード・カレッジ図書館所蔵のアーカイブからアクセスが可能である。筆者は二〇一五年一〇月と二〇一七年三月にニュースクールおよびバード・カレッジの図書館を訪れ、オンライン上で未公開のデータを収集した。

く批判する論文を書いている（Sayers 2003・2007）。アーレントはマルクスの「労働Arbeit」概念が「労働labor」と「仕事work」を区別できていないことを批判するが、そもそも現代社会において「労働」と「仕事」を区別することなど現実的に不可能であり、マルクス解釈としても正しくない。むしろポスト・フォーディズム化が進む現代経済においては、生命維持（labor）と物質生産（work）を一体化して捉えたマルクスの労働論こそが有効であり、古代ギリシアを参照しながら「労働」と「仕事」を区別して論じようとするアーレントのほうに無理がある、というのがセイヤーズの主張であった。

またこれとは別に、アーレントとマルクスの思想を補完的に捉えようとする研究もある。アーレントとマルクスの「人間の条件」を比較考察したW・A・サッチングの論文や、アーレントの「世界疎外」論とマルクスの「自己疎外」論を比較考察したジェニファー・リングの論文は、同じくアーレントによるマルクス誤読の問題点を指摘しながらも、実際にはアーレントとマルクスは近代社会に対して似通った問題意識を共有していたのではないかという見解を示している（Suchting 1962, Ring 1989）。つまり、アーレントもマルクスも、生命維持のための「労働」が中心的な営みとなり、人々の関心が「労働」と「消費」のみに向けられる近代資本主義社会を批判する点においては共通した問題意識を持っていたのではないか、にもかかわらずアーレントがそのことを理解せず、一方的な誤解にもとづきながらマルクスを批判することに終始してしまったのではないか、というのがこの二つの論文の主張である。サッチングとリングはともにアーレントとマルクスの思想を二項対立的に捉えるのではなく、両者を補完的に捉える見方を提唱していたと言えよう。

以上のように、従来の先行研究には、（一）アーレントとマルクスの思想を対立的に捉えるもの（アーレントのマルクス解釈を厳しく批判するもの）と、（二）両者の思想を補完的に捉えるもの（アーレントとマルクスの思想の融合を図るもの）との大きく二種類があったと言える。この二つの流れを綜合しつつさらに両者をバージョンアップさせるかたちで登場してきたのが、（三）生前未発表であった草稿集・講義録・書簡集などを手がかりとしながら、アーレントのマルクス批判がその後の彼女の思想形成にどのような影響を及ぼしたのかを思想史的に検証する研究である。

こうした研究の方向をいち早く切り開いたのは、アーレント研究の泰斗であるマーガレット・カノヴァンであった。カノヴァンは一九九二年の著書『アーレント政治思想の再解釈』において、一九五〇年代にアーレントが取り組んだマルクス研究こそが彼女の二つの主著『全体主義の起源』と『人間の条件』を結びつける鍵であることを指摘した（Canovan 1992, 第三章）。そのうえで、アーレントがマルクス批判を通じて「西欧政治思想の伝統」全体の再検討へと向かっていき、それが『人間の条件』の骨格部にあたる構想へと繋がっていったことを明らかにしたのである。ただし当時の資料的制約からカノヴァンは『伝統』草稿をほとんど参照しておらず[(4)]、『過去と未来の間』に収められた諸論文を中心として、その思想形成過程を検証している。

（4）カノヴァンは次のように書いている。「一九五〇年代初頭の彼女の講義や論文を読むと、われわれは彼女の思考の流れを追い、人間の条件についての省察と全体主義を理解しようという試みとの間の有機的なつながりを見て取ることができる。本章の主題は、この結合する環、すなわちマルクスに関する彼女の著作である」（Canovan 1992, p.63／八七頁）。

こうしてカノヴァンによって新たな先鞭がつけられた「アーレントのマルクス批判」研究の領域は、その後、セイラ・ベンハビブやハンナ・ピトキンらの著作でも部分的に言及されるなど、少しずつ注目される機会が増え始める（Benhabib 1996, pp.130-138; Pitkin 1998, 第七章）。この流れがさらに二〇〇〇年代以降の草稿集・講義録・書簡集の公開によっていっそう促進され、今日、この分野で多くの研究が発表されるに至っている。

例えば、タマ・ヴァイスマンの『ハンナ・アーレントとカール・マルクス』（2013 未邦訳）は、まさに『伝統』草稿を一章ずつ丁寧に分析した書である。この本では、アーレント思想においてこの草稿が持つ意義、その成り立ちの経緯、その内容の妥当性〔とりわけアーレントのマルクス解釈の妥当性〕について、事細かな検討がなされており、『伝統』草稿を読み解くための有用な注釈書となっている。そのなかでヴァイスマンは、アーレントのマルクス誤読を数多く指摘しながらも、他方でその誤読箇所において実はアーレントは気づかぬうちにマルクスの思想に極めて接近していたのではないかという重要な考察を行っている。例えば、「『資本論』における人間の余剰性〔余計さsuperfluity〕に関するマルクスの議論と、全体主義における余計な〔余剰な superfluous〕人間の役割に関するアーレントの議論を比べるとき、〔われわれは〕そこに類似性を見出さないわけにいかない」（Weisman 2013, p.143）。

またトマス・ガイセンによる『近代における労働と主体化――カール・マルクスとハンナ・アーレントの間の想像的対話』（2011 未邦訳）は、『伝統』草稿のみならず、アーレントとマルクスの主要著作を順に取り上げ、さらには西洋近代における労働思想の変遷を大きく振り返りながら、アーレントとマルクスの労働思想を詳しく比較し、最終的には「アーレントとマルクスの間の想像的対話」を試みるという野心的な内容になっている。この大著のなかでガイセンが繰り返し指摘しているのは、アーレントとマルクスが対照的な労働観を持っていたにもかかわらず、ともに近代的労働のあり方を問題視していた点では両者は共通しており、とりわけ近代的労働と主体化の関係を両者は異なった角度から――アーレントは「世界疎外」の観点から、マルクスは「自己疎外」の観点から――論じていたという事実である。すなわち、「マルクスとアーレントはそれぞれの近代論のなかで、一方では、労働が初めて人間の活動能力のなかで主体化の条件となったことを論じ……他方では、近代において自由な活動の可能性が脅威に晒されていることを論じた」(Geisen 2011, S.468)。

このようにアーレントとマルクスの思想は必ずしも対立するばかりでなく、近代社会批判という側面においては少なからず共通した見解を有していたのではないかという論点(しかもアーレントがマルクスを批判または誤読している箇所においてこそ、両者の主張が近接しているという逆説)については、本論のなかでも詳しく検討していくことにしたい。

日本国内では、『伝統』の邦訳・編集を担当した佐藤和夫、吉田傑俊、尾関周二らの編著によって『アーレントとマルクス』(2003)という共著本が編まれている。ただし、この共著に収められている八本の論文のうち、「アーレントとマルクス」というテーマに焦点を当てて書かれた論文は三本のみであり(石井伸男・尾関周二・竹内章郎)、さらにこの三本の論文はいずれもマルクスに好意的な立場からアーレントを批判するというスタンスで書かれており、アーレントとマルクスの思想的関係を公平な立場から考察しているとは言い難い。また、せっかく邦訳された『伝統』草稿についての詳しい考察がなされていないのも残念に感じられるところである。その意味でのこの共著における諸論文は、アーレントとマルクスの思想を対立的に捉え、アーレントのマルクス解釈を徹底的に批判する、従来の先行研究（一）の範疇に留まるものと言えよう。

ヴァイスマンとガイセンに共通する新たなアーレント－マルクス研究の特徴は、アーレントのマルクス誤読の内容をマルクスのテキストにも依りながら詳細に検討しつつ、それを単なる誤読として切り捨てるのではなく、むしろ両者の間に共通する近代社会への批判的まなざしを見出し、さらにアーレントのマルクス研究がその後の彼女の思想形成にどのような影響を及ぼしていったかを思想史的に検証するところにある。単純にアーレントのマルクス解釈が正しいのか間違っているのかを議論するのではなく、彼女のマルクス批判がどのような背景においてどのような意図をもってなされたものであるのかを文献にもとづいて考証し、その思想的意義を明らかにしようとするのがこれらの研究の基本姿勢となっている(5)。

本書もこのような研究潮流の上に位置づけられるものであるが、そのなかでも本書が目指すのは、アーレントのマルクス批判およびアーレントの労働思想をめぐる研究を通じて、「労働と全体主義」の親和性を明らかにすることである。これまでの研究においてすでに、アーレントとマルクスの労働思想比較や、アーレントのマルクス解釈の問題点、近代的な労働のあり方に対するアーレントの批判内容などが検討されてきた。しかしこれらの先行研究のうちでも、アーレントのマルクス批判および労働思想が、彼女の全体主義研究と密接な関係性を持つことに着目しこれを主題化した研究は、いまだ数少ない。

この点に着目した貴重な研究として、森川輝一『〈始まり〉のアーレント――「出生」の思想の誕生』（二〇一〇）を挙げることができる。森川はこの著作の第四章「「制作」から「労働」へ――全体主義論の生成過程（2）」においてアーレントの労働論と仕事論を扱っており、『全体主義の起源』初版と第二版の比較や、当時の思索メモ（『思索日記』）の詳細な検討などの方法を用いて、『全体主義の起源』から『人間の条件』へと至る間に、全体主義を捉えるアーレントの思考の中心が「仕事」から「労働」へと移行していった過程を明らかにしている。ただし森川の研究では、その方法上、アーレントのマルクス批判の内実やその妥当性についてはほとんど触れられておらず、また『伝統』草稿もほとんど参照されていない。本書はまさにこの点を手がかりとしながら「労働と全体主義」の親和性の構造を明らかにするものである。

つまり、カノヴァンによって先鞭がつけられた「アーレントのマルクス批判」研究の深化と、森川によって切り拓かれた「労働と全体主義」の親和性についての研究という二つの軸を交差させながら、これをより深く探求していくことを本書は目指したい。アーレントは、全体主義がすでに過ぎ去ってしまった過去の問題ではなく、今なおわれわれの社会が抱える根本問題であることを繰り返し強調していた。冒頭に述べたように、今日、再び全体主義の危機が到来しつつあるのだとすれば、その危機はわれわれの社会が抱える「労働」あるいは「雇用」の問題と深く結びつきながら、

（5）この潮流における近年の研究として、Niggemeyer（2008）、Holman（2011）、Magun（2013）、Barbour（2014）、Ince（2016）など。他にも、Bowring（2011）や森分（二〇〇七）でもアーレントのマルクス批判に一章が割かれている。

世界中でその姿を現わしつつあると見ることができるのではないか。「アーレントのマルクス批判」から導き出される「労働と全体主義」というテーマを深掘りしていくことによって、われわれはアーレント思想の新たな魅力とその現代的意義《アクチュアリティ》を引き出すことができるだろう。

「労働と全体主義」の間に親和性があるというアーレントの考察が正しいものだとすれば、新自由主義《ネオ・リベラリズム》がグローバル経済を席巻する今日において、われわれがよりいっそう「労働」へと駆り立てられ、「労働」に束縛される度合いを高めているとき、現代社会は全体主義的な傾向を少しずつ強めているということにもなるだろう。例えば、近年の生活保護者へのバッシングの高まりや、ヘイトスピーチ等に見られる排外主義の傾向は、「勤労に励まない怠惰な者たち」を歪んだかたちで表象し、それを排斥することによって自らの同質性を高めようとする新たな全体主義《ネオ・トータリタリアニズム》的傾向の表れと捉えることができるのではあるまいか。このような懸念をわれわれが持つとき、アーレントがマルクス批判を経て精緻化した全体主義分析および近代社会批判は、その危機を乗り越える思想を構築するための重要な手がかりとなるはずである。

3　労働と全体主義

「労働と全体主義」の間に密接な関わりがあるという指摘じたいは、必ずしも珍しいものではない。

例えば、ナチスの強制収容所の入り口に「労働は自由にするArbeit macht frei」というスローガンが掲げられていたという史実は有名だろう。このスローガンは、もともと中世のヨーロッパ都市にまつわることわざ、「都市の空気は自由にする Stadtluft macht frei」をもじったものであるが、実際の収容所で行われていた強制労働とガス室における大量虐殺という悲劇を顧みれば、そこにこのようなスローガンが掲げられていたという事実は、われわれを身震いさせるものであろう。

さらに収容所で多くのユダヤ人たちが死の直前まで過酷な強制労働を課されていた背景では、多くの有名企業がその強制労働を自らの利益のために利用していたというおぞましい事実があったことが知られている。例えば、自動車会社のダイムラー＝ベンツ社、ポルシェ社、フォルクスワーゲン社、ＢＭＷ社、航空機会社のハインケル社、化学会社のＩＧファルベン社など、名だたる有名企業が、ナチス体制を支持し、それに協力すると同時に、収容所における労働者たちをほとんど無償の労働力として活用することによって多大な利益を得ていたことが伝えられている（ジェラテリー 二〇〇八、二五五－二六〇頁）。つまり、ナチスの強制収容所は究極のブラックな職場でもあったわけである。(6)

そもそもナチスとは「国民社会主義ドイツ労働者党 Nationalsozialistische Deutsche Arbeiterpartei」

(6) ジェラテリーによれば、ナチスの強制収容所はもともとユダヤ人のための収容所として作られたのではなく、政治犯・浮浪者・犯罪者・倒錯性欲者などが「労働忌避者」「政治共同体の寄生虫」「職業的犯罪者」などの名目で収容される施設として作られたものであった。収容所では、軍隊的規律、勤労精神、時間遵守、完璧な清潔などの規律訓練によって「非社会的分子」を「調教し直」し、「労働を通じて社会本能を蘇らせ、彼らを共同体に復帰させること」が目指されていたという（ジェラテリー 二〇〇八、七六－七七頁）。

の略であり、実際にナチス政権はまず労働者層・中間層に対して手厚い政策を取り、世界大恐慌後の悩みであった失業率を劇的に下げることによって、これらの層から強い支持を獲得していったのであった。アウトバーン建設をはじめとする大規模公共事業の実施や、若年層向けの勤労奉仕制度の導入、女性層向けの結婚奨励貸付金制度の導入、徴兵制度の導入など、「なりふり構わずの失業対策」を実施することによって、ナチス政府は失業者数を大幅に減らすことに成功した。ヒトラー政権が誕生した一九三三年一月末時点では、ドイツは六〇〇万人もの失業者を抱えていたが、三三年末には四八〇万人、三四年には二七二万人、三五年には二一五万人、三六年には一五九万人、三七年には九一万人と、順調に失業者数を減少させることに成功し、国民から絶大な人気を獲得した（石田 二〇一五、二〇六−二一四頁）。

ヒトラーは政権獲得直後から、従来の左翼的な労働組合を強硬的なやりかたで次々と解体へ追い込んでいった。そのうえで「ドイツ労働戦線 Deutsche Arbeitsfront」というナチス主導による新たな全国労働組合を組織し、半強制的に労働者たちをそこへ組み入れていった（木村 二〇〇一、三二一−三二三頁）。ドイツ労働戦線は、職場環境の改善や職業訓練の充実に積極的に取り組み、さらには労働者のための余暇活動の充実にまで力を入れることによってドイツ国民の大きな支持を獲得していった。その取り組みが単なるうわべだけのものではなく、少なくとも一九三〇年代半ばまでは労働者たちから大きな支持を受けていたことは確かなようである（井上 一九八九）。

また、田野大輔が的確に論じているように、ヒトラーはドイツ国民を「労働者 Arbeiter」として総称することによって、階級対立を乗り越えた同一的な「民族共同体」を実現することを目指していた。「ヒトラーはすでに『わが闘争』のなかで、ナチズムは「その支持者をまず第一に労働者の陣営から呼び寄せなければならないだろう」と明言しているし、政権獲得直後の演説でも、「わが国民の柱石」として労働者を農民とともに挙げ、全権委任法の審議に際しては、さらにはっきりと「われわれナチ党員は彼ら〔ドイツ労働者〕の代弁者となるであろう」と宣言している」（田野二〇〇七、一六五頁）。一九三四年の党大会では、総統が観閲するなか、五万二〇〇〇人の労働奉仕団員たちがシャベルを担いで整列し、「一つの民族・一人の総統・一つの帝国」というスローガンを合唱した。「ここに姿をあらわした「労働者」こそ、「民族共同体」の担い手にほかならなかった」（田野二〇〇七、一六一頁）[7]。

しばしば指摘されるように、ヒトラーによるこうした「労働者」重視の政策は、エルンスト・ユンガーが描き出した「労働者」の形態から強く影響を受けたものである。ユンガーの著書『労働者』（1933）では、「あらゆるものが労働として現われる」という言葉に象徴されるように、「労働」という言葉が通常の賃金労働などの範疇を超えて、人間のあらゆる営みや天体の動きなどまでをも含む幅広い概念として用いられていた。またユンガーはこの著書のなかで、一九世紀的な「市民」

（7）田野によれば、二〇世紀のプロレタリア社会主義運動ではハンマーやシャベルを持った半裸の男性労働者が象徴的な「労働者」像として表象されることが多かったが、この点ではナチズムもスターリニズムもほぼ共通した図像をポスターや広告に用いていたという（田野二〇〇七、一六四頁以下）。かように、力強い身体を持った勤勉な「労働者」こそが、ナチズムとスターリニズムを支える模範的な国民像として繰り返し提示され、「労働者」として均質化（Gleichschaltung）された国民によって構成される「民族共同体」の姿が構想されたのであった。

像に対して、新時代の人間のありようを「労働者」という「形態 Gestalt」として提示した。このように「労働」に過剰な（魔術的な）意味を読み込もうとする傾向は、当時の知識人層に広く共有されたものであり、この時代特有の空気感を醸成する結果をもたらしたのである。(8)

アーレントのかつての師、ハイデガーもまたこのようなユンガーの思想から大きな影響を受け、そこに時代の閉塞感を打破する希望を見出そうとした知識人のひとりであった。とりわけハイデガーがナチスに積極的に関与していた時期（一九三三－三四年）に、「労働」を称揚する発言を繰返していたという史実は、アーレントの労働思想を考察するうえでは極めて示唆的である。(9) 例えば、悪名高いフライブルク大学総長就任演説「ドイツ的大学の自己主張」(1933) や「労働者としてのドイツ学生」講演 (1933) のなかでハイデガーは国民（とりわけ学生）による勤労奉仕を強調して次のように述べている。

> 第一の務めは、民族共同体への献身である。この民族共同体は民族のあらゆる階層や構成員の辛苦・努力・能力をともに支え、ともに行なう義務を課すものである。この務めは、今後、勤労奉仕によって、確固としてドイツの学生の現存に根づくものとなろう。(Heidegger 2000, S.113, 強調原文)
>
> 人間は労働する者として、全体としての存在者との対決のうちへ身を置く……そのように解された労働の本質が、今や人間の現存在を根本から規定する。われわれの現存在は、別の存在様

式へと身を移し始めているのであり、この存在性格を、私は数年前、気遣いとして際立たせた。……労働において、かつ労働として形態づけられる民族的現存在の仕組みこそ、国家にほかならない。国民社会主義国家とは、労働国家である。（Heidegger 2000, S.205-206, 強調原文）

アーレントがこうしたハイデガーの発言を知らなかったはずはない。アーレントは自身の労働思想を展開するうえで、ハイデガーの労働論に対して直接的な言及は行っていないが、ハイデガーがナチスに関与した時期にのみ、こうした「労働」を称揚する発言を繰り返していた事実は、「労働と全体主義」に関する彼女の思想形成過程に少なからず影響を及ぼしたであろう[10]。おそらくはアー

（8）アーレントが描く「労働中心社会」とユンガーの『労働者』が描く世界観の類似性および当時の「前線世代」が共有していた「気分」については、伊藤洋典（二〇〇一、六五－七八頁）を参照。

（9）ハイデガーがナチスに関与していた時期に労働を称揚する発言を繰り返していた経緯、およびハイデガー哲学における「労働」概念の位置づけについては、轟孝夫（二〇〇二）、森一郎（二〇〇八）などの研究を参照。

（10）『思索日記』のなかには、ハイデガーの労働論に関して次のようなメモが残されている。「ハイデガーの農業への偏愛。生産でない労働と思索との間には、連関があるように思われている。なぜなら、生産が常に目的論的であるのに対して、思索も農作業も目的に縛られない営みであるように見えるからである。しかし思索に現実に対応するものは活動（Handlung）であって、労働ではない」（DT I, S.340/（一）四三二頁、一九五三年四月）。「ハイデガーは労働の本質を問いながら、すぐさままたも技術に行き着いている。なぜこういう誤解が生まれるのだろうか」（DT I, S.538/（二）一一二頁、一九五五年七月）。ここでアーレントは、ハイデガーが「労働」のうちに農作業、思索、技術など多様な要素を含みこませていることを批判している。この批判は、そのまま「労働」概念に様々な要素を包含させようとするマルクスへの彼女の批判と重なるものである（本書第二章参照）。これらのメモ

レントもまたこれらの歴史的事実を踏まえながら、近代における「労働の肥大化」が「全体主義の出現」という破局的結末へ結びついていった過程についての思索を深めていったのである。

またスターリニズム下でもナチズムと同様に強制（矯正）収容所が次々と建設され、政治犯や犯罪者をはじめとする「非社会的分子」が収容されるとともに、彼らを「労働と規律」によって「矯正」するとの名目において過酷な強制労働が実施されたことが知られている。厳しい環境のもとで運河建設やコンビナート建設などに駆り出された何十万人もの収容者たちが、その強制労働によって命を失った（村井 二〇一〇）。第一次五ヵ年計画のもとでは中央集権的な労働組合が編成されるとともに「生産に顔を向けよ」というスローガンが掲げられ、一九三五年以降にはいわゆる「スタハーノフ運動」によって労働生産性向上運動が実施された。これらの運動はもともと「上から」押しつけられた強制的なキャンペーンであったにもかかわらず、当時の都市労働者や中産階級者たちはこれらの運動を熱狂的に支持したという（ギル 二〇〇四、三二頁以下）。

しかし、ここまでに述べた様々な史実はあくまで「労働と全体主義」の思想的親和性を理論づけるための状況証拠でしかない。本書は、これらの状況証拠から推察される「労働と全体主義」の親和性を、一九五〇年代のアーレントの思索過程――とりわけ『全体主義の起源』から『人間の条件』に至る間のアーレントのマルクス批判、およびそこから生み出された独自の思想形成――を追跡することによって明らかにすることを目指すものである。その追跡から、アーレントのマルクス批判が多くの「誤読」を含みながらも複雑に入り組んだ構成をなしており、両者の思想がときに離反しつつもときに共鳴しあう様を描き出していく。

マルクスがその生涯をかけて「資本主義」の問題に取り組んだ異端の経済思想家であったとすれば、アーレントはその生涯をかけて「全体主義」の問題に取り組んだ異端の政治思想家であった。両者とも若くして出生の地ドイツから亡命することを余儀なくされ、その後の生涯を異国の地で過ごし、死ぬ直前まで旺盛な思索と執筆活動を止めることはなかった。多くの批判と誤解に晒されながらも、挑戦的な主張を繰り返し、後世の人々に大きな影響を与えた。このような二人の偉大な思想家の考察が「労働」というテーマを通じて交差し、ぶつかり合うとき、そこにどのような化学反応が起こるのか。その思索の衝突からわれわれは何を学びうるのか。「労働と全体主義」という交差軸を手掛かりにしながら、じっくりその考察を深めていくことにしよう。

4　本書の構成

本書の構成について、以下にその概要を示しておく。

第一章では、『全体主義の起源』初版（1951）発表後のアーレントが、マルクス研究に向かっていった経緯に焦点を当て、そのなかでアーレントがどのような思想を形成していったのかを考察する。その結果として、アーレントのマルクス研究が彼女の二つの主著『全体主義の起源』と『人間

が書きつけられたのが、アーレントがマルクス研究に没頭していた時期であり、彼女がマルクス批判を通じて「労働と全体主義」の親和性を見出していったことを鑑みれば（本書第一章参照）、それと同様の批判的思考がハイデガーにも向けられていたのではないかと推察することは、決して憶測とは言えまい。

の条件』（1958）をつなぐミッシング・リンクの役割を果たしており、アーレントがマルクスの資本主義分析を批判的に取り入れることによって、自身の全体主義分析をさらに発展させていったことを明らかにする。

第二章では、アーレントの労働思想の内容を確認するとともに、近代における「労働」の変容をアーレントがいかに捉えていたかを明らかにする。またアーレントの労働思想の背景を成しているアーレントのマルクス読解・批判がいかなるものであったかを検討し、アーレントとマルクスの「労働」概念の間にどのような差異があるのかを考察する。さらにアーレントのマルクス読解のうちにどのような「誤読」が含まれていたのか、なぜそのような「誤読」が生じてきたのかを解明することを試みる。

第三章では、「労働」だけでなく「政治」や「余暇」の観点からもアーレントのマルクス「誤読」の内容を検討し、アーレントの「生産的誤読」がいかなる思想的意義を持っていたかを考察する。アーレントのマルクス誤読の背景には、つねに全体主義への危機意識があり、またその前段としての大衆社会（あるいは社会的なもの）への批判意識があったことを明らかにする。そのうえで、アーレントが絶えずマルクスを「誤読」しながらも、まさにその箇所において意識せぬうちにマルクスの思想に接近していたことについても考察を行う。

第四章では、アーレントの「社会的なもの」の概念を取り上げ、とりわけ「自然なものの不自然な成長」という表現に着目しながら、アーレントがなぜ「社会的なもの」を否定的な意味合いにおいて捉えていたのか、またなぜその起源を「自然なもの」のうちに見出していたのか、という問いを考察する。そのうえでアーレントが近代の病理たる「膨張のための膨張運動」＝「自然なものの不自然な成長」に抗して、「世界」の持つ安定性と永続性を対置させたのではないかという仮説を提示する。

第五章では、『全体主義の起源』第二部の帝国主義論を「余計なもの」という概念を軸として再読する試みを行う。アーレントは帝国主義を「余計なもの」（余剰＝余計な資本や労働力）を排出・排斥する運動として捉え、これを海外帝国主義と大陸帝国主義という二段階に分けて分析した。そこでは「余計なもの」の位置が次々と移り変わりながら、それが最終的に「人間を余計なものとするシステム」としての全体主義に結びついていった過程が考察されている。その過程を追いながら、最終的に「余計なもの」の概念が資本主義・帝国主義・全体主義という三つの増殖運動を結びつける媒介項となっていることを明らかにする。

第六章では、アーレントが「労働」と「政治」の分離を主張していたにもかかわらず、『人間の条件』第三〇節「労働運動」において労働者の政治参加を称賛したのはなぜなのか、という問いを取り上げる。この問題から、アーレントがどのような条件下であれば労働者が「活動＝政治」に参加しうると考えていたのか、現代において可能なる「活動＝政治」がいかなるものであるのかを明らかにする。そのうえで、彼女が高く評価した評議会制度がつねに「束の間のユートピア」となってしまうのはなぜなのか、その困難を乗り越えるためにどのような方途が有効と考えられるのか、という問いを考察する。

最後に終章では、本書全体の考察を振り返りながら、アーレントがマルクスから何を学び取ったのか、労働と全体主義の関係性がいかなるものであったのか、アーレントの全体主義論が現代にもちうるアクチュアリティとは何か、などの問いを総括したうえで、新たな全体主義の危機を乗り越えるための方途として、アーレントの「仕事」概念に着目した考察――より正確には労働・仕事・活動の三角形バランスを取り戻すための「仕事」の再評価――を行うことで本書を締めくくりたい。

第一章 『全体主義の起源』と『人間の条件』のあいだ

ハンナ・アーレントは、彼女の名を一躍有名にした『全体主義の起源』（1951）を発表したのち、一時期、マルクス研究に没頭したと言われている。全体主義をめぐる膨大な歴史研究に打ち込んだのち、なぜアーレントは一転してマルクス思想の研究へと向かっていったのであろうか。そして「マルクスとの対話」のうちに彼女は何を見出したのであろうか。

『ハンナ・アーレント伝』を記したヤング＝ブリューエルによれば、この時期のアーレントは本格的に「マルクス研究に関する著作」の執筆を進めていたのだという。結果的にこの著作は彼女の生前中に公表されることはなかったが、その代わりに、この著作の構想を元にして書かれたのが、『全体主義の起源』に並ぶ彼女のもうひとつの主著、『人間の条件』（1958）であった。それゆえ、『人間の条件』という著作の出発点は、元々、アーレントのマルクス研究にあったと言っても過言ではない。

アーレントの二つの主著『全体主義の起源』と『人間の条件』は一見、研究対象も研究手法も叙述のスタイルも異なり、直接的な関連性を持たない著作であるように見える。前者が一九世紀から二〇世紀前半にかけてのヨーロッパ文明の解体過程を叙述しつつ、「全体主義の起源」を分析した歴史学的な研究書であるのに対し、後者は古代ギリシア以来の西欧政治思想の伝統を参照しつつ、労働・仕事・活動の三分類から「人間の条件」について考察した政治哲学的な研究書である。「アーレント・ルネッサンス」と呼ばれる一九九〇年代以降の膨大なアーレント研究においても、色合いの異なるこの二つの著作を結ぶ論理がいかなるものであるのか、という根本的な問いはいまだ十分に解明されていない。

そうした状況のなかで、アーレント研究の第一人者であるマーガレット・カノヴァンが、すでに一九九二年の時点で、この二つの著作を繋ぐミッシング・リンクが「アーレントのマルクスとの対話」にあることを指摘していたのはさすがの炯眼であったと言わねばなるまい。アーレント読者の多くはこの二つの著作の間に明確な繋がりが欠如していることに戸惑うかもしれないが、実はこの二つの著作の間には隠された繋がりが存在するのであり、アーレントの研究はあくまで一貫した意図のもとにあったと捉えられるべきである、とカノヴァンは主張する（Canovan 1992, p.63/八七頁）。そしてここでカノヴァンがいう「隠された繋がり」とは、すなわちアーレントが『全体主義の起源』発表後に取り組んだマルクス研究のことにほかならない。

アーレントは独自のマルクス研究を経て、どのような発見を行い、そこからどのような思想を形成していくに至ったのであろうか。またその思想形成がいかにして『人間の条件』の構想へと結びついていったのであろうか。本章では、『全体主義の起源』発表後のアーレントがマルクス研究に没頭していった過程を追跡することによって、『全体主義の起源』と『人間の条件』を結ぶ理路を明らかにすることを目指したい。

1 アーレントのマルクス研究

ブリューエル『ハンナ・アーレント伝』によれば、一九五二年から五三年にかけて、アーレントはグッゲンハイム財団の研究助成金を得ながら「マルクス主義の全体主義的要素」と題する研究を進めていた。当初アーレントはこの研究を三部構想で考えており、その計画に沿えば、彼女のマルクス研究は「スターリン体制の諸起源」および「ボルシェヴィズムのイデオロギー的背景」を明らかにすることを目的として始められたものであり、いわば『全体主義の起源』のつづきという性格を強く持つものであった。しかし研究を始めて間もなく、アーレントはこの研究が途方もない広がりを持つことに気づいたという（Young-Bruehl 1982, p.279/三七八頁）。

このとき、彼女の当初の計画の構想が崩れた発端は、マルクスの〈労働する動物〉という人間の定義にあったことをブリューエルは指摘している。この定義が西欧政治思想の伝統に対する重大な「反逆」であると考えたアーレントは、プラトン・アリストテレス以来の西欧政治思想の伝統を再検討しながら、その伝統に「反逆」しようとしたマルクスの思想を批判的に分析するという「途方もない広がり」を持つ研究へ向かっていくことになった。すなわち、一九五〇年代におけるアーレントの研究テーマは「マルクス主義の全体主義的要素」から「活動的生 vita activa」へと徐々にシフトしていったのである(1)。「一九五八年から一九六二年に至る四年間に、ハンナ・アーレントは三冊の著書、『人間の条件』『過去と未来の間』『革命について』を発表したが、これらすべてはマルクス主義についての本が元になって生まれたのであった」(Young-Bruehl 1982, p.279/三七八頁)とブリューエルが述べるように、この時期のマルクス研究はその後の彼女の思想形成を決定づけるほどの大きな影響をもたらしたのである。

アーレントは当初、この研究の成果を「マルクスに関する著作」として書き上げる予定であったが、出版社との交渉が難航したために、彼女の生前中にその著作が発表されることはなかった。しかし近年、その草稿集が『カール・マルクスと西欧政治思想の伝統』というタイトルによって公刊され、アーレント研究に新たな一石を投じることになった。そこには『全体主義の起源』から『人間の条件』へと至る間のアーレントの思想形成過程を示す興味深い記述が多数残されていたからである。とりわけ、アーレントのマルクス批判に関しては、いまだ荒削りではあるものの、『人間の条件』その他の著作には記されていない多くの興味深い考察がなされており、アーレントがどのような関心からマルクス研究に取り組んでいたのか、またその関心がどのようにして「西欧政治思想の伝統」全体への批判的考察と繋がっていたのかを知るための貴重な手がかりとなっている。

それでは実際に『カール・マルクスと西欧政治思想の伝統』(以下、『伝統』と略す)の内容を見ていくことにしよう。まず『伝統』草稿を一読して気づくことは、アーレントがマルクスの思想を一方的に批判しているわけではなく、マルクスの思想家としての偉大さを認めつつも、その思想内容については根本的に異議を唱えるという両義的な態度を取っていることである。例えば、『伝統』

第二草稿の序言でアーレントはマルクスの「偉大さ」を率直に認めながら、次のように書き記している。「マルクスが偉大な学者であり、また偉大な科学者、つまり経済学者、歴史家でもあったこと、そしておそらくはコント以上に社会科学の父というべき存在であったこと、これらすべての事実について、私は敢えてここで立ち入らない」（KM, Second draft, Preface, p.1/一一六頁）。

また『伝統』の第一草稿・第一ファイルの冒頭は「カール・マルクスについて考えたり書いたりすることは、決して容易なことではない」という一文から始まる。マルクスの影響力が今もなお上昇し続けているにもかかわらず、マルクスの思想を無視し続けるか、あるいは安易な理解のもとにマルクスを非難し続ける当時のアカデミズムに対して、アーレントはマルクスの思想と真剣に向き合うことの重要性を強調する。アーレントはマルクス本人の思想とマルクス主義とを区別したうえで、マルクスの思想がこれまで多くの誤解に晒されてきたと述べ、通俗的なマルクス主義へのバイアスを取り除いたうえでマルクスの思想が持つ意味に真摯に向き合い、それがわれわれの社会に及ぼした影響を改めて考えることが重要だと訴えるのである(2)（しかしこのような主張にもかかわらず、

(1)　アーレントは一九五三年秋のプリンストン大学の「クリスチャン・ガウス・セミナー」において「カール・マルクスと西欧政治思想の伝統」と題された講義を行い、また一九五六年春にはシカゴ大学の「ウォールグリーン財団寄付講座」にて「活動的生 vita activa」と題された講義を行っている。『人間の条件』の謝辞においてアーレントはこの二つの講義が『人間の条件』執筆の元になったことに感謝の意を示しているが、この二つの講義のタイトルが、この時期におけるアーレントの関心の推移を示していると見ることができよう。

(2)　おそらく、彼女が集中的にマルクスの著作を読み始めたであろう時期に、彼女はヤスパースとの書簡上でマルクスについての意見を交わしている。まず、アーレントは一九五〇年一二月二五日付の書簡でマルクスを擁護す

結果的にはアーレント自身もマルクスに対して重大な「誤読」を重ねることになる。この点については本書第二章および第三章にて詳述する)。

先にも述べたように、アーレントのマルクス研究は当初「マルクス主義の全体主義的要素」を明らかにするために始められたものであったのだが、彼女はこの論考の冒頭において、マルクスを「全体主義支配の父」と見なしてマルクス思想と全体主義を短絡的に結びつけようとする通俗的なマルクス解釈を厳しく批判している。マルクスは「全体主義という新たな統治形態に利用され悪用された人物」であって、マルクスの思想がそのまま全体主義的であるわけではないことをアーレントは明言している。「マルクス主義によって、マルクスは彼自身にまったくいわれのない多くのことで、称賛されたり非難されたりしてきた」(KM, First drafts, 1 of 4 folders, p.2/ 七頁)。

ただし、アーレントはマルクスを全体主義への責任から無罪放免しているわけではない。マルクスを全体主義の父と見なす通俗的な理解を批判しながらも、ある意味ではやはりマルクスは全体主義の出現に関して深い責任(関わり)を持っていたのだという両義的な立場に彼女は立つ。すなわち、すぐ後で述べるように、マルクスは「労働を賛美する思想」を打ち立てた点において、間接的にではありながら、全体主義の出現に対して重大な責任を負っているというのがアーレントの主張である。またこれに加えてマルクスと全体主義の関係性を考えるためには、この二つを直接的に結びつけるのでなく、西欧政治思想の伝統にまで遡ってこの問題を考え直す必要があることを彼女は指摘し、興味深くも次のように述べる。マルクスを「全体主義支配の父」として非難する人たちのうちでも、「マルクスに全体主義の責めを負わせることは、西欧の伝統それ自体が全体主義という巨大な新しい統治形態に必然的に帰着すると非難することに繋がることに気づいていた人はほとんどいない。

ただ、ヤスパースの返答はそう単純ではない。彼は、ヤスパース自身の倫理的な立場から次のように書く。「あなたのマルクス観に対しては、彼の名誉を救いたいという気はします。あなたの仰っていることが間違いだというのではありません。でもほかにもう一つの側面（単にもう一つというだけでは不十分ですが）、革命家マルクス、正義への情熱に首根っこを摑まれているマルクスがいます。そしてこれが彼とヘーゲルのもっとも深い相違ですし、また私の思うに、はっきり目には見えなくとも非常に強く彼をカントに結びつけている側面なのです」（Arendt & Jaspers 1993, S.196/（一）一八四－一八五頁）。

これに対して、ヤスパースは厳しく次のように返している。「マルクスの情熱は、根っこのところで不純だと私には思える。はじめからその情熱自体が正義に反し、否定的なものを糧にしていて、人間の像は見えず、憎悪の権化となった似非預言者がエゼキエルぶって語っているにすぎない。……私は彼のなかに「悪しき」人間しか見いだせない」（Arendt & Jaspers 1993, S.199/（一）一八八－一八九頁）。

これに対して、アーレントは五一年三月四日の時点ではまだ「私は学者としての彼を弁護する気はありません（たしかに偉大な学者ではありましたが、イデオロギーを持ち込むことでまさに学問を台無しにしてしまったのです）。むろん哲学者としての彼も。でも反逆者かつ革命家としての彼は救い出したいのです」（Arendt & Jaspers 1993, S.204/（一）一九三頁）とマルクスを擁護するが、五三年五月一三日付の書簡では自分の非を認めて次のように書くに至る。「私はいまプリンストンでの数回の講義と、ハーヴァードでの一回の講義のための準備をしているところです。プリンストンでは政治哲学の伝統におけるマルクスを論じます。読めば読むほど、あなたの仰るとおり、マルクスは自由にも正義にも関心を持っていないのだと分かってきます（しかも、極めつきの嫌な奴だと）。にもかかわらず、ある種の一般的問題を論ずるためのいい出発点になります」（Arendt & Jaspers 1993, S.252/（一）二五一頁）。

このやりとりから、当初はマルクスに擁護的で、「反逆者かつ革命家としてのマルクス」を救い出そうと試みていたアーレントが、その研究を深めるにつれ、次第にマルクスに批判的なスタンスへ転じていった様子を見て取ることができる。そのうえで彼女は「ある種の一般的問題を論ずるためのいい出発点」としてマルクスを捉え直したのである。

どいない」、と(KM, First drafts, 1 of 4 folders, p.3/ 九頁)。

しばしばアーレントは、マルクスに代表される近代進歩主義的な思想潮流を非難して、プラトンやアリストテレスに代表される伝統的な西欧思想を称賛した思想家であったと早合点されがちであるが、そのような理解に問題があることはこの一文からしても明らかであろう。右記の一文は、あくまでマルクスが西欧政治思想の伝統の延長上にいる思想家であり、全体主義へと至る芽はマルクスの思想から初めて生まれてきたのではなく、すでに西欧政治思想の伝統のうちに胚胎していたことを意味しているからである。

アーレントにとってマルクスは、西欧政治思想の伝統の嫡流に位置づけられるとともに、その伝統を終焉させた人物でもあるという複雑な位置づけに置かれている。「マルクスからスターリンに至る線以上に、アリストテレスからマルクスに至る線がはるかに密接なものであることを、私は示すことができると思う」(KM, First drafts, 1 of 4 folders, p.3, p.277/ 一〇頁)と述べられるように、アーレントは直接的にマルクスとスターリンを結びつけるような安易な姿勢を戒めながら、むしろマルクスがアリストテレスの近くにいる思想家であることを強調する。つまりマルクスは「伝統」の枠組みの内側にいながらも、同時にその内部から「伝統」を転倒させようとした思想家であったというのが、アーレントがマルクスに対して与えた評価であった。(3)

2　労働が人間を創造する

アーレントによれば、マルクスは三つの思想において西欧政治思想の伝統に「反逆」していた。すなわち、第一に「労働が人間を創造する」。第二に「暴力は歴史の助産婦である」。第三に「哲学者たちは世界をさまざまに解釈してきたにすぎない。重要なのは、世界を変革することである」(KM, Second draft, Preface, p.2/ 一一八頁)(4)(5)。この三つの「革命的」思想のうち、アーレントが最も重

(3)『伝統』草稿に書かれた内容は、『過去と未来の間』所収の「伝統と近代」および「歴史の概念」論文に直接的に反映されている。「伝統と近代」論文は一九五四年に『パルチザン・レビュー』誌で発表されたものであるが、五二年から五三年にかけて書かれた『伝統』草稿にいくつかの点で変更が加えられている。特に「伝統と近代」論文では、マルクスとともにキルケゴールとニーチェが西欧思想の伝統に「反逆」した思想家であったことが繰り返し述べられ、三者の思考パターンの同型性が強調されている。

(4) 第一の「労働が人間を創造する」は、エンゲルスの『猿が人間になるにあたっての労働の役割』およびマルクス・エンゲルスの『聖家族』、第二の「暴力は歴史の助産婦である」は、『資本論』第一巻第二四章第一節および第六節、第三の「哲学者たちは世界をさまざまに解釈してきたにすぎない。重要なのは、世界を変革することである」は『フォイエルバッハ・テーゼ』の有名な最終テーゼからの、それぞれ引用である。

(5)『伝統』第一草稿では、三つ目の反逆は「他者を隷属させる者は誰も自由たりえない」というテーゼとして示されていた。『伝統』第二草稿および、それを元にして書かれた「伝統と近代」論文ではいずれもフォイエルバッハ・テーゼの方が採用されていることから、本文ではそちらを記した。第一草稿の「他者を隷属させる者は誰も自由たりえない」というテーゼが意味するのは、労働を担う奴隷と労働から解放された自由市民の区別(および後者による前者の支配)によって成り立っていた伝統的政治が完全に終焉し、少なくとも建前上、万人が平等で自由であるという近代的理念が打ち立てられたことを意味している。アーレントの考えでは、支配(rule)が成り立つのは私的領域(家庭《オイコス》および市場の領域)においてであって、公的領域(政治《ポリス》の領域)の原則は「無支配 no-rule」であり、公的領域に参加する者は誰もが平等であるべきだ(逆に私的領域では主人による奴隷や女性・子供への

要視したのが第一の思想、すなわち〈労働する動物〉というマルクスによる人間の定義であった。この〈労働する動物〉という人間の定義こそが、人間とは〈政治《ポリス》的動物〉でありまた〈理性《ロゴス》的動物〉である、というアリストテレス以来の伝統的な人間観を覆し、西欧政治思想の伝統を「終焉」させる役割を果したのだとアーレントは見ていた。(6)

われわれの政治思想の伝統における一番初めというわけではないが、ほとんど最初期に、政治《ゾーン・》的動物《ポリティコン》というアリストテレスによる人間の定義がある。そして、この一番終わりというわけではないにしても、ほとんど終わりのところにマルクスの著作があって、その基礎となっていたのは労働する動物《アニマル・ラボランス》という人間の定義である。(KM, First drafts, 2 of 4 folders, p.1/一一三頁、傍線部原文)

古代ギリシアのポリスがその典型であったように、西欧政治思想の伝統においては、「労働」にたずさわるものは政治に参加するべきではないとされており、人間にとっての本質的な営みは「活動＝政治」であって、「労働」はそれに従属する重要度の低い営みに過ぎないと考えられていた。しかしマルクスは「労働」を人間にとって本質的な営みと捉え、これを理想化した点で西欧政治思想の伝統に「反逆」していたのだとして、アーレントはマルクスの「労働賛美」を厳しく批判する。近代における「労働賛美主義」こそが、「活動＝政治」および「公的領域」の衰退をもたらし、間接的に全体主義が出現する土壌を準備したというのが彼女の考えだったからである。

その一方で、アーレントはマルクスの主張がある意味では時代の変化を的確に捉えたものであったことを認めてもいる。

マルクスが捉えていたのは、まず、近代世界では労働自体が決定的な変化をこうむっていることであった。また、労働がすべての富の源泉であり、したがってまた、あらゆる社会的価値の源泉であるだけでなく、すべての人間が階級的出自にかかわりなく遅かれ早かれ労働者になるべく運命づけられていること、そしてそのような過程に適応できない人間は、社会から寄生者と見なされ、判定されるであろうということである。(KM, First drafts, 1 of 4 folders, p.4／一一－一二頁、強調引用者)

近代社会では、単に「労働」が価値の源泉となり、社会の中心的な営みとなるだけではない。近

支配が成り立つ)、というのが西欧政治の伝統的なあり方であった。これに対して、「もはや誰も支配する権利を全く持たない普遍的平等」を訴えるマルクスの思想は、そのような西欧政治思想の終焉と、近代社会の到来を象徴しているというのが、ここでの「伝統への反逆」の意味であったと考えられる。

(6)「労働が人間を創造する」というテーゼは、正確に言えば、マルクス自身の言葉ではなく、エンゲルスの『猿が人間になるにあたっての労働の役割』において示されたものである。本書第三章でも述べるように、アーレントがマルクスの思想・言葉として理解しているものには、エンゲルスが論じたものが多く含まれており、その意味で彼女もまたマルクス自身の思想といわゆるマルクス主義とを明確に区別できていたとは言い難い。マルクスが資本主義を分析するうえで「労働」を重視していたことは確かであるが、とはいえ、マルクス自身は「労働が人間を創造する」とまでは直接的に述べていない点には注意が必要である。

代人は「労働」することによって「社会人」として認められ、逆に「労働」しない人間は社会不適合者と判定されるようになる。マルクスは「労働者でない人間にはいかなる権利も生きる権利さえもないという宣言がなされる時代の到来を予期していた」(KM, First drafts, 1 of 4 folders, p.4／一二頁)。このような「労働」を神格化する思想を打ち立てた点にこそ、マルクスが全体主義支配に「悪用」された理由があるとアーレントはいう。つまりここでアーレントの念頭にあるのは、近代的労働思想と全体主義の親和性である。全体主義社会は、〈労働する動物〉を中心として構成され、労働しない／できない人間を「無用」な存在として排除する社会であることをアーレントはマルクスの労働思想のうちに鋭く見て取っていた。

序章でも述べたように、ヒトラー政権もスターリン政権もまずは大規模な公共事業および統制経済を実施することによって、それまでのドイツ・ロシアが抱えていた失業問題を一挙に解決するとともに、労働者層・中間層に手厚い優遇政策をとることによって国民からの大きな支持を獲得したのであった(7)。そのうえで「労働／勤労」をスローガンとした国民／民族の統合(同質化)運動が実施され、強制収容所の設置によって「働かない怠け者」たちに勤労精神を叩きこみ、規律を植え付けるという矯正的政策がとられた。「労働者」こそがたくましい国民(人民)の理想像であり、「労働者」である限りにおいて国民／民族の階級差(貧富の差)は無化されると喧伝され、その反対に「非‐労働者」は怠慢な「非‐国民」であるとして処罰の対象となったのであった。

産業革命によって取り入れられた革命的な変化は、今日ではすでに当然のことのようになってしまったが、それが最も確かなかたちで表現されているのは次の事実においてである。すなわち、ほんの百年ほど前、労働者はつねに政治的権利を否定されていたのに、現在のわれわれは、労働者でない者は生きつづける権利さえも持たないという全体主義的な法律こそが、最も反論の余地なく最も現代的で受け入れ可能な最新の統治形態の特質だと考えているという事実である。(KM, Second draft, Part V, p.26/二六四頁、強調引用者)

このような背景ゆえに、アーレントは「労働」を肯定的に捉える価値観の普及を全体主義が出現する予兆として捉え、マルクスの労働思想にはそのような肯定的労働観を完成させた点で大きな責任があると考えた。つまり、マルクスの思想は直接的な「全体主義の父」ではないものの、肯定的労働観を強力に理論づけることによって全体主義出現の思想的条件をお膳立てした点で重大な責任を負っている。マルクス自身がナチズムやスターリニズムのような全体主義支配を理想としたわけではないにしても、「労働を賛美」し「労働を人間の本質的営みと捉える」理論体系を作り上げた点において、マルクス思想は全体主義に「悪用」される要素を含んでいたのであり、実際に全体主義が出現する思想的土壌を準備した点においてマルクスには大きな責任がある、というのがアーレントの下した判定であった。(8)

(7) ナチス・ドイツが取った景気対策・失業対策について、詳しくは石田勇治『ヒトラーとナチス・ドイツ』(二〇一五、二〇六-二一四頁)を参照。

(8) 伝統に「反逆」する残り二つの主張、「暴力は歴史の助産婦である」と「哲学者たちは世界をさまざまに解釈し

3 「マルクス批判」から「西欧政治思想の伝統」批判へ

しかし問題は、マルクスが「労働を賛美」することによって西欧政治思想の伝統に「反逆」した、という点だけにあるのではない。先に述べたように、マルクスはむしろ西欧政治思想の伝統の範疇にいた思想家であり、マルクスを全体主義の父として非難することはすなわち、西欧政治思想の伝統をも非難することに繋がる、と『伝統』の冒頭においてアーレントは論じていたのであった。つまり、マルクスの思想だけでなく、西欧政治思想の伝統全体をもアーレントが批判の対象に据えようとしていたことが重要なのである。そして、この遠大な目標を根幹に据えた思想研究が『人間の条件』の執筆へと繋がっていったのであった。

では、アーレントは「伝統」のどの部分を批判しようとしていたのか。確かにマルクスは「労働」を人間の営みの最上位に据えることによって、「伝統」に反逆し、それを終焉させた。しかし、アーレントはマルクスを批判することによって、単純に「伝統」が素晴らしいものであり、これに回帰すべきだなどと主張としていたわけではない。それは、アーレントが近代において断ち切られてしまった「伝統の糸」を取り戻すことはもはや不可能であり、「手すりなき思考」を続けていくほかないと考えていたためでもあるが、それだけではない。マルクス思想においてだけでなく、西欧政治思想の伝統においてすでに公的な「活動」の営みが軽視される状況に置かれていたことを、アーレントは問題にしようとしていたのである。

アーレントによれば、人間を〈政治的動物〉と規定したアリストテレスの思想は、古代ギリシア・ポリスの最盛期を意味するものではなく、反対にその最盛期の終わりを告げるものであった。自由市民による「活動＝政治」の営みが最重視された古代ギリシアの時代に代わって、西欧政治思想の伝統においては、哲学者による「観照＝思索」の営みこそが最重視されるようになる。すなわち、公的領域において各自の「意見 opinion」をぶつけあう市民の生き方ではなく、ポリスから距離を置き、私的領域に引きこもって「観照」に没頭し「真理 truth」を見出そうとする哲学者の生き方こそが望ましいものとされるようになる。このように私的な「善き生」を追求する生き方は、やがてローマ帝国の崩壊を経て、「あの世の生」に価値を見出すキリスト教の信仰へと引き継がれていく。こうして古代・中世を通じて長らく〈活動的生〉に対する〈観照的生〉の優位が確立されることとなった（KM, First drafts, 4 of 4 folders, pp.29-35/ 九九－一一一頁）。

このような〈活動的生〉から〈観照的生〉への転換は、ソクラテスの死を契機にして生じたものだとアーレントは捉える。すなわち、他者との対話＝「活動」を最も重視しこれを積極的に実践し

てきたにすぎない。重要なのは、世界を変革することである」についても、アーレントのスタンスは同様である。前者では、「自由と話し合いの結びつき」によって成立していた伝統的政治のうちに「暴力」という野蛮な行為を持ち込むことによって、後者では、哲学と政治（あるいは観照的生と活動的生活）の区別によって成立していた伝統に対して両者を混ぜ合わせることによって、マルクスは西欧政治思想の伝統に「反逆」した。これらの主張はいずれも全体主義思想そのものを生み出したというよりも、全体主義が出現するのに適した近代社会を準備したという点において思想的な責任を負っているというのがアーレントの考えであった。この二つのテーゼについて詳しくは、Weisman（2013, 第六章・第七章）を参照。

たソクラテスが裁判にかけられ、死刑に処せられたことは、公的領域における多様な「意見」の対立という政治状況に人々が耐えきれなくなったことを意味しており、このことに衝撃を受けたプラトンはそれ以後、他者との対話＝「活動」を放棄し、自己のうちに引きこもって「真理」を見極める「観照」を重視するに至ったのだ、とアーレントは解釈する。その結果として、プラトンは複数の人々が「意見」をぶつけあう（「活動」する）「政治」ではなく、哲人王が真理にもとづいてあるべき国家を「製作」する「政治」を理想とするに至る。それは、最終生産物（作品）の姿をあらかじめ「観照」によってイメージし、そのイメージにもとづいて生産物を「製作」するという「観照‐製作」モデルの「政治」のあり方である。

複数的な「意見」のぶつかりあい＝「活動」としての「政治」のあり方を理想とするアーレントにとって、単一的な「労働」と複数的な「政治」を重ねあわせるマルクスの思想は決して許容することができないものであったが、それと同時に「政治」を「観照‐製作」のモデルで捉えるプラトン以来の「西欧政治思想の伝統」もまた、批判の俎上に載せられねばならないものであった。こうしてアーレントは全体主義研究からマルクス批判へと行き着き、さらにそこからマルクスが終焉させた西欧政治思想の伝統そのものの批判にまで向かっていったのである。アーレントがマルクスと並んでプラトンを批判の対象とした理由はここにある。

さらに、近代社会における「労働の前景化」（生命維持という私的関心の前景化）と、その反面としての公的領域における「活動の後退化」（および公的関心の衰退）が、全体主義運動の出現を準備したとするならば、少なくとも後者の要素は近代以前の「西欧政治思想の伝統」においてすでにその芽を覗かせつつあったのだと考えられなくてはならない。これは言いかえれば、西欧政治思想の伝統（あるいはプラトン主義）のうちにすでに全体主義の芽が胚胎していたことを意味している。

先述のとおり、西欧政治思想の伝統においては、「活動」に対して「観照」が優位に立っていたものの、あくまで〈活動的生〉の内部では「活動」が最もヒエラルキーの高い位置に置かれており、他方で「労働」は最もヒエラルキーの低い位置に置かれていたために、〈労働する動物〉によって担われる全体主義運動が出現してくる余地は存在しなかった。しかし近代に入って、〈観照的生〉と〈活動的生〉のヒエラルキーのみならず、〈活動的生〉内部のヒエラルキーまでもが転倒させられたとき、「伝統」においてはあくまで萌芽にすぎなかった「活動」の軽視と公的領域の衰退は、決定的な傾向となった。その意味で、アーレントは公的活動の軽視という「全体主義の起源」をマルクス思想のみならず、西欧政治思想の伝統にまで遡って突き止めようとしたのである。

言いかえれば、西欧社会において「活動」の意義はこれまで二重に転倒されてきたのである。第一にはプラトン・アリストテレス以降の西欧政治思想の伝統のなかで「観照」に対して「活動」が劣位に置かれたという意味において、第二にはマルクス以降の近代社会において「労働」に対して「活動」が劣位に置かれたという意味において。それゆえにこそ、西欧政治思想の伝統以前の段階にまで遡ることによって、本来的な「活動＝政治」や「公的なもの」のあり方を探ることがアーレントの思想的課題になったのだと推察することができよう。アーレントが哲人王を理想としたプラトンを退けて、「活動」の人であったソクラテスを高く評価するに至った理由もまたここにある。

4　労働・仕事・活動の区別

こうして「カール・マルクスと西欧政治思想の伝統」双方への批判的考察を行うなかで、アーレントはすでにこの時点で、労働・仕事・活動の区別を見出している。具体的には、第二草稿の序言のなかに「伝統的なヒエラルキーでは、これらの営みは、労働 Labor－製作 Fabrication－活動 Action－思考 Thought であった。これらのそれぞれが、共同的な政治生活における一定の様式に対応していた」（KM, Second draft, Preface, p.5／一二四頁）という文言が示されている。さらに第二草稿の第五部では、「労働」と「仕事／製作」の相違点、「労働」と「自然／生命」の関係性、「労働」の必然的性格、前近代から近代にかけての「労働」観の反転、マルクスの未来社会論批判などについての考察が展開されている。また第二草稿の第三部・第四部では、「活動」と「政治」の結びつき、「活動」における複数性、「政治」と「法」の関係性、「共通世界」の役割、モンテスキューの統治形態論への考察、などについての考察が行われている。こうして、『伝統』第二草稿の段階ですでに、『人間の条件』において展開される、労働・仕事・活動の三分類についての考察の原型が出揃っていることが分かる。

『思索日記』にもほぼ同時期に書かれたと思われる以下のようなメモが残っている。

複数性の変形としての基本的な人間の諸行為。

労働 Arbeit――孤立 Verlassenheit――自然の力 natürliche Kraft（したがって労働力）――生命。
仕事 Herstellen――孤独 Isoliertheit――暴力 Gewalt――「人工物 human artifice」。
活動 Handeln――共同 Zusammen――権力 Macht――共通世界――集団など。
思考 Denken――独居 Einsamkeit――一者のなかの二者＝良心――自分自身と似た他者・人類
愛情 Lieben――二人だけの状態 Zweisamkeit――自然のなかでの世界喪失――生命――世界の生成（DT II, S.459/（二）一三頁、一九五三年一〇月、傍線部原文）

アーレントがプリンストン大学の「クリスチャン・ガウス・セミナー」で『カール・マルクスと西欧政治思想の伝統』をテーマとした連続講義を行ったのは一九五三年一〇月八日から一一月一二日にかけてのことであったが、右記のメモが残されているのはちょうど一九五三年一〇月であり、この講義を準備するなかでアーレントが「労働‐仕事（製作）‐活動‐思考」の区分というアイデアを摑み取っていったことが分かる。しかも、孤立・孤独・独居の区別や、労働に対応する自然力、仕事に対応する暴力、活動に対応する複数性・権力・共通世界など、『人間の条件』で展開される概念体系の基本がこの時点ですでに出来上がっていることも見て取れる。

その他にも、思考における「一者と二者」、活動における赦しと約束、始まりと出生、古代ギリシアのポリスと古代ローマの共和制の差異、古代ローマにおける「創設」の経験や敵国との同盟関係の増殖としての法（lex）の役割、宗教・伝統・権威の三位一体性など、『人間の条件』にとどまらず、その後のアーレントの思索において展開される様々なアイデアの原型が『伝統』草稿に示されていることに多くの読者は驚かされることだろう。これらのアイデアが、アーレントのマルクスに対する批判と西欧政治思想の伝統全体の再検討というプロセスのなかで生み出されてきたことは、『伝統』草稿や『思索日記』に残されたメモを見れば明らかである。ソクラテス、プラトン、アリストテレス、アウグスティヌス、マキャヴェリ、モンテスキュー、カント、ヘーゲル、マルクス、エンゲルス、レーニンなど、古代から現代まで多彩な思想家への言及があり、そこで記されたアイデアは『人間の条件』『革命について』『過去と未来の間』などの諸著作に繋がっていくことになる。

このうち、特に「労働」と「仕事」については、『伝統』第一草稿の第一ファイルで言及がなされており、アーレントがマルクスについての講義を行うにあたって、かなり早い段階からその区別を導入することがマルクスの労働思想を読み解く鍵になると考えていたことがうかがえる。「労働の解放と、それに対応するマルクスのあらゆる人間の営みの中心として労働を高貴なものと見なす視点が持つ政治的重要性を理解するためには、まず労働と仕事の区別をふまえておくことが望ましい」(KM, First drafts, 1 of 4 folders, p.6/一六頁)。また『伝統』第二草稿の後半部でも「労働」と「仕事」の区別についてまとまった言及がなされている。第二章で詳しく論じることになるが、アーレントは、マルクスが「労働」と「仕事(製作)」を区別せず、「労働」という語のうちに「仕事」の要素を含めてしまっていることを繰り返し批判していた。「さて、マルクスは仕事や製作のもつすべての特徴を労働のものだとした。彼は、労働する動物《アニマル・ラボランス》としての人間を、すなわちその自然的労働力以外なにももたない労働する動物としての人間を伝統的には理性的動物《アニマル・ラティオナール》が占めていた地位にまで持ち上げたいっぽうで、この人間をあたかも製作人《ホモ・ファーベル》、つまり人間的技巧のそなわった生産者・工作人であるかのように語っている」（KM, Second draft, PartV, p.29／二六八頁、傍線部原文）。

　ここでごく簡潔にだけ確認しておけば、アーレント思想において、「労働」とは生命維持のために行われる必然的な営みであり、「仕事」とは耐久的なモノを製作することによって「世界」を創造する営みである。マルクスの「労働」概念のうちにはこの二つの要素（アーレントのいう「労働」と「仕事」）が混ざり合っているが、それらは本来、明確に区別されるべきものだとアーレントは考えていた。人間が個々の生命（生活）を維持するための営みとしての「労働」と、安定的で永続的な「世界」を創るための営みとしての「仕事」は、本来別々の役割・意義を持つものであって、それらは混同されるべきものではない。われわれはこれを別々の営みとして認識しなければならない、というのがアーレントの主張であった。「労働」が「生きるための、生き続けるための孤立した労苦のなかで遂行され」るのに対して、「仕事」は常に「事物の製作」を通じた「共通世界との関わり」において行われるのである（ibid.）。

　「労働」は「生命それ自体」という人間の条件に、「仕事」は「世界性」という人間の条件にそれぞれ対応する異なった営みであるにもかかわらず、マルクスはこの点を区別せず、すべてを「労働」という語のうちに含みこませてしまう。このことが、「労働」が人間にとって本質的営みと見なされるようになった近代社会の状況にぴったり対応していたのだとアーレントは見ていた。ここでも、マルクスは近代社会における「労働」の状況を的確に捉えていた思想家として、アーレントには認識されている。すなわち、マルクスはある意味では「十分正しかった」。なぜなら「産業革命が、製作を労働とほとんど同等に見ることを可能にした」からである（ibid.）。本来、耐久的なモノを製作することによって「世界」に安定性を与える「仕事」の営みが、産業革命を契機として、短期的に消耗される「消費財」を生産し続ける「労働」へと変形してしまった、これによって「労働」と「仕事」の間の区別が見失われ、「仕事」の要素は「労働」のうちに取り込まれていくことになったのである。

マルクスはこうした歴史の変化を的確に捉え、「労働」が人間にとって最上の営みであり、すべての価値の源泉になっているという理論体系を創りあげた点では間違いなく偉大な思想家である。しかしそれによって、本来、生命維持のための手段にすぎない「労働」を、人間にとって本質的な営みとして「賛美」する思想を完成させ、「労働」を理想化する風潮を推し進めた点では、マルクスの思想は重大な罪を負っている。こうして「労働」を理想化する風潮が推し進められた結果として、全体主義（ナチズムとスターリニズム）が登場する思想的土壌が整えられ、マルクスの思想はそれに「悪用」されることになってしまったとアーレントは考えたのであった。次章で詳しく見るように、このようなアーレントのマルクス解釈には多くの問題点（誤読）が含まれており、それは決して正統的なマルクス読解であるとは言えない。しかしここで注目すべきは、アーレントのマルクス解釈の妥当性それ自体よりもむしろ、彼女が近代社会の本質をどこに見出し、それが最終的にどのような過程を経て全体主義に繋がると見ていたのかという点である。アーレントのマルクス批判は、そのような視座を得るために彼女が通らねばならなかった通過点を示しているのである。

5 「壁としての法」から「運動法則としての法」へ

ここまでに『伝統』草稿を手がかりにして、アーレントがマルクス研究へ向かった理由、およびそこから獲得された思想的視座がいかなるものであったかを見てきた。次に、『伝統』草稿と同時期に書かれた「イデオロギーとテロル」論文に着目することによって、アーレントのマルクス批判がどのように彼女の全体主義批判に結びついていったのかをより詳しく考察していくことにしたい。「イデオロギーとテロル」論文は、一九五三年七月に『ザ・レビュー・オブ・ポリティクス』誌に発表されたのち、『全体主義の起源』第二版のエピローグとして追加された。『全体主義の起源』ドイツ語版（1955）に加えられた内容と、英語版第二版（1958、すなわち『人間の条件』出版と同年！）に加えられた内容にそれぞれ加筆・修正が加えられているという事実からしても、アーレント自身がこの論文を『全体主義の起源』と『人間の条件』を繋ぐ論考として位置づけていたことは明らかである。

この論文を通じてアーレントがまず明らかにしようとしているのは、「全体主義」が伝統的な「独裁 dictatorship」や「暴政 tyranny」[9]といかなる点において異なるのか、という問いである。[10]こ

（9）『全体主義の起源』邦訳版では tyranny に「暴政」ではなく「専制」の訳語が当てられているが、本書では「暴政」の訳語を当てた（一般には despotism に「専制」の訳語が与えられることが多い）。

の問いにアーレントは次のように答える。「独裁」や「暴政」と「全体主義」は実定法を無視した統治を行う点で共通しているために混同されやすい。しかし、「暴政」や「独裁」が実定法を無視する埋め合わせとして「暴力と恐怖」による統治を行うのに対し、「全体主義」は実定法を無視する埋め合わせとして「自然と歴史の必然法則」というイデオロギーにもとづいて統治を行う点で両者は決定的に異なる。すなわち、全体主義は「自然」と「歴史」というイデオロギー的な「法則」に準拠し、テロルによってこれを無理矢理にでも実現していくという支配形態をとるのである。

ここで全体主義が準拠する「法（則）law」は、伝統的な「法」のあり方とは大きく異なっている。伝統的な共和政体や立憲政体における「法」は「世界」に安定性を与え、新しい「始まり」を守り育てると同時に、その輝きを世代をこえて保持していく役割を果たす役割を担っていた。[11]『人間の条件』において、法（ノモス）がポリスを守る「壁」に喩えられていたことは有名であろう。しかし全体主義においては「すべての法が運動の法則になっている」（OT, p.463/（三）三〇四頁）。これは、絶えざる流動性から「世界」を保護する役割を担っていた法が、逆に「世界」を破壊する「運動」の法（則）へと反転してしまったことを意味している。実定法を無視した恣意的な支配を行う暴政支配と異なり、全体主義はむしろ「自然と歴史の必然法則」という新しい法（イデオロギー）にひたすら忠実なのであって、その結果として安定的な「世界」を掘り崩していく無限の「運動」となるのである。

アーレントは『全体主義の起源』初版においても、全体主義が階級社会崩壊後に出現する大衆運動であることを指摘していたが（OT 1951, p.303ff.）、「イデオロギーとテロル」論文では、その運動原理がダーウィンの進化論とマルクスの唯物史観（階級闘争論）によって導き出された「自然と歴史の運動法則」であることが強調されている。重要なのは、この「適者生存の自然法則」と「階級闘争の歴史法則」が客観性をもった必然的な法則として捉えられ、そこに人間の意志や判断が介在する余地がないと考えられていることである。これらのイデオロギーは、その基準に照らして「劣等人種」や「生きるに値しない個人」や「死滅しつつある階級と頽廃した民族」を選別し、テロルによってその判決を執行しようとする。『伝統』草稿でも、全体主義的社会では労働しない／できない者が「社会不適合者」として排除・処罰されることが指摘されていたが、全体主義には一定の法則にもとづいて社会のうちに分断線を引き、特定の人々を「犠牲者」とすることによってその支配体制を強化する機能が備わっている。その犠牲者の内に、ユダヤ人や共産主義者だけでなく、労働しない者――〈労働する動物〉たりえなかった人間――も含まれていたという事実は、全体主義社会において人種や思想信条とともに「労働」が、被統治者の間に分断線を引くための重要な要素となっていたことを示している。

さらに、アーレントは「孤独 isolation」と「孤立 loneliness」を区別して、全体主義が支配の対象とするのは、「孤独」な〈製作人《ホモ・ファーベル》〉ではなく「孤立」した〈労働する動物《アニマル・ラボランス》〉であると論じる（OT.

（10）「全体主義」の内容・定義をめぐる議論については、川崎修（二〇〇二）、トラヴェルソ（二〇一〇）を参照。
（11）以下の記述を参照。「都市国家の法とは、まったく文字どおりに壁のことであって、それなしには、単に家屋の集塊にすぎない町はありえたとしても、政治的共同体である都市はありえなかったであろう」（HC, pp.63-64／九三頁）。

p.475/(三)二一九頁)。従来の「暴政支配」が支配対象としてきた「孤独」な人々は、公的領域においては無力であっても、私的領域においては物を製作したり独自に思考したりすることができた。しかし全体主義は、そのような私的領域さえをも破壊し、人を「孤立」という絶望状態に陥らせる点にその特徴がある。つまり、アーレントのいう「孤立」は、公的領域のみならず私的領域においても、製作や思考などの自立的な営みを行うことができず、市場における商品交換を通じた他者との交流や、思考における「一者のなかの二者」の対話という契機すら持ちえない孤絶した状態を意味している。この現象が成立するのは「主要な価値が労働によって決定され、すべての人間活動が労働に転化されてしまう」ような社会においてであり、そこでは人間は「世界」から見捨てられた存在となり（世界疎外）、「根を断たれた余計者」になる（OT, p.475/(三)二一九頁、強調引用者）。ここでも重要なのは、人が「孤独」から「孤立」へ移行する契機が、近代社会における「労働」の前景化に求められているということである。「製作」している間には「孤独」な状態にあっても、市場での商品交換において他者との関係性を保つことができた〈製作人〉と異なり、〈労働する動物〉としての近代人は完全に他者性・複数性を喪失した「孤立」状態に陥り、「根を断たれた余計者」となる。なぜならアーレントのいう「労働」は、他者との本質的関係性を持たず、ただ生命維持のためにのみ行われる「孤立」した「動物的」な営みであるとされるからである。

　全体主義が階級社会崩壊後に出現する大衆運動であることや、根無し草・余計者としての大衆がその運動に回収される対象となることは、一九五一年に発表された『全体主義の起源』初版においてすでに指摘されていた[12]。マルクス研究・批判を経て、五三年の「イデオロギーとテロル」論文に追加されたのは、根無し草・余計者としての大衆の出現が「労働」の地位向上と軌を一にしているという主張である。複数性や世界性という「人間の条件」を喪失し、「活動」や「仕事」の機会を奪われた〈労働する動物〉としての「孤立した大衆」が、その欠損部分を埋め合わせるために、国家的・民族的統一感を謳う全体主義運動へと回収されていったという解釈がこの論文では提示されている。このように大衆が根無し草・故郷喪失という欠損状態に耐え切れず、その「孤立」を埋め合わせるために全体主義運動に回収されていくという論理は、エーリッヒ・フロムの『自由からの逃走』(1941)などと基本的に同型のものであるが、「イデオロギーとテロル」論文の独自性は、その大衆を〈労働する動物〉として名指した点にある。ここにアーレントがマルクス研究・批判を経て獲得した「労働と全体主義の親和性」という思想的視座が活かされていると見ることができよう。

6　資本主義と全体主義の通底性

『全体主義の起源』第二版では、エピローグに「イデオロギーとテロル」論文が追加されただけ

---

(12)『全体主義の起源』英語版の初版と第二版に共通する記述として以下を参照。「全体主義運動は大衆を組織化することを目指し、そしてそれに成功してきた」(OT, p.308)。また、「一九三〇年代以降のドイツのナチス運動とヨーロッパの共産主義運動の興隆に特徴的なのは、すべての政党があまりに無気力か愚かであるために注意を払うことを諦めてきた、あからさまに無関心な人々から成る大衆を相手に、メンバーをかき集めたということである」(OT, p.311)。

でなく、本文にも幾つかの修正・加筆がなされている。この点については、ロイ・ツァオおよび森川輝一が『全体主義の起源』初版（1951）と第二版（1958）の記述を詳細に比較検討することによって、この間にアーレントの思考過程がどのように変化したかを明らかにしている（Tsao 2002, 森川 二〇一〇）。ここでは森川の研究に依拠しつつ、その変化内容を確認しながら、同時に本書独自の論点として、アーレントのマルクス研究がいかにその変化に影響を与えているかを確認していくことにしたい。

例えば、『全体主義の起源』第二版では、第三部「全体主義」の冒頭に、全体主義運動における指導者の名声の儚さを指摘する記述が加えられている。「一般には全体主義運動の性質を、特殊にはその指導者の名声の特質を最も特徴的に示しているのは、それらの運動や指導者が驚くほどすぐに忘れられ、驚くほど容易に他のものに取って替わられ得ることである」（OT. p.305／（三）一頁）。そして、指導者の名声のこの永続性のなさは「大衆の移り気や大衆的名声の儚さ」とともに、「運動を持続し周囲のものすべてを運動に取り込むことによってのみ自己を維持しうる全体主義運動の熱狂性」によるものである。つまり、全体主義運動では一見、指導者が神格化され絶対視されているように見えるが、実はその神格化はあくまで仮りそめのものに過ぎないのであって、全体主義において本質的なのはその「熱狂的な運動性」であることがこの追加記述では強調されている。

また『全体主義の起源』第二版の第三部第一章第一節「大衆」の末尾にも同様の記述が付け加えられる。すなわち、全体主義的指導者は、圧制的で恣意的な意志を臣民に押しつける「力に飢えた個人」ではなく、大衆を率いる「役人〔機能〕functionary」であるにすぎない。ゆえに全体主義の指導者は「取り替え可能」な存在であって、ただ指導者の意志は絶対的な権限を持つという形式のみが保持されているにすぎない（OT, p.325/（三）三九頁）。そして、その支配概念の唯一の形式は「運動をつねに継続させること」であり、「その運動の実際的な目標は、可能な限り多くの人々をその枠組みのうちに引き入れて組織し、その人々を運動の内に置き続けること」である（OT, p.326/（三）四〇頁、強調はいずれも引用者）。つまりここでも、「イデオロギーとテロル」論文と同様に、全体主義支配の本質が暴君による支配（tyranny）にあるのではなく、大衆によって担われる終わりなき運動の継続性にあることが強調されている。

以上のように『全体主義の起源』第二版において重要なのは、「運動の継続」こそが全体主義の最重要関心であり、またその運動が自己増殖する性格を持つことを強調する記述が随所に追加されていることである。これと同様の視点は、『全体主義の起源』第二版の第三部第三章「全体主義的支配」における、全体主義の組織分析に追加された記述にも反映されている。例えば、全体主義組織が絶えず新しい機関をつけ加えることによって権力中枢を移動させるという流動的なヒエラルキーを持つことは、初版においてもすでに指摘されていたものであったが（OT 1951, pp.356-357）、第二版で追加されているのは、全体主義が「あらゆる形態をとる法的・政治的構造」を運動にとっての障害物とみなし、「運動を加速させる」ためにそれらの構造を破壊していったという記述である（OT, p.398/（三）一五八頁）。全体主義が組織新設を繰り返し、固定化した組織形態を取らなかった理由は、それが出鱈目な政治現象であったからではなく、その政治運動をいっそう加速させ増殖させるという目的において一貫していたからであると考えられねばならない[13]。

本書では以上のような森川の研究に加えて、(14)次のことを指摘しておきたい。まず、『全体主義の起源』第二版でアーレントが付加した「加速する自己増殖運動」という全体主義への分析は、もともと初版から『全体主義の起源』第二部で展開されていた「膨張のための膨張運動」という帝国主義への分析を、全体主義にまでその適用範囲を広げたものであったと見ることができる。つまり、「膨張のための膨張運動」という性格が、帝国主義のみならず全体主義にまで当てはまるものだという確信を『全体主義の起源』第二版におけるアーレントは持っている。「イデオロギーとテロル」論文でなされた全体主義支配と専制支配との比較考察をとおして、アーレントは、全体主義が従来の独裁や暴政とは異なって、むしろ加速的かつ自己増殖的な「運動」として捉えられるべきこと、そのような「運動」の性格が帝国主義のそれを引き継ぐものであることを見出したのだと考えられる。

さらに言えば、帝国主義の「膨張のための膨張運動」の源流にあるのは、マルクスがその生涯をかけて研究に取り組んだ、資本主義の自己増殖運動であった。よく知られるように、マルクスは『資本論』第一巻・第四章「貨幣の資本への転化」のなかで、「資本」をG - W - G′というシンプルな定式のもとに表現した(ここでGは貨幣、Wは商品、G′は剰余価値(+⊿G)を含んだ貨幣を指す)。まず資本家の手元に貨幣Gがあり、それを労働力という特殊な商品Wに交換し、その労働力を使用して剰余価値(′)を付加した別の商品を生産させ、これを市場で販売することによって、当初のGよりも増量したG′を入手することができる。そこで獲得された剰余価値はさらなる剰余価値の獲得のために再投資され、このプロセスは無限に続いていく(G - W - G′ - W′ - G″……)。こうして貨幣（Geld）は資本（Kapital）へと転化するのであり、このような価値の自己増殖運動こそが資本主義の本質であるというのがマルクスの「資本」論であった。

アーレントは、このようなマルクスの資本主義の捉え方と、帝国主義および全体主義を「膨張のための膨張運動」「加速する自己増殖運動」として見る自身の捉え方との類似性について直接的には言及していない。しかし、アーレントとマルクスの著作の両方を読んだ人間からすれば、その類似性は見逃すことができないものである。少なくとも、帝国主義を「膨張のための膨張運動」として捉える視点自体は、資本主義を「無限の自己増殖運動」として捉えるマルクスの理論から影響を受けたものであることは間違いない（本書第五章参照）。そして、『全体主義の起源』第二版において、そのような「膨張のための膨張運動」という図式を帝国主義のみならず全体主義にまで拡張しているのだとすれば、全体主義の膨張運動と資本主義の自己増殖運動は根っこの部分で繋がってい

（13）『全体主義の起源』初版時点でも、全体主義運動が増殖傾向を持つことについての言及がないわけではないが（例えば、OT 1951, p.354, pp.356-357 などの全体主義組織の増殖傾向に関する記述を参照）、その記述量は極めて限定的である。また「イデオロギーとテロル」論文では『全体主義の起源』初版よりも全体主義の運動性が強調されているが、その運動が増殖傾向を持つことについての言及はない。「イデオロギーとテロル」論文（1953）と『全体主義の起源』第二版（1958）の相違もこの点に求められよう。

（14）森川輝一は、以上のような『全体主義の起源』初版と第二版の相違は、アーレントの全体主義観が、目的－手段図式で物を支配し破壊し製作する「仕事」モデルから、生命過程の維持のために生物学的な「必然性」に従って無限循環運動が続くという「労働」モデルへと移行したことを示すものであるという解釈を示している（森川 二〇一〇、二二一－二二八頁）。

ることになるのではないか。

それだけではない。資本主義がG‐W‐G′という定式のWの位置に「労働力」という特殊な商品を代入することによって、絶えず剰余価値を生み出し、その自己増殖運動を実現しているのと同様に、全体主義は〈労働する動物〉と化した近代人＝「大衆」をその原動力としてその「膨張のための膨張運動」を実現するという構造を持っている。すなわち、資本主義においても全体主義においても、その自己増殖運動／「膨張のための膨張運動」の原動力となっているのは近代に特有の「労働」なのである。彼女がどこまで意識的であったかはわからないが、集中的にマルクスの著作を読み込むことによって、「労働と全体主義」の親和性を見出し、また資本主義や帝国主義と同様の「膨張のための膨張運動」という性格を全体主義に見出したアーレントが、こうした構造の同型性を看取していた可能性は大いにあるだろう。

もちろん、ここで筆者は資本主義と全体主義（および帝国主義）が同等のものであるとか、資本主義が必然的に全体主義に繋がるとかいったことを言おうとしているのではない。資本主義と全体主義の間には、言うまでもなく、大きな差異がある。資本主義が経済分野における「価値の自己増殖運動」であるのに対して、全体主義は「イデオロギーとテロルの膨張運動」であり、資本主義が市場における自由競争を促すのに対して、全体主義は抑圧的で自由な行動や思想を許そうとしない。また、資本主義の原動力たる「労働力商品」と全体主義の原動力たる「キメラ化した労働」（次章参照）の間にも少なからずズレがある。こうした資本主義と全体主義（および帝国主義）の相違についてはより慎重な検討が必要であろう。この点については次章以降（とりわけ第五章）で改めて考察することにしたい。

ここではひとまず、資本主義・帝国主義・全体主義がいずれも「膨張のための膨張運動」(無限の自己増殖運動)という構造を持っていること、とりわけ資本主義と全体主義の膨張運動はともに近代に特有の「労働」にその原動力を持っているということ、アーレントがマルクス研究を通じてそのような構造の同型性に気づいていた可能性が高いこと、を確認しておきたい。次節では本章の締めくくりとして、アーレントがマルクス研究に取り組んでいた当時の社会状況を確認しておくことにしたい。

7 マッカーシズムにおける「新たな全体主義」の危機

アーレントがマルクス研究に取り組んだ一九五〇年代前半は、アメリカにとって「黄金時代」と呼ばれる経済繁栄の幕開けの時期でもあった。一九四五年から六〇年までの一五年間で国民総生産は二倍に増え、専門職やホワイトカラー職が急増する一方でブルーカラー労働者が減少に転じた。またテレビの普及によって情報やイメージの画一化が進み、とくに大都市近郊の白人中産階級の間で生活スタイルの均質化が進んだ。いわゆる大衆消費社会の到来である(紀平 一九九九、三五二―三五八頁)。『人間の条件』出版と同年に出版されてベストセラーとなったガルブレイスの『ゆたかな社会』(1958)では、未曾有の経済発展が言祝がれ、経済学の伝統的な関心事であった「不平等や不安定」を論じる時代はもはや終わったと宣言された。他方で、リースマンの『孤独な群衆』

（1950）やＣ・ライト・ミルズ『ホワイトカラー』（1951）など、消費に埋没した大衆が他人の動向に目を奪われて無目的に暮らしていることを批判する書も登場した。アーレントの大衆消費文化批判も、おおよそこのような大衆社会批判の潮流の上にあったと言ってよいだろう。[15]

それらの大衆社会批判のなかで、アーレントの批判の特徴は、大衆消費文化だけでなく、むしろそれとセットになった「労働への没入」が人々の政治的態度を腐敗させると考えた点にある。正確には、生産‐消費の無限サイクルが人々を必然的な無限運動に従属させ、「世界」の維持や「活動」への関心を損なわせてしまうこと（世界疎外）を彼女は危惧していたのであった。例えば、一九五三年五月一三日付のヤスパースへの手紙で彼女は次のように書いている。[16]

むしろはるかに深刻なのは、この発展によってまったく自動的に、市井の独立人が政治的要素としては画面から消えていくという点です。言いかえれば、この政府は日毎にますますこの社会を、残念ながらもともとそのようであった社会、つまり勤め人（job-holders）の社会にしているのです。こうしてこの社会はマッカーシーの思うつぼにはまっていきます。社会がまったく無抵抗であることの責任は、当然まっさきにこれら勤め人に帰すことができるのですから。（Arendt & Jaspers 1993, S.248/（一）二四七頁、強調引用者）

ここでアーレントは、アメリカ政治から「市井の独立人」が消えて行く原因を「勤め人社会」の広まりに求めており、「日々刻々ますます豊かにならねばならない」という神経症的観念が人々をより労働‐消費の無限サイクルへと駆り立てていくことが「マッカーシーの思うつぼ」になるのではないかと懸念している。さらに興味深いことに、彼女は同じ手紙のなかで「これはドイツで失業が演じたのとおなじ役割です」とも書いている。ヒトラー政権が大規模な失業対策によって労働者階級から絶大な支持を獲得したことはすでに述べたが、アーレントは失業への不安や労働への過剰な関心がドイツ人の政治意識を腐敗させ、全体主義の出現を招いた一因になったと考えていたのであった。

一九五〇年の論文「ナチ支配の余波」では、ドイツ人の勤労好きな性格がいまだ潜在的な全体主義出現の要因となっているとまで述べているが、アーレントはドイツ人の勤勉さ、「労働好き」傾向を決して肯定的に評価しなかった。アーレントにとって「完成された製品のうちに卓越性を求めるという古くからの徳」は決して褒められるべきものではなく、むしろ「忙しくし続けたいという

(15)「経済の奇蹟 Wirtschaftswunder」と呼ばれた戦後ドイツの経済復興についても、アーレントは批判的なスタンスを取っており、次のように述べている。「ドイツでは、むき出しの破壊は、ただ世界のすべての物を価値低落させる無慈悲な過程の代理を務めただけである。この価値低落の過程は、いま私たちの住んでいる浪費経済の品質証明でもあって、いずれにせよ結果はほとんど同じである」(HC, pp.252-253/ 四〇九頁)。

(16) この時期、アーレントとヤスパースはマッカーシー旋風について懸念する書簡のやりとりを繰り返している。例えば、一九五三年五月二二日付の手紙で、ヤスパースは次のように返信している。「こちらの新聞報道を見ていると、どうも腑に落ちないことばかり。なぜアイゼンハワーはこんなことを許しておくのか、なぜマッカーシーを断然抑え込まないのか、なぜそんなに議会を恐れているのか。……いずれにせよ浮かび上がってくるのは暗鬱な図なのですが、それをこちらの新聞は楽観的に扱っているのです」(Arendt & Jaspers 1993, S.253/(二)二五三頁)。

盲目的な欲求、一日のすべての瞬間に何かすることへの強い渇望」を生み出すものに過ぎなかった（EU, pp.253-254/（二）五四－五五頁）。近代における「労働」の地位向上に加えて、ドイツ人の勤労好きな性格がナチズムの出現を後押ししたと考えるアーレントの主張は、全体主義と〈労働する動物〉を結びつけようとするあまり、やや行き過ぎな面があるようにも思われるが、このような記述からも当時の彼女が「労働」を肯定視する近代的価値観をいかに否定的に捉えていたかが伺える。

「黄金時代」のとば口に当たる一九五〇年前後は、アメリカ合衆国で「赤狩り」、いわゆるマッカーシー旋風が吹き荒れていた時期でもあった。元共産主義者である夫を持ち、自身もかつて共産党員と関わりを持っていたアーレントにとって、マッカーシズム問題は決して他人事ではなかった。ヤスパースへと宛てた一九四九年の手紙のなかで彼女は「こちらの政治状況は今のところ憂鬱になるものです」と述べ、「人々は、マルクスの名前をいうことを恐れており、つまらないバカどもは、今やマルクスを見下す権利と義務を感じているのです」と苛立ちを露わにしている（Arendt & Jaspers 1993, S.173/（一）一五七頁）。第一節で述べたように、アーレントは伝統思想に反逆したマルクスを全体主義の淵源として批判する一方で、「赤狩り」の風潮に乗じながらマルクスを全体主義の祖として安易に断罪しようとする当時の知識人たちをも厳しく批判していた。さらに彼女は四八年に行われた「ランドスクール講義」のなかで、アメリカの左翼知識人にとって反スターリン主義が彼らの信条になっていることを指摘し、これが「裏返しの全体主義」であったことを示唆するとともに、「アメリカ社会の現在の規範や一般的な画一主義、仕事と個人の同一視、業績と成功への耐えがたいほどの執着、広告へのとんでもない過大評価」が「潜在的に全体主義的な印象を与える」とまで述べている（EU, p.226／（二）二〇頁）。このことは、彼女がマッカーシズムの流行と大衆消費社会の登場を結びつけると同時に、人々の労働への没頭や成功への執着が「潜在的な全体主義」の出現に繋がると考えていたことを示している。

アーレントの見るところ、マッカーシズムの特徴は、反共産主義や反全体主義の体裁を装いつつも、実際には巧妙に共産主義や全体主義の手法を取り入れている点にあった。「元共産党員」（1953）と題された書評のなかで、彼女は「かつての共産党員 former-Communists」と「元共産党員 ex-Communists」を区別しながら次のように論じている。「かつての共産党員」が共産党への失望から党を去り政治への関心を失った人々であるのに対し、「元共産党員」は「反共産主義の政治における専門家に転身する」ことによって、政治に関わりを持ち続けた人々である。後者の人々は「敵の手口に精通しており、それゆえ敵に対抗するのに最適であると目され」た、いわば「逆立ちした共産党員」であった（EU, pp.391-393／（二）二一九－二二二頁）。彼らは「全体主義と闘うために全体主義的な手段を用いよ」という勧告を用いて目的を手段化し、「卵を割らずしてオムレツをつくることはできない」という標語に示されるように、「オムレツをつくる」という目標（イデオロギー）が達成されるためには「卵を割る」という手段（テロル）が容認されて然るべきだと思考する。これはまさに「イデオロギーとテロル」論文においてアーレントが全体主義の本質として規定したものに他ならない。それゆえ、反共産主義・反全体主義というマッカーシズムの見かけに騙されてはならず、むしろマッカーシズムは見かけを変えた「新たな全体主義」の現われであることを理解せねばならない、というのがアーレントの考えであった(17)。

以上の記述から鑑みるに、経済繁栄に沸く一九五〇年代のアメリカ社会において、アーレントがマルクス研究に没頭した背景には、大衆消費文化の発展とともにマッカーシズムという新たな全体主義が出現しつつあるという危機感があったと考えられる(18)。資本の運動が未曾有のスピードで増殖を繰り返し、人びとを労働‐消費の無限サイクルのうちに投げ入れていく過程が進行するなかで、〈労働する動物〉によって支持される全体主義運動が復活しつつあるとアーレントには感じられていた。アメリカ社会における未曾有の経済発展と大衆消費社会の出現を眼前にしながら、当時のアーレントには、全体主義は「終わった過去」でなく、あくまで「生きた現実」として捉えられていたのである。こうしてアメリカで高度経済成長（大衆消費社会化）とマッカーシー旋風が同時進行するなかで、アーレントはマルクス研究に没頭し、〈労働する動物〉と全体主義の間の親和性を見出していったのであった。

小括

本章では、アーレントが『全体主義の起源』発表後、マルクス研究へと没頭していった過程を追いかけ、そのなかで彼女がどのようにマルクスを読み、それをどのように批判し、またそこからどのように『人間の条件』へと繋がる思考の端緒を摑んでいったのかを見てきた。アーレントによれば、マルクスの思想の核心は、近代社会において「労働」が最も中心的な営みとなった事実を的確に捉え、「労働」を軸とする思想・理論体系を創りあげてみせたところにある。本来、生命を維持するための営みにすぎないはずの「労働」が、人間の本質的営みと見なされるようになったという変化を鋭く捉えた点で、マルクスは偉大な思想家であった。しかし、そのいっぽうで、「労働」を理想化し賛美する思想を完成させたことによって、マルクスは全体主義が登場するための道筋を準備したという点では、間接的に全体主義の出現に責任を負っている。こうして「労働と全体主義」の親和性を見出したところに、アーレントのマルクス批判の大きな意義がある。

また、アーレントはマルクスの労働思想を批判するなかで、労働・仕事・活動を区別するとともに、これらの営みから「人間の条件」を考察するための理論体系の土台を創りあげていき、このアイデアが『人間の条件』の執筆へと繋がっていった。さらに、アーレントはマルクスの批判的検討を経ることによって、自身の全体主義分析を深化させ、全体主義が資本主義と同様に「労働」によって駆動される「膨張のための膨張運動」（無限の自己増殖運動）という性格を持つことを発見した。全体主義とは、〈労働する動物〉としての近代人＝「大衆」によって支持される、必然的な法則に支配された膨張運動なのである。

(17) ヤスパースへの手紙のなかでは次のようにはっきりと書いている。「決定的なのは元共産党員たちの役割です。全体主義的手法（統治の手法ではなく、党内政治の手法）を持ち込んだのです」（Arendt & Jaspers 1993. S.246/（一）二四五頁）。

(18) ブリューエルは、アーレントが『全体主義の起源』を仕上げているうちに、マッカーシー旋風（赤狩り）がアメリカ国内で勢いを増し、それを受けて彼女が「全体主義を新たに理解することにますます熱心になり、『全体主義の起源』の第三部やその本の公刊前後に書かれた数多くのエッセイもその影響を受ける」ようになったことを指摘している（Young-Bruehl 2006. pp.38-39/ 四一 - 四二頁）。

アーレントはこのような全体主義の運動を、過去に終わった問題としてではなく、戦後社会にもなお残る問題として捉えていた。アーレントがマルクス研究に取り組んでいた時期のアメリカで猛威を奮っていたマッカーシズムがその端的な例である。労働と消費の循環運動に呑み込まれて、公共的なもの（複数性と世界性）への関心を失っていくとき、われわれの社会にいつでも全体主義の問題は回帰してきうる。このような「労働と全体主義」の親和性という視座を得たという点で、アーレントの「マルクスとの対話」は『全体主義の起源』と『人間の条件』を繋ぐミッシング・リンクであるだけにとどまらず、その後の彼女の思想形成に多大な影響を及ぼすものとなったのである。

第二章　アーレントとマルクスの労働思想比較

『人間の条件』邦訳者の志水速雄は、アーレントと直接会って話をする機会を得た際、「労働」と「仕事」を区別するきっかけをどこから得たのかと尋ねてみたという。(1) するとアーレントからは「台所とタイプライター」という答えが返ってきた！　すなわち、台所で日々の食事をつくる作業は「労働」であり、タイプライターで作品を書くのは「仕事」だというのである。台所でつくられた食事はすぐに人間の胃袋のうちへと収まり体内へ消化されてしまうが、タイプライターによって書かれた作品は時を超えて読み継がれることができる。もちろんこの答えには多分にアーレント流のユーモアが含まれていようが、アーレントの「労働」概念と「仕事」概念の違いをイメージするうえで非常に象徴的なエピソードである。

前章で論じたように、労働・仕事・活動という三区分の構想が最初に現われるのは、アーレント

(1)『人間の条件』邦訳版「解説」、五三五頁。

がマルクス研究に没頭していた時期であった。アーレントはマルクスの労働思想を批判することを通じて、独自の「労働」概念を生み出そうとしたのであり、その肝は「労働」と「仕事」を区別することにあった。『全体主義の起源』から『人間の条件』に至る間の『思索日記』を見ると、「労働」をめぐる思索メモを多数発見でき、『人間の条件』の執筆を構想するにあたって、アーレントが「活動」をめぐる思考から出発したというよりも、むしろ「労働」をめぐる思考から出発していたことがよく分かる。全体主義についての分析を深めるなかで、全体主義と「労働」との間に深い結びつきがあることに気づき、「労働」に還元されない「人間の条件」についての考察を深めていくことになったのである。

アリストテレスは人間の営みを観想《テオリア》／実践《プラクシス》／製作《ポイエーシス》という三つの区分から考察したが（『形而上学』）、アーレントはこれを活動《アクション》／仕事《ワーク》／労働《レイバー》という三区分にずらして考えた。アリストテレスの構想から「観想」を抜いて「労働」を追加したこと、ここに「人間の条件」をめぐるアーレントの考察の大きな特徴がある。アリストテレスが取り上げなかった「労働」に対して正面から思想的な考察を加えること、しかも「労働」と「仕事」を区別して考察することが必要であるとアーレントは考えたのであった。

そうであるとすれば、われわれはここでアーレントの労働思想がいかなるものであったのかについて、改めて検討しておく必要があるだろう。加えて、アーレントはマルクスの労働思想のどのような点を批判していたのか、アーレントとマルクスの労働思想にはどのような相違点と共通点があるのか、そして彼女のマルクス批判の背景にはどのような意図があったのか。アーレントの思考の足跡をたどりながら、これらの問いに答えることが本章の目的となる。あわせて、本章ではアーレントのマルクス批判の問題点を精査しながら、アーレントとマルクスの「労働」概念にどのような差異（ズレ）があったのかを明らかにする。

1 「労働」と「仕事」の定義

アーレントの労働思想を検討するにあたり、まずは『人間の条件』第一章冒頭における「労働」概念の定義を確認するところから始めよう。

> 労働（labor）とは、人間の肉体の生物学的過程に対応する営み（activity）である。人間の肉体が自然に成長し、新陳代謝を行い、そして最後には朽ちてしまうこの過程は、労働によって生命過程のなかで生み出され消費される生活の必要物に拘束されている。そこで、労働の人間的条件は生命それ自体である。（HC, p.7/一九頁）

アーレントにとっての「労働」とは「人間の肉体の生物学的過程に対応する営み」であり、その人間的条件は「生命それ自体」である。それは生命維持のためにのみ行われる必然的な営みであって、身体の生物学的欲求を満たすことを目的としている。人間は誰でも生きていくためには食事をし、睡眠をとり、排泄をし、日々の糧を得るために働かねばならない。あるいは家事を行い、身の回りを整え、日々の雑事をこなしていかねばならない。こうした人間の身体の生物学的過程から生じてくる必然的な欲求を満たしていく行為を、アーレントは「労働」と呼んだのであった。

別の角度からいえば、「労働」とは自然の循環運動に呼応しつつ、生物が自己の生命過程を維持しようとする営みである。人間が「労働」に没入していくことは「自然」のリズムと同一化していくことを意味し、また人間が「自然」のうちに溶け込んでいくことを意味している。「労働は、自然が提供する物と合体し、それを「集め」、それと肉体的に「混じりあう」」(HC, p.100／一五五頁)。また「労働と消費は、物質をとらえ、解体し、貪り食う過程である」。このとき人間は「自然」の一部となり、「動物的」な存在(=労働する動物)になっている。言いかえれば、「労働」とは人間の動物的生《ゾーエー》に対応する営みである。

それでは次に「仕事」の定義について見てみよう。

> 仕事(work)とは、人間存在の非自然性に対応する営みである。人間存在は、種の永遠に続く生命循環に盲目的に付き従うところにはないし、人間が死すべき存在だという事実は、種の生命循環が永遠だということによって慰められるものでもない。仕事は、すべての自然環境と際立って異なる物の「人工的」世界を創り出す。その物の世界の境界線の内部で、それぞれ個々の生命は安住の地を見出すのであるが、他方、この世界そのものはそれら個々の生命を超えて永続するようにできている。そこで、仕事の人間的条件は世界性(worldliness)である。(HC, p.7／一九－二〇頁)

「仕事」は「人間存在の非自然性に対応する営み」であり、「仕事はすべての自然環境と際立って異なる物の「人工的」世界を創り出す」役割を持つ。「仕事」は耐久性を持った「使用対象物」を製作することによって、安定性と永続性を持った「世界」を創り出す。「仕事」が製作する「使用対象物」の例として、アーレントは建造物やテーブル、椅子などを挙げているが、これらの耐久的な人工物によってわれわれが生活する「世界」は形作られている。それゆえ「仕事」の人間的条件は「世界性」である。

アーレントにとって「世界」とは、「そこに個人が現われる以前に存在し、彼がそこを去ったのちにも生き残る」ような安定性と永続性を持った場であり、人間はこの「世界」のうちに住まい、またこの「世界」のうえで「活動」することによって、自らが生きた痕跡をそこに残すことができる。また建造物やテーブルなどの耐久性を持った「世界の物」は、「死すべき生命の空しさと人間的時間のはかない性格に一定の永続性と耐久性を与える」役割を持っている(2)（HC, p.8／一二一頁）。

(2) 以下の記述を参照。「人間世界のリアリティと信頼性は、何よりもまず、私たちが物によって囲まれているという事実に依存している。なぜなら、この物というのは、それを生産する営みよりも永続的であり、潜在的にはその物の作者の生命よりもはるかに永続的だからである」（HC, pp.95-96／一五〇頁）。「人間はつねに変転する性質を持つにもかかわらず、同じ椅子、同じテーブルに関連づけられることによって、自らの同一性、すなわちそのアイデンティティを取り戻すことができる」（HC, p.137／二二五頁）。

共通世界は、私たちがやってくる前からすでに存在し、私たちの短い一生の後にも存続するものである。それは、私たちが、現に一緒に住んでいる人々と共有しているだけでなく、以前にそこにいた人々や私たちの後にやってくる人々とも共有しているものである。（HC, p.55／八二頁）

では、以上に見てきた「労働」と「仕事」の違いはどこにあるのだろうか。(3)

まず一番わかりやすいのは、それぞれの生産物の性質の違いであろう。「労働」の生産物は「生命過程そのものに必要とされる物」であり、「消費財 consumer goods」と呼ばれる。それは「最も耐久性の低い物」であり、「世界性という点から見ると、それはもっとも世界性がなく、同時に、すべての物のうちでもっとも自然的である。それは人工物であるとはいえ、絶えず循環する自然の運動にしたがって、生まれ、去り、生産され、消費される」（HC, p.96／一五一頁）。

他方で、「仕事」の生産物は「使用対象物 use objects」と呼ばれ、永続性と耐久性を持ち、「世界」に安定性を与える役割を果たす。「実際、これらの工作物には安定と固さが与えられている。この安定と固さがなければ、人間の工作物は、不安定で死すべき被造物である人間に、住処を与える拠り所とはならないだろう」（HC, p.136／二二三頁）。それゆえ「仕事」の生産物は、短期間のうちに消費されてしまう「労働」の生産物とは異なって、長期間われわれの「世界」にとどまり、われわれの生活に安定性を与えてくれる。

「労働」の生み出す「消費財」が、「労働」の行為と同様に自然の循環運動のうちに溶け込んでおり、自然や生命の移ろいとともに流れ去っていってしまうのに対し、「仕事」の生み出す「使用対象物」は、「仕事」の行為と同様に自然の循環運動から独立して、人工的な「世界」を形成している。「労働」の生産物は短期間のうちに「消費」（消耗）されてしまうのに対し、「仕事」の生産物は長期間にわたって「使用《ユーズ》」されることによって、慣れ親しんだ《ユーズド》「世界」を形作るのである。こうして、アーレントの「労働」と「仕事」の対比には短期的な「消費」と長期的な「使用」の対比が対応しており、さらにその背景には円環的な「自然」と耐久的な「世界」の対比が存在している。

もうひとつ、「労働」と「仕事」の差異は、その行為のなされ方の違いにも見出される。「労働」は生命過程（自然過程）の必然性にしたがってなされる営みであるがゆえに、それは明確な「始まり」や「終わり＝目的 end」を持っていない。また「労働」において人間は生命過程の必然性＝必要性 necessity に支配されており、そこに人間の自由が発揮される余地はほとんどない。「労働」の生産物は短期間のうちに消費（消耗）され流れ去っていくために、すぐに次の「消費財」を生産する必要が生じ、そのサイクルは終わりを迎えることがない。こうして「労働」は無目的であるとともに、終着点を持たず、生命過程と自然過程の必然性に従属している。

これに対して、「仕事」は目的－手段図式にそって、人間が合目的的に自然を加工し、工作物を

（3）アーレントによれば、古代近代を問わず、すべてのヨーロッパ語は、「労働」と「仕事」を区別する二つの言葉を持っていた。例えば、ラテン語では laborare と facere（あるいは fabricari）、ギリシア語では ponein と ergazesthai、フランス語では travailler と ouvrer、ドイツ語では arbeiten と werken が区別されてきた（HC, p.80／一九八頁・注釈一）。またロックは「仕事する手」と「労働する肉体」とを区別していたという（HC, pp.80-81／一三四－一三五頁）。

製作する営みである。「仕事」では、あらかじめ作り上げられるべき対象のイメージが製作者の頭のなかに存在しており、その目標に向かって意識統制的な製作がなされる。それゆえ「仕事」は「労働」とは違って、明確な「始まり」と「終わり＝目的 end」を持つことを特徴としており、その過程が無限に繰り返される必要を持たない。こうして「仕事」においては、人間は生命過程と自然過程の必然性を超え出て、自然を主体的に制御《コントロール》する余地が存在する。

このようにしてアーレントは、生命・自然の必然性に従属して動物的欲求を満たすための営みをおこなう「労働」と、生命・自然の必然性から超出して人工的な「世界」を製作する営みをおこなう「仕事」を概念的に区別して論じたのであった。冒頭に述べた「台所とタイプライター」の例もまさに以上の区別に当てはまるものであったと言えよう。そこで次に、アーレントがそもそもなぜこの二つの行為を区別しようとしたのか、その意図を探っていくことにしたい。

2　近代における労働観の反転

アーレントによれば、西欧政治思想の伝統において「労働」は長らく軽蔑と忌避の対象とされてきた。よく知られるように、彼女の労働思想は古典古代、とりわけ古代ギリシアにおける労働観を重要な参照項として形成されている（ただし、すでに序章で強調しておいたように、このことは彼女が古代ギリシアの世界観を無批判に信奉していたことを意味するものではない）。古代ギリシアのポリスでは、労働は私的領域において奴隷や女性によって担われるべきものだとされており、他方で、公的な政治に参加する自由市民は労働から解放されている必要があるとされていた。この結果として、古典古代の世界では「労働」に積極的な意義が見出されることはなかった。

労働に対する軽蔑は、もともと、必然〔必要〕から自由になるための猛烈な努力から生まれたものであり、痕跡も、記念碑も、記憶に値する偉大な作品も、なにも残さないような骨折り仕事にはとても堪えられないという労働に対する嫌悪感から生まれたものである。(HC, p.81/一三五頁)

このような伝統的労働観は中世社会においても大きく変わることはなかったが、近代社会において一変することになったとアーレントはいう。すなわち、「古代の理論では労働が軽蔑され、近代の理論では労働が賛美された」(HC, p.93/一四七頁)。近代社会では伝統的な労働観が反転して「労働」こそが人間の本質的営みであると見なされるようになり、「労働」が社会の中心的な価値軸として据えられるようになったというのである。(4)

(4) より正確に言えば、近代初期に〈活動的生〉のなかで最高位の営みとなったのは「製作 fabrication」の営みであった(『人間の条件』第四二節「〈活動的生〉内部の転倒と〈製作人〉の勝利」)。「〈活動的生〉の内部の営みのうちで、以前観照が占めていた地位にまず最初に引き上げられたのは、〈製作人〉の特権である製作の営みであった」(HC, p.294/四六四頁)。それは、近代の自然革命を導いたのが〈製作人〉の作成した器具 instrument であり、「科学上の進歩はいずれも、もっと洗練された新しい道具や器具の製作と密接に結びついていた」(HC, p.295/四六近代は伝統をすっかり転倒させた。すなわち、近代は、活動と観照の伝統的順位ばかりか、〈活動的生〉の伝統的ヒエラルキーさえ転倒させ、あらゆる価値の源泉として労働を賛美し、かつては〈理性的動物〉が占めていた地位に〈労働する動物〉を引き上げたのである。（HC, p.85/一三九頁）

さらにアーレントは、近代におけるこのような「労働」の位置づけの急上昇を、ジョン・ロックによる労働所有論、アダム・スミスによる労働価値説、マルクスによる労働疎外論などの思想のうちに読み取りながら、次のように述べる。

労働が最も蔑まれた最低の地位から、人間のすべての活動力のなかで最も評価されるものとして最高の地位に突然見事に上昇したのは、ロックが、労働はすべての財産の源泉であるということを発見したときに端を発している。その後、アダム・スミスが労働はすべての富の源泉であると主張したときにも、労働評価の上昇は続き、マルクスの「労働のシステム」において頂点に達した。ここでは、労働はすべての生産性の源泉となり、人間のほかならぬ人間性そのものの表現となったのである。しかし、この三人のうち、労働それ自体に関心を持っていたのはマルクスだけであった。（HC, p.101/一五七頁）

このようにして、ロックやスミスと並べつつ、アーレントはマルクスこそが近代における「労働賛美」思想の代表者であったと位置づける。なぜならば、マルクスこそは労働を「人間の最高の世界建設能力」と捉え、労働こそが人間と動物を区別する基準であるとし、労働を基軸とした理論体系を作り上げた思想家だったからである。それまで軽蔑と忌避の対象であった労働を、反対に人間の本質的営みと規定し、労働を肯定的に捉える思想を作り上げた点において、マルクスは「西欧政治思想の伝統」への反逆者であったとアーレントは位置づける。すでに前章でも述べたように、人間を〈政治《ポリス》的動物〉または〈理性《ロゴス》的動物〉と定義したアリストテレス以来の西欧政治思想の伝統を

四頁）からであった。

しかしこのような「〈製作人〉の勝利」は長く続かなかった。近代初期における〈製作人〉の勝利はほどなくして〈労働する動物〉の勝利に取って代わられることになったからである（『人間の条件』第四三節「〈製作人〉の敗北と幸福の原理」）。「説明を要するのは、近代になって〈製作者〉が評価されたことではなく、むしろ、この評価に続いてあまりにも早く、労働が〈活動的生〉のヒエラルキーの最高位に昇格したという事実である」（HC, p.306／四七九－四八〇頁）。このような移行が生じたのは、製作における関心が「なぜ why」「なにを what」作るのかという点から「いかにして how」作るのかという点に移動し、「近代精神において過程の概念が中心的な地位を占め」（HC, pp.306-307／四八〇頁）るようになったためであった。

元来、「仕事／製作」は明確な「始まり」と「終わり＝目的 end」を持ち、手段－目的図式において行われていたが、〈製作者〉の関心が「なぜ」「なにを」作るのかという点から「いかに」してその実験をおこなうかという点に移ったことは、その関心が物自体（最終生産物）から製作過程へと移行したことを示していた。「生産過程の最終生産物は、もはや真の終わり〔＝目的 end〕ではなく、生産された物が価値を有するのは、あらかじめ決められている目的のためにそれを使用できるからではなく、「それがなにかほかの物を生産するから」である」（HC, p.308／四八二頁）。こうした変化は、そのまま製作（生産）過程のモードが「仕事」から「労働」へと移行したことを意味していたと言える。

反転させ、人間を〈労働する動物〉と定義した点において、マルクスは西欧政治思想の伝統を終焉させた人物であったというのである[5]。

アーレントは、このような「近代における労働観の転換」という図式をアドリアーノ・ティルゲルの『ホモ・ファーベル』(1929)から獲得したと言われている。アーレントは『人間の条件』「労働」章の注釈において『ホモ・ファーベル』を参照文献のひとつに挙げており、「近代における労働観の転換」という図式に関しては、完全にティルゲルの考察を踏襲しているからである[6]。『ホモ・ファーベル』では、古代から中世、ルネサンス、近世、近代と時代順に労働観の変遷が記述され、宗教改革(プロテスタンティズムの出現)を契機として、近世から近代にかけて消極的労働観から積極的労働観への転換が生じたという見立てが示されている[7]。アーレントが描く労働思想の系譜学は、概ねこのようなティルゲルの労働史観を踏まえたものであると考えてよいであろう。

あくまで大摑みで図式的な捉え方であるとはいえ、このように西洋社会における労働観の系譜と近代における労働観の反転を描き出している点に、アーレントの労働思想の魅力があると言えよう。杉村芳美『脱近代の労働観』(1990)、今村仁司『近代の労働観』(1998)、ドミニク・メーダ『労働社会の終焉』(1995)など、より詳細に労働思想の系譜学を探求した研究においても、基本的にはアーレントが示したのと同様に、近代以前には「生命維持」という消極的な意義しか与えられていなかった労働が、近代以降には「自己実現」や「承認獲得」や「社会参加」などの積極的な意義を担うようになった、という図式が提示されている[8]。どの時点においていかにして労働観の転換が起こったのかという点についてはそれぞれの研究によって相違があるものの、近代において労働観が否定的なものから肯定的なものへ転換したという点においては概ねこれらの研究の見解は一致していると言ってよい。

労働思想の系譜学を扱うこれらの研究においてアーレントの労働思想が特徴的であるのは、彼女が「近代における労働観の転倒」を徹底的に否定的なものとして捉えているということである。前章でも述べたように、アーレントにとって、近代社会で「労働」が中心的な営みとなり、近代人が

(5)『人間の条件』第三章の注釈のなかで、アーレントは「労働が人間を動物から区別するということを最初に主張したのは、マルクスではなくてヒュームだと思われる」と述べ、ヒュームが肯定的な労働観を打ち出したことにも着目している(HC, p.86/二〇三頁・注釈一四)。ヒュームがとりわけ「勤労 industry」を文明を発展させるものとして積極的に評価しながら肯定的な労働観を打ち出したことについて、詳しくは坂本達哉『ヒューム 希望の懐疑主義』(二〇一一)第三章を参照のこと。

(6)『ホモ・ファーベル』の訳者である小原耕一によれば、アーレントは早くも一九五〇年代に、当時すでにほとんど忘れかけられていたティルゲルの「幻の書」、『ホモ・ファーベル』に注目した数少ない思想家であった(『ホモ・ファーベル』訳者解題より)。

(7)宗教改革(プロテスタンティズムの登場)を契機として、消極的労働観から積極的労働観への転換が生じたという見立ては、言うまでもなく、マックス・ウェーバーの名著『資本主義の精神とプロテスタンティズムの倫理』に示された見立てと同一のものである。アーレントはウェーバーのこの議論について『人間の条件』第六章の注釈で短く触れている(HC, p.252/五〇五頁・注釈二)。

(8)例えば、ドミニク・メーダ『労働社会の終焉』では、アダム・スミス『国富論』(1776)の登場とともに「政治経済学の舞台に人間労働が突然進入してくることになった」(メーダ 二〇〇〇、五五頁)と述べられ、一八世紀のヨーロッパにおいて「労働」が人々の関心の中心に上ってきたと分析している。この流れはさらにリカードやマルクスの経済理論によって加速されることになる。

〈労働する動物〉と化していくことは、文字どおりに人間が「動物化」していくことを意味するものであった。それは、人間が「活動」（複数性）や「仕事」（世界性）などの「人間の条件」を喪失し、動物と共通する「労働」（生命それ自体）という営みに特化していくことを意味していたからである。実際にアーレントは次のように述べている。「しかし、もう一つ、もっと重大で危険な兆候がある。それは、人間がダーウィン以来、自分たちの祖先だと想像しているような動物種に自ら進んで退化しようとし、そして実際にそうなりかかっていることである」（HC, p.322/五〇〇頁）。

このような近代人の〈労働する動物〉化こそ、近代人の「大衆」化の原因であり、ひいては全体主義が出現した遠因であるというのがアーレントの考えであった。そうであるとすれば、近代において労働観の転倒が生じ、「労働」が社会の中心的な営みとなったことこそが、全体主義の遠因であったということにもなるだろう。アーレントが「近代における労働観の転倒」を否定的なものとして捉え、「近代的労働の賛美者」としてのマルクスを手厳しく批判した理由もまたここにある。しかし、こうしたアーレントのマルクス批判については、解釈上のさまざまな問題があることが知られている。次節以降、この点について詳しく見ていくことにしよう。

3　マルクスは労働を「賛美」したか？

先にも述べたように、アーレントはマルクスが労働を「賛美」し、人間の本質的営みと捉えたことを厳しく批判する。アーレントにとって「労働」は生命維持のみのために行われるべきものであり、「労働」のうちにそれ以上の積極的意義は認められるべきではないとされるからである。しかしマルクスの思想に詳しい者にとっては、マルクスが決して素朴な「近代的労働の賛美者」などではなかったことは周知の事実であろう。むしろアーレントの主張とは反対に、マルクスは近代的労働に対する最大の批判者であり、近代社会＝資本主義社会において労働がいかに「疎外」され「搾取」された状態に置かれているかを告発し続けた思想家であった。

例えばマルクスは初期の『経済学・哲学草稿』（1844）において、資本主義的生産様式下では労働者が働けば働くほど「疎外」された状態に陥るとして、次のように述べていたのであった。

労働者は、彼が富をより多く生産すればするほど、彼の生産の力と範囲がより増大すればするほど、それだけますます貧しくなる。労働者は商品をより多くつくればつくるほど、それだけますます彼はより安価な商品になる。（MEW, Ergänzungsband, Erster Teil, S.511）

すなわち、労働者が骨身を削って働けば働くほど、彼が自分に対立して創りだす疎遠な対象的世界がますます強大となり、彼自身が、つまり彼の内的世界がいよいよ貧しくなり、彼に帰属するものがますます少なくなる。（MEW, Ergänzungsband, Erster Teil, S.512）

周知のとおり、『経済学・哲学草稿』以降のマルクスはこのような素朴な疎外論を展開することはなくなるが、他方でマルクスが後年に至るまで資本主義社会における「疎外された労働」に対する批判的な視点を持ち続けたこともまた確かである(9)（岩佐 二〇一〇）。言いかえれば、マルクスは近代資本主義のもとにおける労働のあり方に対して一貫して批判的であった。それゆえに、マルクスを近代的労働の賛美者として批判しようとするアーレントの姿勢には、基本的な前提で大きな誤解があったと言わねばならない。

しかし同時に、マルクスが「疎外された労働」を超克したところに獲得される（はずの）「自由な労働＝アソシエイトした労働」（後述）を肯定的かつ理想的に捉えていたこともまた確かである。その点に限って言えば、マルクスが労働を人間にとって本質的な営みと捉え、労働のうちに様々な理想的可能性を見出していたというアーレントの考察は概ね正しかったとも言える(10)。別言すれば、マルクスは本来的な労働のあり方に理想を見出していたからこそ、資本主義社会における労働のあり方を「疎外」されたものとして強く批判していたのだと捉えることができよう。「疎外」の裏側には必ず（疎外を免れた）「理想」や「本質」の存在が前提とされているはずだからである。

例えば『経済学・哲学草稿』では、「疎外」を免れた本来的な「労働」が人間の「類的本質Gattungswesen」を確証するための営みとして規定され、「労働」と「類的本質」が密接不可分なものとして想定されている。このことはやはり、マルクスが「労働」を人間にとって本質的営みと捉えていたことの証左であると言えよう。他方で資本主義的生産様式は、このような労働＝生産行為を通じた「類的本質」の実現を阻むものであるがゆえに批判の対象となるのである。

対象的世界の実践的な産出、非有機的自然の加工は、人間が意識している類的存在であること

の確証である。（MEW, Ergänzungsnband, Erster Teil, S.516, 強調原文）

それゆえ人間は、まさに対象的世界の加工において、はじめて現実的にひとつの類的存在

（9）廣松渉は、マルクスが『ドイツ・イデオロギー』および「フォイエルバッハ・テーゼ」を契機として、初期の疎外論から後期の物象化論へ移行したという説を提示したが、こうした単純な移行論に対して、現在は懐疑的な見解が多く提出されている。むしろ後期マルクスにおいても、疎外論と物象化論は結びつけられて論じられていることを岩佐茂は指摘している（岩佐 二〇一〇、三一頁）。実際『資本論』第三巻にも以下の記述が見られる。「資本は、疎外され独立化された社会的な力であり、この力が物象として、またこのような物象による資本家の力として、社会に対立する」（MEW 25, S.274）。

（10）マルクス研究者である佐々木隆治は、マルクスが労働を理念として高く評価していたわけではなく、あくまで物象にとらわれた賃労働という労働形態を批判していたことを強調している。むしろ「マルクスは物質代謝の意識的媒介という必然性の領域を超えたところではじめて真の自由が始まる」ことを強調していたのである（佐々木二〇一五、一二五頁、強調引用者）。

しかし一方で、本文の引用箇所で示したように、初期から後期に至るまで、マルクスが共産主義社会における「アソシエイトした労働」を理想的で自己目的的な営みとして描き出していたこともまた確かな事実であるように思われる。また、マルクスが労働を「物質代謝の意識的媒介」として規定し、それをあらゆる社会に共通する超歴史的な営みとして捉える視点（唯物史観）自体が、「労働」中心的な近代社会の価値観を反映しているのではないか。

例えば、フーコーは『言葉と物』のなかで労働価値説が一九世紀以降に特有のエピステーメーであることを指摘していた（フーコー『言葉と物』第八章）。「マルクスが近代的労働を賛美した」「労働を人間の本質的営みと見なした」というアーレントの解釈が言い過ぎであるとしても、マルクスが労働をその思想・理論の中心に据え、これを理想社会実現のかなめとして捉えていたことは間違いないのではないか、というのが筆者の考えである。

として確証されることになる。この生産が人間の製作活動的な類的生活なのである。（MEW, Ergänzungsnband, Erster Teil, S.517, 強調原文）

また『ドイツ・イデオロギー』（1844-45）で語られる以下のユートピア的理想は有名である。あくまで若きマルクス＝エンゲルスの描いた楽天的なユートピア像であるとはいえ、固定された分業を克服した「労働」が「遊戯」や「趣味」と等しいものになるという理想像が描かれていることは興味深い。

これに対して共産主義社会では、各人は専属の活動範囲を持たず、自分が望むどの部門でも自分を鍛えることができるし、社会が万人の生産を管理している。まさにそのおかげで、私は好きなように今日はこれを、明日はあれを行い、朝に狩りをし、午後に漁をし、夕方に家畜の世話をし、食後には批評する。しかしだからといって狩人、漁師、牧人、批評家になることはない。（MEW 3, S.33）

中期マルクスと呼ばれる『経済学批判要綱』（1857-58）では、労働を「骨折りと労苦（toil and trouble）」と捉えるスミスの否定的労働観が厳しく批判され[11]、労働とは本来「積極的・創造的な活動」であり、労働における障害を克服することそれ自体が「自由の実証」であるとともに、それによって「自己実現、主体の対象化、それゆえに真実の自由」が措定されると述べられる。

だがこうした障害の克服はそれ自体が自由の実証であるということ——さらにまた外的諸目的は、たんなる外的自然必然性をはぎとられた外観を受けとり、また個人それ自身がはじめて措定するところの諸目的として措定されるということ——したがって自己実現、主体の対象化、それゆえに真実の自由——この自由の行動がまさに労働である——として措定されるということにも、A・スミスは同様にほとんど気がついていない。(MEGA II/1.2, S.499, 強調引用者)

他方でマルクスは、未来社会において労働が単なる趣味や娯楽としての「魅力的な労働」になるというフーリエの楽天的な見通しを批判し、「真に自由な労働、たとえば作曲は、同時にまったく大変な真剣さ、はげしい努力なのである」(MEGA II/1.2, S.499) として、大変な真剣さ・はげしい努力のもとに営まれる芸術的活動のうちに真の「自由な労働」のあり方が見出されている。

さらに、晩年の『ゴータ綱領批判』(1875) では「ありうべき」共産主義社会のかたちとして次のような構想が語られていた。

---

(11) マルクスはアダム・スミスの消極的な労働観を批判して、エホバがアダムに与えた「汝、額に汗して労働すべし!」という呪詛と同様に「アダム・スミスは労働を呪詛と考え」ていると論じている (MEGA II/1.2 S.499)。「アダム・スミスは労働を心理学的に、労働が個人に与える快・不快との関連で考察」しており、「労働は肯定的・創造的な活動」であることを理解していない (MEGA II/1.2, S.501)。それに対して、労働を肯定的・創造的な活動として描き出したところにマルクスの労働観の特徴があると言えよう。

> 共産主義社会のより高次の段階において、すなわち諸個人が分業に奴隷的に従属することがなくなり、それとともに精神的労働と肉体的労働との対立もなくなったのち、また、労働がたんに生活のための手段であるだけでなく、生活にとってまっさきに必要なこととなったのち、また、諸個人の全面的な発展につれて彼らの生産能力をも成長し、協同組合的な富がそのすべての泉から溢れるばかりに湧き出るようになったのち――その時はじめて、ブルジョア的権利の狭い地平は完全に踏み越えられ、そして社会はその旗にこう書くことができる。「各人からはその能力に応じて、各人にはその必要に応じて！」。（MEW 19, S.21, 強調引用者）

ここでは、「能力に応じて働き、必要に応じて取る」理想社会を実現するための条件のひとつとして「労働が単に生活のための手段であるだけでなく、生活にとって真っ先に必要な営みとなること」が挙げられている（MEW 19, S.21）。その他にも、諸個人が奴隷的に分業に従属することがなくなること、精神的労働と肉体的労働の対立（分業）がなくなること、諸個人の全面的な発展とそれに伴う生産能力の向上、協同組合的な富の横溢化、などの条件が挙げられるが、理想的な共産主義社会が実現されるための条件としてマルクスが理想的労働の実現を晩年にいたるまで重視し続けていたことがよく理解されよう。

以上のように、初期から中後期に至るまでマルクスが基本的には一貫して肯定的な労働観を持ち続け、他方で労働を疎外・搾取された状態へと貶める資本主義的生産様式を批判し続けていたことは間違いない。もちろん時期によってマルクスの思考に微細な変化や発展が見られることは確かであり、その点についても多様な議論が存在するのであるが、その全てをここで検討することは到底できない(12)。ここでは少なくともマルクスが一貫して肯定的な労働観と資本主義への批判的態度を有していたことを確認するのにとどめておきたい。

重要なのは、マルクスがつねに資本主義社会における「疎外された労働」と、資本主義社会を止揚した理想社会において現われるべき「アソシエイトした労働」を対比的に捉え、前者を批判し後者を理想化する視点を持ち続けていたことである。

賃労働は奴隷労働と同じように、農奴労働と同じように、一時的で下位の一形態にすぎず、自発的な手と臨機応変な知力と楽しい心とをもって自分の仕事をこなすアソシエイトした労働に席を譲って消滅すべき運命にある。(「国際労働者協会創立宣言」、MEW 16, S.11-12)

アーレントによるマルクス批判の大きな問題点のひとつは、アーレントがこの二つの労働を区別せず、マルクスが一律に「労働を賛美」したと解釈していた点にある。実際には、マルクスは近代社会＝資本主義社会における「疎外された労働」「搾取された労働」を厳しく批判していたので

(12) マルクスの労働論の発展、特に「アソシエイトした労働」をめぐる理論の発展について詳しくは大谷（二〇一一）および佐々木（二〇一一）を参照。

あって、近代的労働を賛美していたのでは決してない。ただし、資本主義社会における賃労働という形態を超克したところに現われるべき「アソシエイトした労働」については、これを喜びに満ちた自己実現的な営みとして描いていたことは確かであり、この二つの労働のあり方をわれわれは読み分けなくてはならない。この区別をなさなかったがゆえに、マルクスは労働を「賛美」しつつ、他方で共産主義社会においては労働を「廃止」しようとしているがこれは「はなはだしい矛盾」である、といった明らかな「誤読」が生じてくることになるのである（この点については第三章参照）。

4 「労働」と「仕事」の境界線

さらにアーレントとマルクスの労働思想を比較検討するにあたっては、やはり『資本論』第一巻第五章「労働過程論」におけるマルクスによる「労働」の定義をも確認しておく必要があるだろう。

労働は、まず第一に、人間と自然とのあいだの一過程である。この過程で人間は自分と自然との物質代謝を自分自身の行為によって媒介し、規制し、制御するのである。人間は、自然素材に対して彼自身ひとつの自然力として相対する。彼は、自然素材を、彼自身の生活のために使用されうる形態で獲得するために、彼の肉体にそなわる自然力、腕や脚、頭や手を動かす。人間は、この運動によって、自分の外部の自然に働きかけてそれを変化させ、そうすることによって同時に自分自身の自然〔天性〕を変化させる。（MEW 23, S.192）

アーレントも重視するように、ここでマルクスは労働を「物質代謝 Stoffwechsel の意識的媒介」として定義している[13]。ただし、自然素材に加工を施し、自身にとっての使用対象物を生産するだけであれば、ある意味では動物や昆虫もそれに類する行為をおこなっている。例えば、蜘蛛も蜜蜂も職人顔負けの方法で精巧な巣を作り出すことができる。その意味では、人間だけでなく動物もまた「労働」している。では人間とこれら動物との労働（生産行為）の差はどこにあるのか。すなわち、動物が本能的に生産行為をおこなっているのに対し、人間は意識的に生産行為をおこなうという点にその違いがあるのだ、とマルクスはいう。

このようなマルクスによる「労働」の定義を見れば、『ドイツ・イデオロギー』の「人間自身は生活手段を生産し始めるやいなや、自分を動物から区別し始める」（MEW 3, S.21）という記述を引きながら、マルクスは「労働」を人間と動物を区別する基準としていた、と主張するアーレントは正確さを欠いていたことになる。正確には、動物も本能的には「労働」に類する行為をおこなうの

(13) 近年のマルクス研究をリードする佐々木隆治や斎藤幸平は、晩期マルクスの思想展開を理解するための鍵となるのが「物質代謝」という概念であることを強調している。斎藤によれば、晩期マルクスは、有機化学の父と呼ばれ土地疲弊論を展開したリービッヒ、および化学肥料に過度に依存しない持続可能な農業を提唱したフラースの研究に着目していたことが、新MEGAの編纂から明らかになっている。こうして晩年のマルクスは、資本主義的生産がもたらす「物質代謝の攪乱」を問題視し、エコロジー的観点からも資本主義による物象化を強く批判するとともに「素材の思想」を深化させるに至ったのだという（斎藤 二〇一六a・二〇一六b）。

(14) 『人間の条件』「労働」章、注釈三六、p.99／二〇八 - 二〇九頁。

だが、人間はあらかじめ生産の目標物を頭のなかに思い描いたうえで、意識的かつ合目的的な労働（生産行為）をおこなう点が動物とは決定的に異なる、と言うべきなのである。

また右記のような「労働」概念の定義を参照するとき、われわれはマルクスの「労働 Arbeit」概念にはアーレントのいう「労働 labor」の要素と「仕事 work」の要素とが混在していることに気づくだろう。すなわち、生命維持のための営み・物質代謝の意識的媒介などの「労働」の要素と、自然の加工・使用対象物の製作・あらかじめ最終生産物のイメージが製作者の頭に描かれているなどの「仕事」の要素との両方が、マルクスの「労働」概念には含まれているのである。実際にアーレントは、マルクスが「労働 Arbeit」の語のもとに「労働 labor」と「仕事 work」を区別せずに論じたことを繰り返し批判していた。アーレントからすれば、マルクスは「労働」と「仕事」を概念的に区別せず、本来「仕事」の営みであるものまでを「労働」に含ませて、「労働」を理想化してしまっているのである。「一般に近代は、とくにカール・マルクスの場合、かつてみたこともないほど高い西洋人の現実的な生産性にいわば圧倒された結果、知らず知らずのうちに、すべての労働を仕事として眺め、〈労働する動物《アニマル・ラボランス》〉について語る場合でも、それはむしろ〈製作する人間《ホモ・ファーベル》〉にふさわしい特徴を備えていた」（HC, p.87／一四一頁）。

しかし、アーレントのいう「労働」と「仕事」の区別という観点からマルクスの多義的な「労働」概念を批判するのは無意味《ナンセンス》ではないかという再批判も繰り返しなされてきた。例えばショーン・セイヤーズは、現実の行為においては「労働」と「仕事」を明確に区別することがほとんど不可能であると述べ、アーレントを批判している（Sayers 2003, pp.116-117）。実際には、生命維持のための

「労働」の行為において耐久性の高い生産物が作り出されることもあるだろうし、その反対に耐久性の高い生産物を作り出す「仕事」の行為が生命維持のために繋がることもあるだろう。現実にはこの二つの行為は分かちがたく結びついており、ほとんど一体のものとして存在している。アーレントの労働／仕事の区分はこのような現実を全く無視しているとセイヤーズは主張する。

また石井伸男は「労働」と「仕事」の生産物をその耐久性によって区別するというアーレントの議論を批判している。アーレントは「労働」が生み出す「消費財」の典型例として食べ物や日常の消耗品などを挙げ、「仕事」が生み出す「使用対象物」の典型例として建物、テーブル、椅子などを挙げているが、この二つの境界線は極めて曖昧である（石井 一九九七、一二二‐一二三頁）。現実には日常品のなかにも長期的に「使用」するものもあれば、テーブルや椅子などの工作物のなかにも短期的に「消費」されてしまうものもあるだろう。個別の物の耐久性はそれぞれの状況に応じて異なるのであって、一義的にどの物が「消費財」でどの物が「使用対象物」であるかを決めておくことなど不可能である。そのような基準において「労働」と「仕事」を恣意的に区別することは不当である、というのが石井の批判であった。(15)

---

(15) セイラ・ベンハビブもまた、実際の「労働」（または「仕事」）においては、アーレントがいうような「労働」と「仕事」の要素を区別することはほとんど不可能であると主張している（Benhabib 1996, pp.130-137）。生命維持のための「労働」のうちにも耐久性を持った使用対象物を生産する行為が含まれうるであろうし、逆に職人的な「仕事」によって耐久性の低い「消費財」が生み出されることもあるだろう。これに加えて、ベンハビブはフェミニズムの見地から、アーレントの「労働」の特徴がとりわけよく当てはまるのは家事労働（料理、掃除、子育てな

このような批判はもっともなものに思える。「労働」と「仕事」を明確に区別しようとするアーレントの考え方よりも、むしろ「労働」と「仕事」を一体的に捉えようとするマルクスの考え方のほうが、現代人にとっても馴染みやすいものではないだろうか？ 「労働」と「仕事」の境界線がますます不明確になりつつあるように思われる現代においては、アーレントの労働／仕事論よりも、むしろマルクスの労働論のほうが適用範囲が広いのではないか？ こうした批判に対して一体どのような反論が可能だろうか。

まず確認しておくべきことは、『人間の条件』のなかでは、あらかじめこれが「労働」、これが「仕事」、これが「活動」、といった明確な区分がなされているわけではない、ということである（森川二〇一一、二一－二二頁）。例えば、同じ「机を作る」という行為においても、それが耐久的に長く使われる机を製作するのであれば「仕事」になるだろうし、他方でそれが短期間のうちに消耗される商品としての机を生産するのであれば「労働」になるかもしれない。あるいは、同じ机を作っていても、それが生命維持のために他者からの強制のもとでなされるのならば、その行為は「労働」であるということになるだろうし、もしそれが長年磨かれた職人の技によって作られるならば、その行為は「仕事」であるということになるだろう。あるいは「机を作る」という行為をとおして、他者との積極的な会話や議論がなされるのであれば、そこには「労働」または「仕事」に加えて、「活動」の要素も介在しているということになるはずだ。

だから、机を作る行為は「労働」なのか「仕事」なのか、自動車を作る行為はどうか、服や靴を作る行為はどうか、といった風に、次々に問うてみても大した意味はない。そうした生産物によって「労働」と「仕事」の間に境界線が引けるわけではない。その答えは、その行為がどのような条件のもとに行われているか、またその行為によって生み出された物がどのように使われるのか、という文脈に依存して決まるからである。改めて確認しておけば、「労働」とは人間の生命〔生活 life〕の必然性〔必要性 necessity〕を満たすための営みであり、「仕事」とは耐久的なモノを製作することによって安定的な「世界」を創り出す営みであった。それゆえ、ある行為が、生命〔生活〕維持のために必然的に行われるならばそれは「労働」であり、世界の安定性と永続性を維持するための製作として行われるならばそれは「仕事」であるということになるだろう。

　セイラ・ベンハビブも指摘するように、アーレントの提唱する労働・仕事・活動の区別は、あくまで「理念型」として捉えられるべきものであって、現実の行為を労働・仕事・活動のいずれかに必ずしも綺麗に分類できるわけではない（Benhabib 1996, p.131f）。むしろ、現実の行為が労働・仕事・活動の要素を重層的に併せ持っているのは自然なことだろう。工場労働にせよ、本を書く作業にせよ、料理を作る作業にせよ、それぞれの状況によって、「労働」にも「仕事」にも「活動」にもなりうる。問題は、それぞれの状況で労働・仕事・活動のいずれの要素が最も強いのか、ということである。生命の維持、世界の製作、複数性の実現、という三つの次元から、人間の〈活動的生〉のあり方を分析したのが『人間の条件』におけるアーレントの試みであって、現実の行為のひ

ど）であるとしながら、家事労働のうちには様々なコミュニケーション的要素（＝「活動」的要素）が含まれうることを指摘している。

とつひとつを労働・仕事・活動のいずれかに分類するために、その理論があるのではない。ひとまず以上のことを確認しておく必要があるだろう。

5　マルクスの「アソシエイトした労働」

ここまで、アーレントとマルクスの「労働」概念の間には根本的な差異（ズレ）が存在し、マルクスの「労働」概念にはアーレントのいう「労働」と「仕事」の両方の要素が含みこまれていることを見てきた。この点について、ビクー・パレークが一九七九年の時点でさらに踏み込んだ指摘をおこなっている。すなわち、マルクスの「労働」概念のうちには、アーレントの「労働」と「仕事」の要素のみならず、「活動」の要素までもが含まれていると解釈すべきではないか、というのである（Parekh 1979, pp.85-86）。つまり、マルクスの「労働 Arbeit」概念には、「生命維持のための営み」や「人間と自然との物質代謝」という「労働 labor」的要素、「意識的かつ合目的的な生産行為」や「自然素材の加工と使用対象物の製作」という「仕事 work」的要素に加えて、「他者との関わり」や「他者とのコミュニケーション」という「活動 action」的要素までもが含まれているのではないか、というのがパレークの解釈である[16]。

近年では、クリストファー・ホルマンがこれとほぼ同様の見解を提示している（Holman 2013）。「アーレントが把握することができていないのは、いやより正確にいえば、アーレントが把握することを拒んでいるのは、マルクスの労働概念が〈アーレントのいう〉〈活動的生〉の三つの側面を直ちに横断しているということである」。労働は生命維持のために必要な物を生産するための営みであるとともに、われわれが住まう耐久的で安定的な世界を製作するための営みでもあり、またそれを通じて他者と交流し、コミュニケーションを取るための営みでもある。労働はつねに一定の社会的連関のもとで行われ、その時代や社会状況に規定された生産様式のもとで営まれるというのがマルクスの考えであった。良かれ悪しかれ、人は労働を通じて一定の社会的関係性のうちに入り、他者との協働連関のもとに置かれる。「労働による自らの生の生産、および生殖による他者の生の生産も含めて、生活の生産は、こうしてただちに二重の関係——一方では自然的な関係、他方では社会的な関係——として現われる。社会的関係というときの「社会的」とは、どのような条件であれ、どのようなやり方であれ、どのような目的であれ、多くの諸個人の協働（Zusammenwirken）という意味である」（『ドイツ・イデオロギー』、MEW 3. S.29-30）。

このようにマルクスは労働を単に生命維持のための単独的な営みとして捉えるのではなく、複数の他者とともに行われる社会的な営み＝協働として捉えていた。ただし、資本主義的生産様式のもとでは、この労働が資本家と労働者との非対称的な関係性において行われるために、その協働もまた「疎外」され「搾取」されたものとなることを避けられない。近代以前の封建的体制においては

（16） 尾関周二も、「労働」（＝道具的行為）と「言語的コミュニケーション」（＝コミュニケーション的行為）を切り離して考えるハーバーマスの思考法を批判するとともに、マルクスの「労働」概念にはコミュニケーション的行為が含まれると解釈すべきことを主張し、アーレントのマルクス解釈に不備があることを指摘している（尾関 二〇〇二、一一四－一三一頁）。

人格的な支配のもとで行われていた労働が、近代以降の資本主義体制においては資本の物象（Sache）による支配のもとで行われるようになる（佐々木 二〇一一）。これに対して、資本主義を超克した未来社会においてはアソシエイトした労働者たちによる共同的な制御のもとに「自由な労働」（アソシエイトした労働）が行われるようになるはずである。[17]「社会化された人間、アソシエイトした生産者たちが、盲目的な力によって支配されるように自分たちと自然との物質代謝によって支配されることをやめて、この物質代謝を合理的に規制し、自分たちの共同的統制のもとに置くということ、つまり、力の最小の消費によって、自分たちの人間性に最もふさわしく最も適合した条件のもとでこの物質代謝を行う」（『資本論』第三巻、MEW 25, S.828）とき、理想的な未来社会（＝共産主義社会）の条件が整うとされる。

近年では、田畑稔（一九九四）や大谷禎之介（二〇一一）らの研究によって、マルクスが理想とした未来社会は、かつてのソ連や中国のような計画経済を主とする国家社会主義ではなく、自律的なアソシエーション（結社）が有機的に結びついたアソシエーション社会であったことが明らかになっている。このとき、マルクスのアソシエーション論で特徴的なのは、そのアソシエーションが「自由に社会的になった人間たち」「アソシエイトした生産者たち」による共同的な労働（＝協働）を軸として成立しているということである。つまり、マルクスのアソシエーション論のかなめをなすのは、やはりここでも「労働」なのである。「アソシエーションとは、労働が、アソーシエイトした諸個人、生産者たちが行うアソーシエイトした労働となっているような生産様式を土台とする社会だ、ということである」（大谷 二〇一一、一九七頁）。

こうした「アソシエイトした労働」においても、そこに複数の他者との協働やコミュニケーションが含まれていることは言うまでもないだろう。様々な人々とアソシエイト（協力）しながら労働／生産を行っていくことがマルクスの場合には当然とされているのであり、そこにアーレントのいう「活動」や「仕事」の要素が含まれていることは間違いない。

ちなみに、ここでマルクスがイメージしている「アソシエーション」の典型は生産協同組合（協同組合工場）である。[18] 生産協同組合は構成員の共同出資によって経営されるために、資本家（経営者）／労働者という対立が取り払われ、その組合の構成員すべてがその組織の運営・決定について発言・投票する権利を持ち、生産物・利潤の分け前に預かる権利を持つことになる。そこでは、何をどれだけ生産するか、労働条件・労働環境をどのようにするか、どのようなルールのもとに組織

---

(17) 他にも、マルクスは『資本論』のなかで来るべきアソシエーション社会の構想について次のように述べている。「共同の生産手段で労働し、自分たちのたくさんの個人的労働力を自分で意識してひとつの社会的労働力として支出する自由な人間のアソシエーション」（MEW 23, S.92）。「社会的生活過程の、すなわち物質的生産過程の姿態は、それが自由に社会的になった人間たちの所産として人間の意識的計画的な制御のもとに置かれたとき、はじめてその神秘のヴェールを脱ぎ捨てる」（MEW 23, S.94）。

(18) 渡英後のマルクスはチャーチスト運動者やオーウェン主義者との交流を経て、協同組合運動への共感を深め、生産協同組合を理想的なアソシエーションの形態として認識していくことになった。一八六四年に発表された『国際労働者協会（Internationale Arbeiter-Assoziation、いわゆる第一インターナショナル）創立宣言』のなかでも協同組合運動に高い評価が与えられている。「われわれが言うのは、協同組合運動のこと、とくに、少数の大胆な「働き手」による協同組合工場のことである。これらの偉大な社会的実験の価値は、いくら大きく評価してもしすぎることはない」（MEW 16, S.11, 強調原文）。

を運営するか、などの事柄について、すべての構成員が提案・討議する権利を持つ。当然、そうして民主的に決定された事項については、これを実践・運営していく義務と責任が構成員に課されることとなる。つまり協同組合工場のもとでは、どのように働くかを自分たち自身で決定し、そして実際にその取り決めのもとに働き、その成果を平等に分配するという「実践」が行われることになる。このようなアソシエイトした生産が資本主義的生産に取って代わるとき、「疎外された労働」は廃棄され、「ありうべき」共産主義が実現されるであろう。

もし協同組合的生産が偽物や罠にとどまるべきでないとすれば、もしそれが資本主義的システムにとってかわるべきものとすれば、もしアソシエイトした協同組合的諸組織が一つの計画にもとづいて全国の生産を調整し、こうしてそれを自己の制御のもとにおき、資本主義的生産の宿命である不断の無政府状態と周期的痙攣とを終わらせるべきものとすれば、――諸君、それこそ共産主義、「ありうべき」共産主義でなくてなんであろうか。（MEW 17, S.342-343）

こうした「アソシエイトした生産」過程のもとでは、生産者たちは絶えず相互的なコミュニケーションを取りながら、自分たちの労働を規制し調整しながらそれを実践していく必要がある。そこではアーレントのいう「労働」「仕事」「活動」の区別は成り立たず、パレークやホルマンが指摘したように、「労働」「仕事」「活動」が一体化された広い意味での「労働／生産」が実践されていくことになるだろう。

以上のような「アソシエイトした労働」の理想から浮かび上がるマルクスの「労働」概念が、アーレントの「労働」概念と異なるものであることは明らかであろう。言いかえれば、アーレントの「労働 labor」概念とマルクスの「労働 Arbeit」概念との間には根本的な規定内容の差異があるのだ。アーレントが「労働」を生命維持のための営みに限定して消極的に捉えようとするのに対し、マルクスは「労働」のうちに生命維持だけでなく、人間と自然の物質代謝、類的本質の確証、創造性の発揮、社会的関係の構築、自己実現など、多様な積極的意義を見出そうとしていた[19]。前節に述べた「疎外された労働」と「アソシエイトした労働」の非区別に加えて、このようなアーレントとマルクスの「労働」概念の規定内容の差異こそが、アーレントのマルクス「誤読」の原因となっていると考えられよう。

この点に関して、ミルドレッド・バカンやクリストファー・ホルマンはアーレントの「労働」概念はマルクスが言うところの「疎外された労働」にほとんど等しいものではないかという興味深い指摘を行っている[20](Bakan 1979, Holman 2013)。生命維持の必然性のためにのみ行われる孤立した営

---

(19)『ハンナ・アーレントとカール・マルクス』(未邦訳)を著したタマ・ヴァイスマンもまた、「マルクスの労働概念はアーレントが主張するのよりも、ずっと複雑で豊かなものであった」と述べ、マルクスの労働概念が生命維持の営み以上の多様な意義を含むものであることを指摘している(Weisman 2013, p.73)。

(20) 実際にマルクスは『経済学・哲学草稿』のなかで「疎外された労働」に関して次のように述べていた。「人間(労働者)は、ただわずかに彼の動物的な諸機能、食うこと、飲むこと、産むこと、さらにせいぜい、住むことや着ることなどにおいてのみ、自発的に行動していると感じるにすぎず、そしてその人間的な諸機能においては、ただもう動物としてのみ自分を感ずるということである」(MEW, Ergänzungsband, Erster Teil, S.514-515)。

みというアーレントの「労働」概念は、マルクスが痛烈に批判した「疎外された労働」と多くの共通点を持つものであり、逆に言えば、マルクスが「労働」一般として捉えていたもの、あるいはマルクスが理想としていた「労働」のあり方からは大きく外れている。図式的に言えば、アーレントが「労働」という営みを極めて消極的かつ限定的に捉えているのに対して、マルクスは同じ営みを積極的かつ多義的なものとして捉えていたのであり、アーレントはこのような「労働」概念の差異（ズレ）を十分に認識することなく、自身の「労働」概念を基準としてマルクスの「労働」概念を批判しようとしていたために、そこに根本的な誤解、すなわちアーレントのマルクスに対する数々の「誤読」が生じているのである。

6 「キメラ化した労働」に抗して

以上見てきたように、マルクスの「労働 Arbeit」概念のうちにはアーレントの「労働 labor」「仕事 work」「活動 action」の三要素がすべて含まれているのだとすれば、それを無理矢理に分節化して批判しようとするアーレントの試みは無意味《ナンセンス》なもののようにも見える。そもそも労働のあり方が多様化・複雑化する近代社会においては、労働／仕事／活動を明確に区別しようとするアーレントの思想には限界があるのではないか。労働／仕事／活動の区別が曖昧化し、あらゆる営みが渾然一体化してくるという現実をアーレントの思想は的確に捉えられていないのではないか。こういった疑問・批判が出てくるのもやむを得ないところであろう。

例えば、情報化社会やポスト・フォーディズム社会などとも呼ばれる現代社会では、ホックシールドが「感情労働」と呼んだ情動を伴うコミュニケーション労働や、ネグリが「非物質的労働」と呼んだ情報・知識を扱う非定型な労働が普及する（ホックシールド 二〇〇〇、Negri & Hardt 2000）。あるいはサービス業以外の職種でも、多くの労働場面において他者とのコミュニケーションの重要性が増す傾向にあることは間違いないだろう。またかつての社会では、職人（あるいは熟練労働者）が時間をかけて製作していた生産物を、今日の社会では分業や機械化の発達によって単純労働の組み合わせによって生産するというケースも増加する。すなわち「活動の労働化」や「仕事の労働化」が生じていることを意味している。これらの現象はいずれも「活動」や「仕事」の要素が「労働」のうちに取り込まれたこと、を意味している。(21)

すなわち、資本主義的生産様式下における「疎外された労働」においては、人間（労働者）はもはや自発的・自律的に労働を行うことができず、資本による強制のもとで、おのれの生命〔生活〕を維持するために私的に労働するにすぎない。ただ、労働時間外における飲食や居住・生殖などの動物的行為においてのみ自発的であるにすぎない。そして、そのような行為もまた自然・生命の必然性に従っているという意味では、そこに本当の自発性・自律性はない。それゆえそこでは「動物的なものが人間的なものとなり、人間的なものが動物的なものとなるのだ」（MEW, Ergänzungsband, Erster Teil, S.515）。

このように労働のうちに一切の自由・自発性や多様性・複数性を認めず、それが必然的な過程のもとに強制的に行われていると見るとき、アーレントの「労働」概念とマルクスの（疎外された）労働概念はほぼ完全に一致する。アーレントの「労働」概念と、マルクスの「疎外された労働」概念とがほぼ一致するというバカンおよびホルマンの主張はこの意味で説得力を持っている。

言いかえれば、現代では労働／仕事／活動という三つの営みを区分する境界線が曖昧化し、「労働」のうちに「仕事」や「活動」の要素が溶け込むような事態が生じているのである。そこではもはや、古代社会のような労働／仕事／活動の明快な区分は存在しておらず、「労働」はもはや単なる生命維持のためだけの営みではなく、むしろ「仕事」や「活動」の要素をも取り込んだ多義的な営みへと変化を遂げている。いわば「労働のキメラ化」とでも言うべき現象が生じているのである。こうした「労働のキメラ化」がますます進行する現代社会において、アーレントのように労働／仕事／活動を理念的に区別して論じることにどれほどの妥当性があるのだろうか？

しかし、このような現代社会の状況を踏まえたうえで、われわれはなお次のように考えることができるのではないか。すなわち、アーレントは労働／仕事／活動の区別が曖昧化した近代的労働のあり方を批判するためにこそ、敢えて労働／仕事／活動の概念区別を議論のうちに導入したのだ、と。つまり、アーレントは近代社会において労働／仕事／活動の境界線が曖昧化する状況を確実に認識しながら、これを批判的に捉え、それゆえにこそ西欧政治思想の伝統の始原にまで遡って、「労働」「仕事」「活動」という馴染みのない概念区別を持ち出してきたのだとわれわれは理解すべきなのである。

前章で見たように、生命維持の必然性に対応するためだけの営みであったはずの「労働」が人間の本質的営みであると見なされるようになり、近代人の中心的な関心事となってしまった事態こそ、アーレントが批判しようとしたものであった。さらにこのような「労働」の肥大化に伴って、近代社会では「仕事」や「活動」の要素が「労働」のうちに取り込まれる事態が生じてくる。すなわち、本来「仕事」の役割であった「使用対象物の製作」（創造性の発揮）や「活動」の役割であった「他者との関わり」（コミュニケーション）などの要素が、「労働」のうちに取り込まれるという現象が生じてきたのであった。

アーレントは決して労働／仕事／活動の境界線が曖昧化する近代的状況、または「労働」のうちに「仕事」や「活動」の要素が混在する近代的状況を把握できていなかったわけではない。むしろ人一倍、そのような状況に敏感であったからこそ、そのような近代的労働のあり方を強く批判し、それらを批判するためにこそ、敢えて労働／仕事／活動の概念区別を持ち出してきたと捉えるべきなのである。(22) 労働・仕事・活動の要素をすべて取り込んだ「マルクス的労働」のあり方をアーレン

---

(21) クリスティアン・マラッツイは、「労働」（＝道具的行為）と「言語的コミュニケーション」（＝コミュニケーション的行為）を切り離して考えるハーバーマスの思考法（ひいてはアーレントの思考法）を批判しながら、現代の労働においては不可避的にコミュニケーション的要素（アーレントのいう「活動」）が入り込んでいることを指摘している。すなわち、「コミュニカティブな労働」こそがポスト・フォーディズム社会における労働のあり方を象徴的に特徴づけており、そこにおいて新たな搾取のかたちが現われつつあるというのである（マラッツイ 二〇〇九、第一章）。またパオロ・ヴィルノは、ポスト・フォーディズム時代における「非物質的労働」が、アーレントの労働・仕事・活動・思考などの要素を同時に含みこむものであることを指摘している（ヴィルノ 二〇〇四、第二章）。

(22) 例えば、「仕事の労働化」については以下の記述を参照。「実際、近代世界の仕事はほとんど労働の様式にしたがって行われており、したがって仕事人（worker）は、たとえ望んでも「自分自身のためではなく、その仕事のために労働する」ことができず、しばしば、最終的な形がどうなるのか少しも分からないような対象を生産するための道具となっている」（HC. p.141／二三〇頁）。資本主義経済の展開のもとで分業化と機械化が導入されるとともに、「仕事の本性そのものが変化」し、次第に「労働の性格を帯びる」ようになっていく（HC. p.125／一八六 - 一八七頁）。加え

トが批判する理由もまたここにあったと考えることができよう。その意味で、マルクスの「労働」概念は良くも悪くも、労働・仕事・活動が一体化する近代の特徴を的確に反映しているのである。

ではなぜアーレントは、近代社会における「キメラ化した労働」を批判的に捉えていたのか。一言でいえばそれは、彼女が「労働のキメラ化」を全体主義運動の予兆として捉えていたからに他ならない。アーレントにとって、労働／仕事／活動の区別（境界線）が失われることは、人間を条件づける諸要素（生命それ自体・世界性・複数性）の区別が崩壊し、最終的にすべてが「生命それ自体」の必然的な運動のうちに吸収されていくことを意味していた。こうした境界線の喪失、労働／仕事／活動の曖昧化こそが、近代人の〈労働する動物〉化＝「大衆」化を引き起こし、ひいては全体主義の出現を準備したとアーレントは考えていたのである。近代社会において「労働」が最重要な営みとなり、「仕事」や「活動」の営みが「労働」に取り込まれ、「すべての人間的営みが労働に転化されてしまっている」状況に置かれたとき、近代人の「孤立」化が完成され、人々は「根を絶たれた余計者」となる。このような孤立化の状況においてこそ、全体主義支配が登場してくるというのが「イデオロギーとテロル」論文におけるアーレントの見立てであった（OT, p.475／(三)三一九－三二〇頁）。

それゆえにこそ、アーレントは「労働」「仕事」「活動」の間にきちんと境界線を引き、それぞれの行為がそれぞれのあるべき場所において営まれるべきことを主張していたのであった。「人間の営みは、それぞれ、それにふさわしい場所を世界の中で占めていることがわかる。このことは、〈活動的生〉の主要な活動力である、労働、仕事、活動についてもいえる」（HC, p.73／一〇四頁）。逆に言えば、労働・仕事・活動が〈活動的生〉のうちに適切な場所を見失い、あるべき境界線を超えて肥大化や衰退を始めるとき、そこには「人間の条件」が損なわれる危機が生じてくることになる。

アーレント思想の特徴は、良かれ悪しかれ、様々なものの間に境界線を引き、それらの要素を明確に「分けて」いくところにある。労働／仕事／活動、公的領域／私的領域、政治的なもの／社会的なもの、などの間に境界線を引き、これらの要素を分割していく。[23]あらゆるものの境界線が曖昧化していく近代社会においても、少なくとも理念的には様々な領域を区別して考え、それを基準として近代社会が抱える問題がどこにあるのかを明らかにしていくべきである、とアーレントは考えていた。そのような基準を明確にしない限り、近代社会において何が失われたのか、どこに問題があるのかを明らかにすることもできないからである。

そうした立ち位置からアーレントは、労働／仕事／活動を明確に切り分けて「人間の条件」を思考し、そこから近代における「労働のキメラ化」（労働の肥大化）を批判しようと試みたのであった。そのような「労働」の肥大化が資本主義の自己増殖運動を駆動し、ひいては帝国主義および全体主

て、アーレントは「社会的なもの」の勃興とともに、「私たちは公的に行なう労働において卓越を示すようになった」ことを指摘している（HC, p.49／七四頁）。つまり、近代社会では卓越性は「活動」ではなく「労働」のパフォーマンスにおいて示されるようになるのであり、このことは「活動の労働化」または「労働の活動化」とも呼ぶべき事態を示していると見ることができる。

(23) 実際、アーレントは晩年のシンポジウムで次のように述べている。「私は何かを始めるときにはいつも、「AとBは同じではない」と口に出してみるのです。言うまでもなく、これは直接にはアリストテレスに由来するものです」（OHA, p.338）。

義の「膨張のための膨張運動」をもたらすという事態に対して、アーレントは強く警鐘を鳴らそうとしていたのである。アーレントのマルクス解釈には多々誤読が含まれているが、それを超えて彼女のマルクス批判が意味を持つのは、マルクスへの批判としてではなく、近代社会＝労働中心社会への批判としてであり、その先に予感される全体主義への批判としてではないかというのが筆者の考えである。そして、近代社会＝資本主義社会における歪んだ「労働」のあり方を批判するという点においては、実はアーレントとマルクスは一定の共通性を持つとも考えられるのだが――アーレントの「労働」概念がマルクスの「疎外された労働」概念とほぼ一致するという先の指摘を思い出されたい――、この点については次章以降で改めて検討していくことにしよう。

小括

以上に見てきたように、アーレントとマルクスの「労働」概念にはそもそも大きな差異（ズレ）が孕まれている。しかしアーレントはそのような差異を十分に認識することなく、自らの消極的で限定的な「労働」概念を基準として、マルクスの積極的で多義的な「労働」概念を批判しようとしたために、そこに多くの「誤読」が生じてしまっていたのである。だが同時に、そのような「誤読」を経たうえで、アーレントが独自に構築した労働思想（および労働／仕事／活動の三区分）はそれ自体として思想的な意義を有している。その背景には、アーレントが「労働と全体主義」の間に思想的親和性を見出し、マルクスの積極的で多義的な「労働」概念のうちにその危険性の予兆を読み取っていたという事情があると考えられる。

それゆえ、アーレントがマルクスに対して（ときに意図的ではないかと思われるほどの）「あからさまな誤読」を重ねている背景には、マルクスへの批判という以上に、近代社会＝労働中心社会への強い批判意識があり、さらにその先に到来が予感される全体主義社会への警戒意識があったと見なければならない。近代に特有の――そして現代のポスト・フォーディズム社会においていっそう加速されている――「キメラ化した労働」のうちに、アーレントは労働／仕事／活動の区分が融解した状況を見て取り、そこに全体主義の芽が生じてくる危険性を嗅ぎ取っていたのであった。そして、マルクスの肯定的な労働観のうちにそのような「キメラ化した労働」の特徴を見出していたのである。アーレントの歪んだマルクス解釈の合間から透けて見えるのは、このような全体主義へと接近する「労働の肥大化」への危機意識である。

労働／仕事／活動、公的領域／私的領域、政治的なもの／社会的なものの境界線の曖昧化がいかにして大衆社会の到来と全体主義の出現をもたらすのかという点については、本書のなかで引き続きさまざまな角度から検討していくことにしよう。次章では、労働思想以外にも、アーレントのマルクス解釈／批判に含まれる「誤読」の内容を検証することによって、その「誤読」の背景に隠された思想的意図を探っていくことにしたい。

第三章　労働・政治・余暇

アーレントが「偉大な誤読者」であったことは、彼女の著作に親しんだ者の間ではよく知られている。アーレントは古代から現代まで幅広い思想家を独自に解釈した議論を展開し続けたが、その解釈はときに相当に強引で、正統的な見解を無視したものであることが少なくない。それゆえに他の思想史研究者から、アーレントの解釈は誤りと偏見に満ちたものであると批判されることもしばしばである。

確かに各思想家に関するアーレントの解釈に多くの「誤読」が含まれていることは否めない。また彼女の議論には、半ば意図的ではないかと思えるような強引な解釈も散見される。しかしアーレントの場合、その「誤読」や「強引な読み替え」の内にこそ、彼女の思想の独自性や強調点が隠れていることが少なくない。それゆえ、アーレントの思想内容を理解するためには、彼女の「誤読」を単なる誤りとして切り捨ててしまうのではなく、その「誤読」がどのような意図のもとになされたものであるかを、読者は慎重に見極める必要がある。

そのようなアーレントの「誤読」の魅力が最もよく表れているのは、おそらく彼女のマルクス解釈においてである。アーレントのマルクス解釈については、これまでも様々な論者から、その解釈の誤りや論理展開の不十分さが指摘されてきた。それゆえ、マルクス専門家によるアーレントへの評価は総じて厳しいものである。後に確認するとおり、そのようなアーレントへの批判は概ねもっともなものであるのだが、他方でその「誤読」ゆえにアーレントがマルクス批判を通じて提起している問題やそこから展開される彼女の思想の独自性が見落とされがちであったこともまた確かである。

近年、アーレントのマルクス誤読を検討したチャールズ・バーバーは、その誤読箇所について「アーレントはまるで一方ではマルクスをはねのけながら、他方では彼を自らに引き寄せているかのようである」と表現している（Barbour 2014, p.51）。またハンナ・ピトキンは、アーレントはマルクスについての説明を意図的に半分放棄しているようだと述べ、そしてその放棄した箇所は、明らかに彼女の『人間の条件』に非常に似通った主張を行っているところなのだ、と論じている（Pitkin 1998, p.115）。同じくフィリップ・ハンセンは、アーレントがマルクスに帰せようとしている箇所は、むしろマルクスが反対しようとしたところのものであったという（Hansen 1993, p.41）。

本章では、これらの先行研究が指摘するアーレントとマルクスの近接性も踏まえたうえで、前章に引き続き、敢えてアーレントのマルクスに対する「誤読」に着目し、その誤読内容を明らかにしたうえで、その「誤読」における彼女の脱構築的な読み替えが思想的にどのような意義を持っていたのかを検討する。アーレントが半ば自覚的とすら思える「誤読」を犯してまで、なぜマルクスの労働思想に強くこだわり、それを厳しく批判しようとしたのか。その背景にあった彼女の根本的な問題意識とは何であったのか。これらの問いを明らかにすることが本章の目的である。

1　マルクスの「はなはだしい矛盾」？

すでに繰り返し述べてきたように、アーレントは、マルクスが「労働」を人間の本質的営みとして「賛美」したことを強く批判したのであるが、しかしその批判のうちには少なからずマルクスへの「誤読」が含まれており、この「誤読」はアーレントとマルクスの「労働」概念の根本的な差異に由来するものであった。アーレントは、マルクスが批判的に捉えた「疎外された労働」と理想的に捉えた「アソシエイトした労働」との区別をつけぬままに、また自身の「労働」概念とマルクスの「労働」概念の間に重大な差異（ズレ）があることを十分意識せぬままに、マルクスが一律に「労働を賛美」したと解釈したうえで批判を展開していたのであり、この点に解釈上重大な問題を抱えていたのであった。さらにアーレントは、マルクスの労働思想のうちに「はなはだしい矛盾」が含まれていたとして次のようにも述べている。

マルクスの労働に対する態度、したがって彼の思想のほかならぬ中心的概念に対する態度は、終始一貫して多義的である。労働は「自然によって押しつけられた永遠の必要」であり、人間の営みのなかで最も人間的で生産的である一方、革命は、マルクスによれば、労働者階級を解放することではなく、むしろ、人間を労働から解放することを課題にしている。つまり、労働が廃止されるときにのみ、「自由の王国」が「必然の王国」に取って代わるのである。(HC, p.104/一六〇頁)

すなわち、マルクスは「労働」を人間の本質的な営みと規定してこれを賛美しつつ、他方で人間を「労働から解放」することを目指している。これはあからさまな矛盾ではないか、というのである。言うまでもなく、これはマルクスの『資本論』第三巻第四八章「三位一体定式」における「自由の王国」と「必然の王国」をめぐる有名な一節を批判したものである。(1) ただし、アーレントはこのような「矛盾」をおかしているマルクスを一方的に非難しているわけではなく、皮肉交じりに次のように付け加えている。「このようなはなはだしい根本的な矛盾は、むしろ二流の著作家の場合にはほとんど起こらないものである。偉大な著作家の作品なればこそ、かえって矛盾がその作品の核心にまで導入されるのである」(HC, p.104/一六〇頁)。すなわち、この「はなはだしい矛盾」はかえってマルクスの偉大さを裏づけているというのである。

しかしこのようなアーレントのマルクス解釈に誤りがあることについては、津戸正広の研究が的確な指摘を行っている。すなわち、マルクスは「「自由の王国」は、必要と外的目的性とによって規定される労働が終わる(aufhört)ときに、初めて始まるのである」と述べていたのであって、これを「労働が廃止される(is abolished)ときにのみ、「自由の王国」が「必然の王国」に取って代わる(supplant)」と読み替えるアーレントの解釈は誤りである。ここでマルクスが言及していたのはあくまで「必要と外的目的性とによって規定される労働」、すなわち「生命維持のための労働」

であって、マルクスは「労働全般」が廃止されたときに「自由の王国」が実現すると考えていたわけではない（津戸二〇〇一、九－一〇頁）。

また、マルクスのいう「必然の王国」とは「人間と自然の物質代謝」あるいは物質的生産の領域を意味し、「自由の王国」とは自己目的としての自由な活動の領域を意味している。つまり、「必然の王国の彼方で……自由の王国が始まる」というのは、物質的生産活動すなわち労働を終えた時点から、自由な活動のための時間が始まることを述べているに過ぎないのであって、アーレントが

（1） 有名な箇所ではあるが、参考のために『資本論』第三巻における当該記述を引用しておこう。「じっさい自由の領域は、窮乏や外的な合目的性に迫られて労働するということがなくなったときに、初めて始まるのである。つまり、それは、当然のこととして、本来の物質的生産の領域の彼方にあるのである。未開人は、自分の欲望を満たすために自分の生活を維持し再生産するために自然と格闘しなければならないが、同じように文明人もそうしなければならないのであり、しかもどんな社会形態のなかでも、考えられるかぎりのどんな生産様式のもとでも、そうしなければならないのである。彼の発達につれて、この自然必然性の領域は拡大される。というのは欲望が拡大されるからである。しかしまた同時に、この欲望を満たす生産力も拡大される。自由のこの領域のなかではただ次のことがありうるだけである。すなわち、社会化された人間、アソシエイトした生産者たちが、盲目的な力によって支配されるように自分たちと自然との物質代謝によって支配されることをやめて、この物質代謝を合理的に規制し、自分たちの共同的統制のもとに置くということ、つまり、力の最小の消費によって、自分たちの人間性に最もふさわしく最も適合した条件のもとでこの物質代謝を行うということである。しかしこれはやはりまだ必然性の領域である。この領域のかなたで、自己目的として認められる人間の力の発展が、真の自由の領域が始まるのであるが、しかし、それはただかの必然性の領域をその基礎としてその上にのみ花を開くことができるのである。労働日の短縮こそは根本条件である」（MEW 25, S.828）。

言うように「労働全般を廃止する」ことをマルクスが理想として掲げていたわけでは決してない。「労働日の短縮こそは、根本条件である」という表現からしても、労働時間は、短縮はされても消滅し得ないものであることは明白である（ibid）。しばしば誤解されていることだが、ここでマルクスが主張しているのは、「必然の王国〔領域〕」の縮小が「自由の王国〔領域〕」の拡張に繋がるということであって、どこかの時点で「必然の王国」から「自由の王国」への革命的跳躍が起こるということではない(2)。

以上の指摘を踏まえれば、この箇所においてアーレントがマルクスを「誤読」していたことは明らかであろう。ここでも、アーレントはマルクスの労働観が「終始一貫して多義的」であることを認識しつつも、「疎外された労働」と「アソシエイトした労働」の区別を見落とし、前者を廃棄して後者に置き換えようとするマルクスの議論を、労働全般の廃止を主張したものと取り違えてしまっているのである。マルクスはあくまで資本主義的生産様式下における労働（疎外された労働）をできる限りまで短縮して、資本主義的生産様式を超克した自由な労働（アソシエイトした労働）を拡張していくことを理想としていたのであって、労働全般を廃止しようとしていたわけでは決してなかった。しかしアーレントはこの二種類の労働に区別をつけずに、自身の消極的かつ限定的な「労働」概念の尺度でもって、一方的にマルクスを断罪していた点に大きな問題があったわけである。

以上のように、アーレントがマルクスを「誤読」していたことは事実としてしっかりと認識されねばならない。しかしその理由だけで、アーレントのマルクス批判を無価値なものとして斥けてしまうのであれば、それはやや短絡的であるように思われる。なぜなら、アーレントは先の引用箇所に続けて次のようにも述べていたからである。

事実として残るのは、マルクスが、どの時代の作品においても、人間を〈労働する動物〉と定義づけておきながら、次いで、労働というマルクスによれば最も人間的で最大の力をもはや必要としない社会に、ほかならぬ〈労働する動物〉である人間を導いているということである。つまり私たちは、生産的な奴隷状態か非生産的な自由かという、どちらかといえば悲惨な二者択一に迫られているのである。（HC, p.105／一六二頁）

（2）田畑稔が的確に指摘しているように、ここでいう「必然の王国」と「自由の王国」の対比を、エンゲルスのように社会の発展段階の差異として捉えてはならない（田畑 一九九四、第四章）。エンゲルスは『反デューリング論』のなかで「必然の王国から自由の王国への人類の飛躍」という表現を用いて、この二つの領域を社会の発展段階の差として捉えたのであるが（エンゲルス 一九六八、二九二頁以下）、このような解釈は不正確である。「自由の王国」はあくまで「必然の王国」を基礎としてのみ成り立つのであって、どこかの歴史的時点で「必然の王国」から「自由の王国」への完全な跳躍が生じるということではない。マルクスのいう「共産主義社会」とは、この「必然の王国」から「自由の王国」への絶えざる移行過程（または成熟過程）のうちにあると捉えられねばならず、「必然の王国」を縮小しつつそのぶんだけ「自由の王国」を拡張しようとする、終わりなき運動のうちにしかありえない、というのが田畑の解釈である。「共産主義とは、われわれにとって成就されるべきなんらかの状態、現実がそれに向けて形成されるべき何らかの理想ではない。われわれは現状を止揚する現実の運動を共産主義と名づけている」（MEW 3, S.35）。

近代社会において「労働」が中心的な営みとなり、「活動」や「仕事」が「労働」のうちに飲み込まれていくなかで、人類が「労働」から解放されたとすればどうなるか。人々は生きる目的を見失い、ニヒリズムに陥ってしまうのではないか。[3]「私達が直面しているのは、労働者に残された唯一の営みである労働のない労働者の社会という逆説的な見通しなのである」(HC, p.5／一五頁)というアーレントの問題提起は、アーレントのマルクス解釈の正否を越えて、雇用縮小社会を生きるわれわれに重要な問いを投げかけているように思われる。

近代は理論のうえで労働を栄光あるものとし、その結果、社会全体は労働社会へと事実上変貌を遂げた。したがって、おとぎ話のなかでかなえられる望みにも似て、労働からの解放という願望が実現される瞬間、この願望の実現そのものが帳消しになってしまう。労働の枷から解放されようとしているのは労働者の社会なのであって、この社会は、労働からの自由を手にするのに値する労働以上に崇高で有意味な他の営みについてはもはやなにも知らないのである。(HC, pp.4-5／一四 - 一五頁)

われわれの社会は労働生産性の向上とともに、次第に「労働から解放」されつつあるはずなのだが、しかし〈労働する動物〉としての現代人は「労働以上に崇高で有意味な他の営みについてはもはやなにも知らない」ために、仮に「労働から解放」されたとしてもそこでどのような活動をなすべきかの指針を失っている。「労働」することを失った〈労働する動物〉とは、もはや動物以下の存在なのではないか？　それゆえに多くの者は縮小しつつある雇用のパイに何とかしてしがみつこうとし、その結果として労働生産性の向上にもかかわらず、いまだ「労働への束縛」（あるいは「労働への没入」）が現代社会を強く規定するという矛盾が導かれている。アーレントがマルクスへの（誤読を含んだ）批判を通じて読者に訴えかけようとしたのは、われわれの社会が抱えるこのような問題であったと考えられよう。

本章冒頭で述べたように、アーレントがマルクス読解を通じて行ったのは、マルクスの主張をテキストから忠実に読み取ることではなく、マルクスの思索から大いに触発を受けつつ、そのテキストを脱構築的に読み替えることによって、彼女独自の思想体系を作り上げるという作業であった。それゆえわれわれは、単に彼女のテキスト解釈の誤りを指摘するにとどまらず、その「誤読」を通

（3）このようなアーレントの懸念は、例えば、ケインズが「孫たちの世代の経済的可能性」のなかで、未来社会においてあらゆる経済的問題（生命維持の必然性）が解決されたとき、ほとんどの人々はやることをなくして無気力とノイローゼに陥ってしまうのではないかという懸念を示していたことを想起させる。「しかし思うに、余暇が十分にある豊かな時代がくると考えたとき、恐怖心を抱かない国や人はいないだろう。人はみな長年にわたって、懸命に努力するようにしつけられてきたのであり、楽しむようには育てられていはいない。特に才能があるわけではない平凡な人間にとって、暇な時間をどう使うのかは恐ろしい問題である」（ケインズ 二〇一〇、二一四頁）。ケインズはこれに対して、すべての人々が毎日三時間ずつ働いて、あとの時間を自由に過ごすようにするのが一番良いのではないか、という提案を行っている。あるいはこれらの議論は、ベーシック・インカムを導入した際に、人は怠惰で無気力になってしまうのか、あるいはその反対に人々の豊かな個性と創造力が発揮されるようになるのかという議論を思い起こさせる。

じて彼女がどのような考察を行ったのか、その背景には彼女のどのような問題関心があったのか、を解明するところまで進まねばならない。彼女自身の言葉をもじって言えば、「このようなはなはだしい根本的な誤読」のうちにこそ、アーレント思想の核心が隠されているのである。われわれはこの思想の核心をこそ探求せねばならない。

2　労働と政治からの二重の解放

「マルクスのはなはだしい矛盾」（と彼女が見なしたもの）を通してアーレントが問題としたのは、単にマルクスが論理的に「矛盾」していたということではなかった。彼女が真に問題としたのは、マルクスに典型的に見られる「労働からの解放」というユートピアそのものであった。アーレントによれば、このユートピア思想はマルクスだけでなく、多くの近代思想家に共通して認められるものであるという。「マルクスをはじめ、様々な労働運動にたずさわっていた人々を鼓舞した希望は、自由な時間は、ついには人間を必然から解放して〈労働する動物〉を生産的にするだろうというものであった」（HC, p.133／一九四－一九五頁）。

マルクスの場合、このようなユートピア思想が詳しく展開されているのは『経済学批判要綱』の自由時間論においてであろう。「資本の偉大な文明化作用」によって労働生産性が向上し、必要労働時間が短縮され、自由時間が増大する。そうして生み出された自由時間において、諸個人が能力と個性を全面開花させる「高度な活動」に取り組むことができるようになる――（MEGA II, 1.2,

S.584)。先に言及した『資本論』第三巻における「自由の王国」と「必然の王国」の議論もまた、この自由時間論を発展的に引き継いだものである。そして、アーレントが厳しく批判したのもまさにこのようなマルクスの自由時間論（余暇論）のユートピアであった(4)。

諸個人の自由な発展、だからまた、剰余労働を生み出すために必要労働時間を縮減することではなくして、そもそも社会の必要労働の最小限への縮減。その場合、この縮減には、すべての個人のために自由になった時間と創造された手段とによる、諸個人の芸術的、科学的、などの発達開花（Ausbildung）が対応する。（MEGA II/1.2, S.581-582）

自由時間――それは余暇時間（Musszeit）であるとともに高度な活動にとっての時間である――は、いうまでもなくそういう時間を持っている者をある別の主体に転化するのであって、そ

（4）『資本論草稿集一八六一‐六三年』においても、以下のような自由時間論が展開されている。「万人が労働しなければならず、過度に労働させられる者と無為に過ごす者との対立がなくなるならば……、そしてさらに資本が生み出した生産力の発展を考慮に入れるならば、社会は必要な物の豊富さを、いま一二時間で生産している以上に六時間で生産するであろうし、同時に、万人が六時間の「自由に処分できる時間（disposal time）」を、真の富を持つであろう。この時間は、直接的に生産的な労働によって吸収されないで、享楽に、余暇に当てられ、したがって自由な活動と発展とに余地を与える。時間は、諸能力などの発展のための余地である」（MEGA II /3.5, S.1387）。マルクスの自由時間論について植村邦彦（二〇〇六、第九章）やモイシュ・ポストン（二〇一二、第九章）も参照のこと。

のばあい彼はこうした別の主体として直接的生産過程にも入っていく。これこそはすなわち、成長しつつある人間についてみれば訓練であると同時に、成長した人間については、実践、実験科学、物質的に創造的な、かつ自己を対象化する科学であって、この成長した人間の頭脳のなかに社会の蓄積された知識が存在する。(MEGA II/1.2 S.589)

しかし少し立ち止まって考えてみれば、このような「労働からの解放」のユートピアは、むしろアーレントが抱く政治の理想に対しても親和的なものだったのではないか、という疑問も湧く。すなわち、労働生産性の向上によって「労働からの解放」を実現するというマルクス的ユートピアは、「労働」を生命維持の手段に限定して捉え、それから解放された「活動」を最重要な営みとして捉えるアーレントの方針にも合致していたのではないか? それにもかかわらず、彼女があくまでマルクス的ユートピアを強く批判したのはなぜだったのか?[5]

ここで『過去と未来の間』に収録された論文「伝統と近代」における記述が役立つだろう。

マルクスの理想社会では、この二つの異なる概念〔引用者注:労働と政治〕は密接に結びついている。すなわち、階級と国家のない社会は、ともかくも古代において一般的条件である労働からの余暇だけでなく、政治からの余暇をも実現する。この政治からの余暇は、統治や政治的活動が「事物の管理」(エンゲルス)に置き換えられたときに生ずると想定されている。労働のみならず政治からも解放されているこの二重の余暇は、哲学者たちにとって観照的生活《ビオス・テオレティコス》、つまり哲学お

よび最も広い意味での知識に捧げられる生の条件であった。(BPF, p.20／二三頁)

この記述に続けてアーレントは、マルクスの理想社会が「労働と政治からの二重の解放」という、古代ギリシアの「スコレー scholé」や古代ローマの「オティウム otium」などの伝統的な余暇概念を継承したものであったと述べる。この「伝統と近代」論文では『カール・マルクスと西欧政治思想の伝統』草稿と同じく、マルクスが「労働を賛美した」ことによって、西欧政治思想の伝統に「反逆」し、その伝統を「終焉」させたことが批判されると同時に、マルクスの思考様式や言葉遣いがあくまで西欧政治思想の伝統にとらわれたものであったことがあわせて強調される(BPF, p.24／三〇頁)。余暇概念においても、マルクスは結局のところ「労働と政治からの解放」を理想とする伝統的な「観照的生活」の思考枠組を引きずっていたのであり、本質的に西欧政治思想の伝統を克服したわけではなかった、というのがアーレントの評価であった。

ただし、マルクスの理想的余暇が伝統的なそれと異なるのは、マルクスがその理想を生産力の向上とそれに伴う「事物の管理 administrations of things, Verwaltung der Sache」によって実現し

---

(5) 今村仁司(二〇〇五)や平子友長(二〇〇七)が指摘するように、マルクスのいう「必然の王国」と「自由の王国」の対比は、古代ギリシアにおけるオイコスとポリスの対比にかなりの程度まで接近する。すなわち、オイコスの領域(＝必然の王国)において生命維持の必然性を満たしたうえで初めて、ポリスの領域(＝自由の王国)における「自由な営み(活動)」が可能となるという基本図式に限っていえば、アーレントとマルクスは共にこの基本的認識を西欧政治思想の伝統から引き継ぎ、これを共有していたと言ってよい。

ようとしていた点にあり、そこに近代特有の生産中心主義の表れを見ることができると彼女はいう。いわば、マルクスの余暇概念は、伝統的な西欧思想と近代的な産業信仰の接合によって形成されたキメラ的性格を持っていたのであった。「労働からの解放」というマルクスの理想は、古代ギリシアのポリスをモデルとして形成されたものであったが、その理想を労働生産性の向上によって実現しようとした点にマルクス思想の特徴がある、と彼女は解釈したのであった（BPF, p.18／二一頁）。

しかし、以上のようなアーレントのマルクス解釈もまた、少なからず「誤読」を孕むものであったと言わねばならない。

（一）まず先にも述べたように、マルクスは素朴に「労働からの解放」（労働の廃棄）を理想としていたわけではなく、あくまで資本主義的生産様式下における「疎外された労働」を廃棄したうえで、資本主義的生産様式を乗り越えた「アソシエイトした労働」を実現することを目指していたのであって、労働一般を放棄しようとしていたわけではない。資本主義が止揚された未来社会においても、生命維持のための労働――あるいは「必然の王国（領域）」――は、一定程度まで残るとマルクスは考えていた。

（二）次にマルクスが「政治からの解放」を理想的余暇として考えていたかどうかもさほど明らかではない。これも前章に述べたように、マルクスが理想としていた未来社会は、かつてのソ連や中国のような国家社会主義（中央集権的な計画経済）ではなく、自発的に形成されるアソシエーション（結社）が有機的に結びついて形成される「アソシエーション社会」であった（田畑 一九九四、大谷 二〇一一）。こうしたアソシエーション社会が実現されるためには、「協同組合の連合体がひとつの共同計画にもとづいて全国の生産を調整し、それを自分の統制のもとに置く」ことが必要である。このような全国的生産の調整・統制のためには諸アソシエーション間の交渉・計画・協働が必要となるが、これはある意味では大変な「政治的活動」であると言えよう。

ミヒャエル・ハインリッヒが言うように、マルクスが理想とする共産主義社会では、資本主義市場・商品交換・賃労働・国家制度が廃棄される代わりに、「この社会の成員は、自らの社会的生活を統制し、個々の経営体において生産を組織し、さまざまな経営体を調整し、生産者や消費者としてのさまざまな利害を調和させ」なければならない（ハインリッヒ 二〇一四、二七七‐二七八頁）。こうしたマルクスの構想を鑑みれば、マルクスが未来社会において「政治」を廃棄しようとしていたと簡単に言うことはできないだろう。確かにそれは現状の「国家」を前提とした「政治」ではないが、アソシエーションを運営するための実践活動や諸アソシエーション間の交渉・調整・コミュニケーションこそが共産主義社会における「政治」になるはずである。

（三）アーレントはマルクスとレーニンの理想社会を地続き的に理解しているわけだが、仔細に見れば両者の理想が食い違っている箇所は少なくないはずである。とりわけ「事物の管理」というエンゲルス＝レーニンの理想と、自律的な「アソシエーション社会」というマルクスの理想の間には大きな差異がある。[6] マルクスが理想とした「アソシエーション社会」は、労働者の積極的な実践

（6）もともと理想の社会状態を「事物の管理」と表現したのはエンゲルスであり、レーニンがこれを引用した議論を展開したのであって――「人に対する統治に代わって、物の管理と生産過程の指揮とが現れる。国家は「廃止される」のではない。それは死滅するのである」（エンゲルス一九六〇、五〇二頁、レーニン二〇一一、三七頁）――、

活動を前提とするのであって、官僚的な「事物の管理」にすべてを任せておけばよいといった無責任・無気力な態度を想定したものではないはずである。

マルクス主義というと、いまだに抑圧的で中央集権的な官僚行政が支配する国家社会主義体制というイメージが強いが、大藪龍介（一九九六）が詳細かつ明快に論じているように、マルクスの未来社会構想がそうしたものへ歪められたのは、マルクスの死後にエンゲルスおよびレーニンが「プロレタリア独裁」と「生産手段の国家所有化」というテーゼを絶対化し、教条的な「マルクス主義」を作り上げて、これを公式化したことの帰結である。マルクス＝レーニン主義と通称されるように、マルクスとレーニンの社会構想を直接に繋げて捉える解釈が普及してきたが、むしろ二〇世紀の社会主義国家を支える「マルクス主義」体系を作り上げたのはエンゲルス＝レーニン主義とでも呼ばれるべきものであって、これはマルクス本人の思想とは切り分けて考えられなければならない(7)。マルクスが「私はマルクス主義者ではない」と言ったのは有名な話である（MEW 37, S.436）。

3　「事物の管理」と「無人支配」

以上の点を踏まえたうえで、なぜ「労働からの解放」というマルクスの理想をアーレントは強く拒否したのか、という問いに戻ろう。その問いへの答えを、まさにこの「労働と政治からの二重の解放」という余暇のあり方が示してくれている。つまり、「労働からの解放」という余暇のあり方がアーレントの理想に適うとしても、それが同時に「政治からの解放」をも実現するものであるとすれば、そのような社会は彼女にとって決して理想的なものではありえなかっただろう。「統治や政治的活動が「事物の管理」に置き換えられ」ることとは、すなわち「活動」という政治的営みが放棄され、それが脱人格的な管理行政に置き換えられることを意味しているからである。アーレント自身は詳細な余暇論を展開しているわけではないが、(8)もし彼女にとって理想的な余暇のあり方と呼ぶべきものがあったとすれば、それはおそらく「労働と政治からの二重の解放」としての余暇ではなく、「労働からの解放と政治への参加」としての余暇であっただろうと推察される。

同様に「労働からの解放」にも深刻な問題が含まれている。すぐ後に述べるように、たとえ労働生産性が向上することによって「労働」に伴う苦痛が軽減されたとしても、それは人間が生命の必然性から解放されたことを意味するわけではなく、むしろよりいっそう「必然性の軛」への従属を

マルクス自身は直接的に「事物の管理」を理想の社会状態だとは述べていない。しかし、アーレントはそのような区別を無視して、「事物の管理」がマルクス・エンゲルス・レーニンの共通の理想社会状態であったかのように捉えている点には大きな問題がある。

(7) マルクス自身の思想といわゆるマルクス主義との相違については、佐々木(二〇一六b)を参照。

(8)『過去と未来の間』所収の「文化の危機」論文では、「暇な時間 leisure time」と「空虚な時間 vacant time」が概念的に区別され、前者が「われわれが生命過程に不可欠な一切の気遣いや営みから解放され、それゆえ、世界とその文化への自由を手にする時間」であるのに対し、後者が「本性からして生物学的であり、労働や睡眠がそのしかるべき時間を受け取った後の残余の時間」であると規定されている(BPF, p.202/二七六頁)。ここでは leisure time よりもむしろ vacant time のほうにより否定的な意味合いが割り当てられていると言えよう。アーレントの余暇概念に着目した数少ない先行研究として、橋爪大輝(二〇一六)も参照のこと。

強化する結果になる、とアーレントは考えていた。「近代における労働の解放は、万人に自由を与える時代をもたらさないだけでなく、反対に、全人類を初めて必然の軛のもとに強制するという危険は、すでにマルクスによってはっきりと感じられていた」(HC, p.130/一九二頁)と述べられるように、「労働からの解放」を目指そうとするユートピアは、かえって労働と消費のバランスを歪め、「労働」の代わりに人間を「消費」に従属させる社会を生み出しかねない。いや、そのような社会は現代の大衆消費社会の成立によってすでに到来しつつある。

つまり、「労働」や「活動」といった営みから人間を「解放」しようとする試みは、理想的な社会状態をもたらすのではなく、反対に管理行政社会や大衆消費社会といったネガティブな社会状態をもたらすものである、というのがアーレントの考えであった。「労働と政治からの二重の解放」としての「自由の王国」を実現しようとするマルクス的ユートピアは、その過程で「労働」と「活動」という人間の営みを廃棄し、それらに対応する「生命それ自体」と「複数性」という「人間の条件」を損なわせ、脱人格的な「事物の管理」が徹底化されたディストピア社会をもたらす。このような危機意識こそが、アーレントをマルクス的ユートピアの批判へ向かわせていたのである。

近代社会では人々の最大の関心が私的な事柄に集中しているために、労働生産力が向上した結果として余暇時間が増加したとしても、その余暇が「活動」や「観照」のために使われることはなく、ただ「労働」の裏面としての「消費」に使われるのみである。その結果として、「活動」の営みや「公的領域」はますます衰退していき、「行政/管理」としての政治と「大衆消費文化」が社会を覆い尽くしていくであろう(HC, pp.133-134/一九五－一九六頁)。

前節に述べたように、「労働と政治からの二重の解放」というマルクスのユートピアは、「統治」や「政治的活動」が脱人格化された「事物の管理」に席を譲ることによって実現される、とアーレントは捉えていた。この点について『カール・マルクスと西欧政治思想の伝統』草稿では次のように述べられている。

> その誤りとは、統治と対照的な管理行政こそ、徹底した普遍的平等という条件のもとで人々がともに生きるのにふさわしい形態だとしたことである。この管理行政は「無支配《ノー・ルール》」だと考えられていたが、実際には誰でもない者《ノー・ボディ》によって支配可能なだけなのだ。つまり、それは官僚制であって、これ自体、責任を取るべきはずの者が誰もいない統治形態なのである。この統治形態では支配関係の人格的要素が消えてしまい、実のところ、無階級の利害のために支配することさえありうる。しかしこの「無人支配《ノー・マンルール》」、正真正銘の官僚制において、誰でもない者が支配者の椅子に座っているという事実は、支配の条件が消え去ったことを意味するものではない。この誰でもない者が支配される側から見れば極めて効果的に支配するのである。(KM, First drafts, 3 of 4 folders, p.21/五七-五八頁)

ここでアーレントは、脱人格化された管理行政(=「事物の管理」)を、「無人支配《ノー・マンルール》」または「誰でもない者《ノー・ボディ》による支配」と呼び、それを官僚制と結びつけて論じているが、これらの表現によって指し示されるのが、「活動」なき後に政治の場を占拠した「責任を取るべきはずの者が誰もいない統治形態」、すなわち全体主義支配であることは確実である（森川 二〇一〇、二二八－二三〇頁）。『人間の条件』のなかで彼女は「無支配」と「無人支配」の区別を強調しながら、後者についてそれが「ある環境のもとでは、最も無慈悲で、最も暴君的な支配の一つとなる場合さえある」（HC, p.40／六三頁）ことを指摘している。「無人支配」は実際には「無支配」ではなく、むしろ新たな形態の専制支配、あるいは「暴君なき暴政」へと通ずる危険性を秘めていることが強調されるのである。「その専制の特徴とは、たとえ多くの者が支配についての説明を求めたとしても、それに応じられる者は誰もいないということであり、責任を引き受けたり責任を持たされたりする者が誰もいないということなのである」（KM, Second draft, Part V, p.32／二七二頁）。このような無責任および思考欠如（thoughtlessness）の体制は、後のアーレントが『イェルサレムのアイヒマン』で批判した全体主義体制そのものであろう。(9)

先に「労働と政治からの二重の解放」というユートピアがディストピアへ反転すると述べたが、その際のディストピア社会とはまさにこの「無人支配」が貫徹する全体主義社会を意味している。「無人支配」および「誰でもない者による支配」は、〈労働する動物〉が勝利した近代社会において「動物化」しかかっている大衆――生命維持を至上価値とする人々――を管理するために生み出された支配体制にほかならない。

アーレントがマルクスの「自由の王国」および「労働と政治からの二重の解放」というユートピアを厳しく批判した理由が、このような全体主義支配に対する彼女の危機意識にあったことはいまや明らかであろう。「労働」と「活動」という「人間の条件」を満たすための営みから「解放」されたとき、そこに訪れるのはマルクスが理想とした「自由の王国」ではなく、その反対に「誰でも《ノー・》ない者《バディ》」によって支配される全体主義的社会であるというのがアーレントの見通しであった。形を変えながらも西欧思想のなかで脈々と引き継がれてきた「労働と政治からの二重の解放」というユートピアを克服しない限り、全体主義の脅威が消え去ることはない、という危機意識を彼女は抱き続けていたのである[10]。

（9）『全体主義の起源』第二部「帝国主義」のなかでアーレントは、人種主義に並ぶ帝国主義の特徴として官僚制を挙げ、「膨張のための膨張運動」としての帝国主義に奉仕する官僚制たちが、その膨張運動と一体化し、全能感に浸っていく様を以下のように描き出している。

「膨張のための膨張は無限のプロセスであり、その渦中に入った者は自分のままであり続けることは決して許されない。この潮流に一旦身を任せた者は、この過程の法則に服従し、その運動を持続させるための名もなき軍勢の一員となり、自分自身を単なる歯車と見なし、その機能に徹することこそダイナミックな流れの方向の体現であり、人間の果たしうる最高の業績であると考えることしかできない。こうなったとき人は自分が「過ちを侵すことはありえず」自分のすることはすべて正しいと実際に妄想するようになる」（OT, p.215／（二）一四八－一四九頁）。

ここにはのちの全体主義運動における「名もなき官僚」のひとりとしてのアイヒマンにまで繋がる「誰でもない者《ノーバディ》による支配」のあり方が描き出されているが、ここにもまたわれわれは「膨張のための膨張運動」のうちに没入することに喜びを見出す「大衆」＝〈労働する動物〉の姿を見出すことができる。

（10）このときアーレントの批判対象がマルクスのみならず、「労働と政治からの二重の解放」を理想化してきた西欧思想の伝統（「活動」の軽視と「観照」の理想化）にまで向けられていることにも留意しておくべきであろう。ここでもアーレントは全体主義の思想的根源をマルクスだけでなく、プラトン以降の西欧政治思想の伝統に見出しているのである（本書第一章第二節参照）。このような伝統的ユートピアの誘惑に抗するためにも前プラトン的（＝ソクラテス的な）「活動＝政治」の意義を現代社会に取り戻す必要があるとアーレントは考えていたはずである。

興味深いことにアーレントは、「共産主義革命」を経ずとも、現代の大衆消費社会において部分的にマルクス的なユートピア／ディストピアがすでに実現されつつあると考えていた。「マルクスが理解しなかったこと──そして彼の時代には理解できなかったこと──は、共産主義社会の萌芽はすでに国民的家族《ナショナル・ハウスホールド》の現実のなかに現われているということ」である（HC, p.44/六八頁）。近代社会では、機械の発明など生産力の向上によって労働の苦痛は以前に比べれば確実に減少しており、過去に比べれば人類は「労働から解放」されつつあり、それに併せて公的な「活動＝政治」からも解放されつつある。[11] しかし、それは決してマルクスが期待したような理想的社会状態ではない、というのが彼女の考えであった。

もはや言うまでもないだろうが、ここでもアーレントが批判するマルクス的ユートピアと、実際にマルクスが理想としていた未来社会との間には大きな差がある。繰り返しになるが、マルクスが理想としたアソシエーション社会（＝共産主義社会）は、多数のアソシエーション間の絶えざるコミュニケーション（交渉・調整・協働）のうえに成り立つ社会であって、それはアーレントが批判するような非人格的な「事物の管理」（「誰でもないもの」による支配）によって成り立つ官僚制社会とは大きく異なるものであった。

むしろ、ここでアーレントが批判していた「マルクス的ユートピア」とは、マルクスが批判しようとしていた資本主義社会（大量消費社会のうえに成り立つ官僚行政社会）に近いものであったと捉えるべきであろう。つまり、「労働と政治からの二重の解放」としての余暇を理想としているのは、マルクスが目指した共産主義社会であるよりも、むしろ今日われわれが暮らしているこの資本主義社会のほうであったと見なければならない。資本主義社会に生きる〈労働する動物〉としての「大衆」こそが「労働と政治からの二重の解放」を夢見ており、そのような夢想の先にこそ全体主義の危険性が待ち構えているとアーレントは見ていたのであった。彼女の考察が、その「誤読」を超えて現代的意義《アクチュアリティ》を持つのはこの点においてである。

4　ナチス的余暇政策

以上のようなアーレントの大衆社会批判を鑑みるうえで興味深いのが、ナチス政権下で形成された余暇組織「歓喜力行団 Kraft durch Freude〔喜びを通じて力を〕」の果たした役割である。「歓喜力行団」は、ナチス政権の成立後、従来の労働組合組織に代わって組織された「ドイツ労働戦線」の下部組織であり、ドイツ国民の余暇活動を充実させるために様々なサービスを提供した。具体的には、週末の観劇やコンサート鑑賞、テニス、スキー、日帰り旅行、豪華客船を用いた海外旅行、避暑地や冬の観光地の長期滞在など、それまで労働者階級には手が届かなかったような中産階級的レジャー活動を広く国民全体に提供することによって、大衆の人気を博した（山本 一九九五、一五

（11）「仕事」が作りだした道具や機械が、「労働」の苦痛と努力を和らげることに確実に寄与したことをアーレントは認めている。しかしこれによって「労働の営みから強制の要素が取り除かれ、人間生活から欲求と必要に従属する条件が排除されたわけではない」（HC, p.121／一八〇‐一八一頁）。機械の導入によって「労働」の苦痛が和らげられたとしても、「労働」が自然・生命の必然性＝必要性に強制されて行われるという事実が変化することはない。

〇－一五一頁）。

歓喜力行団の存在目的は、その名称のとおり、労働者の生産過程における負担を余暇の「喜びを通じて」緩和して労働者の「力」を増大させるとともに、余暇活動を上流階級から下流階級まであらゆる大衆に格差なく提供し、階級ごとに分断されたドイツ人を階級対立のないひとつの「民族共同体」にまとめる役割を果たすことであった（田野 二〇〇七、一七八－一七九頁）。「生の喜び」を肯定する余暇、スポーツ、演奏会、祭典などの機会を国民に提供することによって、ナチスの理想とする力強さや美しさといった共同体の理念を大衆に浸透させることに歓喜力行団は大いに寄与したとされる。

また歓喜力行団は、勤労大衆のための手頃な価格の自動車の購入にも関与し、一九三七年には「だれもが自分の車を」のスローガンのもと、国民車の開発にも乗り出した。これがかの有名なフォルクスワーゲン（＝国民車 Volkswagen）である。実際に歓喜力行団は、労働者向けに「歓喜力行団の車」を購入するための特別貯蓄制度を設け、「毎週五マルク貯めよう」のスローガンの下に三三万六〇〇〇人ほどが積立金の支払を行ったとされる。アウトバーンの建設もまた、このような国産車普及政策に適う公共事業であった。休日に家族でドライブして郊外へ出かけ、日々の労働の疲れを癒やし、翌日からまた労働に励むというライフスタイルがそこには理想化されて描かれていた。その背景にはヒトラー自身のフォーディズムやアメリカ型の大衆消費社会への憧憬があったとも言われている（Koenig 2004, Baranowski 2007）。

このようにナチス政権下のドイツではある意味で非常に先進的な余暇を充実させるための取り組

みがなされていたのであり、それは戦後、先進諸国において展開された大衆消費文化を先取る役割を果たしていたと見ることができる。[12] まさにこのように充実した「余暇」政策と「労働」の称揚政策が、ナチス・ドイツの国民的統一性（同質性＝全体性）を高めることに寄与していたのであり、これは大衆消費文化、およびレジャーとしての余暇の拡張が資本主義の興隆を通じて全体主義運動の出現に繋がるというアーレントの洞察を証立てる事例のひとつだと捉えることができよう。近年、ナチス・ドイツが健康・衛生・家事の効率化・エコロジーなどに配慮した先進的な取り組みを行っていたことを実証的に明らかにする研究が次々と発表されているが、このことは、ナチス・ドイツがある意味では、戦後の経済成長によって実現される大衆社会、つまりわれわれが今暮らしているこの現代社会、およびそこでなされる「生政治」的統治を先取りしていたことを示している。その先進性が最も効果的に表れていたのが、ナチスの労働政策と余暇政策であったと言えるのではないか。

ナチスの支持層となったのがどのような人々であったのかという議論にはいまだ決着がついておらず、

(12) 歓喜力行団のアイデアは、イタリアのファシスト党の余暇組織「ドーポ・ラボーロ Dopolavoro」が元になっていると言われている。一九二〇年代から三〇年代という時代は、国家が「余暇」という問題に関心をもち、積極的に取り組むようになった時代であり、フランスでも一九三六年に人民戦線内閣のもとでヴァカンスが始まっている。その背景には、第一次世界大戦後、労働者が政治的に無視できない勢力となったことや、有給休暇制度が普及し始めたこと、大衆文化や大衆消費社会がしだいに姿を現わし始めたことなどがある（山本 一九九五、一五二頁）。

らず、新中間層（すなわちサラリーマン層）からの支持が中心であったという説（中間層説）と、労働者層や上流層を含む幅広い国民から支持を受けたという説（国民政党説）のふたつが有力であるが[13]、ナチス政権がブルジョア層から労働者層まで広く大衆文化（ブルジョア的生活・娯楽）を普及させることによって国民から広範な支持を獲得しようとしていたことは確かであったと思われる。現実にどれほどのドイツ国民がそのような大衆的生活・娯楽・余暇を享受できたのかについては疑問の余地が残るところであるが[14]、少なくともナチス政権が理想として目指した大衆生活のあり方は、戦後の大衆消費社会と大差ないものであったと見ることができよう。

大衆消費社会のなかでわれわれの経済全体はますます「浪費的」なものとなり、資本主義経済の発展は決して「労働からの解放」をもたらさず、むしろ「労働‐消費への束縛」をもたらしている[15]。労働‐消費‐労働‐消費……という無限サイクルにとりこまれた〈労働する動物〉としての近代人は、労働時間のみならず余暇時間においても資本の自己増殖運動（G‐W‐G′）から逃れることはできないのである。

それに伴って、余暇《レジャー》という重大な社会問題が起こってくるだろう。この余暇の問題というのは、本質的には、消費能力を完全に維持するために、いかにして日々の消耗に十分な機会を与えるかという問題にほかならない。苦痛なき消費、努力なき消費は、生物学的生命の貪欲な性格を変えるのではなく、それを増大させるのである。（HC, p.131／一九三頁）

このことに関連して、アーレントが今日の「余暇 leisure」が、古代のスコレー（scholé）やオティウム（otium）と全く異なる性格を持つものであることに注意を促していたことは重要であろう（HC, pp.131-132／二二〇頁・注釈八四）。先に述べたように、スコレーやオティウムが「労働と政治からの解放」を意味したのに対し、現代のレジャーは基本的に「消費」のための時間である。すなわちそれは「労働時間」の単なる裏返しであるにすぎない。マルクスは資本主義の発展に伴って生産力が十分に向上すれば、人間はやがて労働から解放され自由になるであろうと予想していたが、その予想は完全に誤りであったとアーレントはいう。なぜなら〈労働する動物〉の余暇時間は「消費以外には使用されず、時間が余れば余るほど、その食欲は貪欲となり、渇望的なものとなる」からである（HC, p.133／一九五頁）。

以上のことを念頭に置くとき、『人間の条件』「労働」章の末尾におけるアーレントの記述は、よ

(13) ナチスの支持層についてこの二つの仮説の間での論争については、柳澤（二〇一七、序章）および山口（二〇〇六、九九－一一六頁）による解説を参照されたい。

(14) 歓喜力行団を通じてドイツ国民がどの大衆消費社会を享受できた程度については否定的な見解をとる研究者も多く、大半の労働者にとっては長期の休暇旅行を楽しんだり自動車を購入したりする余裕はなかったと言われている（山本 一九九五、一五二－一五五頁）。

(15) 以下の記述を参照。「〈労働する動物〉の理想を実現するうえで待ち構えている明白な危険信号のひとつは、私たちの経済全体がかなり浪費経済になっているということである。この経済においては、過程そのものに急激な破局的終末をもたらさないようにするために、物が世界に現われた途端に、今度はそれを急いで貪り食い、投げ捨ててしまわなければならない」（HC, p.134／一九六頁）。

りいっそうわれわれの身に迫って現われてくるはずである。

この生命が、消費者社会あるいは労働者社会において、安楽になればなるほど、生命を突き動かしている必要の緊急性に気づくことが困難になる。……社会は、増大する繁殖力の豊かさによって幻惑され、終わりなき過程の円滑な作用にとらえられる。このような社会は、もはやそれ自身の空虚さを認めることができない。つまり「労働が終わったのちにも持続する、なにか永続的な主体のなかに、自らを固定したり、実現したりしない」生命の空虚さを認めることができない。危険はこの点にある。(HC p.135/一九七 - 一九八頁)

労働中心社会/大衆消費社会のなかで生きる「大衆」=〈労働する動物〉としての近代人は、自然と一体化して生きる動物と同様に、現代社会の持つ「増大する繁殖力の豊かさ」とその「終わりなき過程の円滑な作用」のうちに没入した生(活)を送っている。このとき、人々はもはや何らの自発性も複数性も持たず、安定した世界性からも見放されて(世界疎外)、ただ自動的な「過程process」の運動のうちに生きる「動物的」存在となっているであろう。そうした〈労働する動物〉を支持者として「全体主義」の運動が出現してくることは、第一章に述べたとおりである。

労働社会の最終段階である勤め人(job-holders)の社会は、そのメンバーに純粋に自動的な機能の働きを要求する。それはあたかも、個体の生命が本当に種の総合的な生命過程のなかに浸されたかのようであり、個体が自分から積極的に決定しなければならないのは、ただその個体性……をいわば放棄するということだけであり、行動（behavior）の幻惑され「鎮静された」機能的タイプに黙従するということだけであるかのようである。（HC, p.322／五〇〇頁）

ここでは直接的に「全体主義」という言葉は使われていないものの、「あたかも、個体の生命が本当に種の総合的な生命過程のなかに浸されたかのよう」に、「個体性を廃棄」せねばならず、「幻惑され「鎮静された」機能的タイプに黙従」しなければならない、という表現が、人々の自発性と複数性を完全に消去し、自動的な膨張運動に身を委ねることを要求する全体主義支配を指していることは明らかであろう。

ナチズムもスターリニズムもともに資本主義の超克を掲げ、国家社会主義の形式によって資本主義の矛盾を乗り越えることを訴えたが、方法の違いこそあれ、両者とも生産力の増大とそれに伴う国民経済の成長を目指した点においては大差ない存在である、とアーレントは見ていた。「資本主義と社会主義という二者択一は誤りです――どちらもその純粋なかたちで存在する国が存在しないばかりでなく、二つは違う帽子を被った双子だからです」（CR, p.214／二一一頁）。ナチス政権が先進的な余暇政策を取っていたことはその象徴的な表れであり、ここに現代的な労働／余暇が抱える問題と、大衆消費社会を介して全体主義へと至る「膨張のための膨張運動」の問題が存在していると彼女は捉えていたのであった。

5 〈労働する動物〉の勝利した社会

以上に述べてきたような、労働‐消費‐労働‐消費……の循環運動とそれに対応する「無人支配」としての官僚行政が行き渡った「社会」のあり方を、アーレントはマルクスが予言した「国家の死滅」に等しい状況だと解釈して、次のように述べている。

社会が完全に勝利するとき、必ず、ある種の「共産主義の虚構」が生み出されるだろう。……私たちが伝統的に国家とか政府とか呼んでいるものは、ここでは、純粋な行政に席をゆずる。これは、マルクスが正しくも「国家の死滅」として予言していた状態である。ただマルクスは革命だけがそれをもたらしうると仮定していた点で誤っていたし、社会がこれほど完全な勝利を収めれば、ついに「自由の王国」が出現すると信じていた点では、なおさら誤っていた。(HC, pp.44-45/六八‐六九頁)

ここでアーレントは「社会の完全な勝利」と「共産主義の虚構」を重ねあわせて論じているが、そこには彼女独自の「社会的なもの」の理解と、マルクスの「社会」主義に対する穿った解釈が影響を及ぼしていると考えられる。アーレントの「社会的なもの」の特異な解釈については次章で詳しく検討するが、ここで簡単にだけ述べておけば、「私的なものでも公的なものでもない社会的領域」は近代の出現と同時に姿を現わしたものであり、その政治形態は国民国家体制と合致していた（HC, p.28／四九頁）。近代「社会」の勃興とともに、画一主義（conformism）化が進行し、「活動action」は「行動behavior」に取って代わられることになる。このような「社会化」の行き着く先が、前節に述べた大衆消費社会および管理行政の肥大化の展開であったが、アーレントはこのような「社会の完全な勝利」を、マルクスのいう「国家の死滅」と重ね合わせ、これを「自由の王国」の実現と解釈したのである。

『人間の条件』最終節「〈労働する動物〉の勝利」では、さらに次のように述べられる。

社会化された人類（socialized mankind）というのはただひとつの利害だけが支配するような社会状態のことであり、この利害の主体は階級か人‐類（man-kind）であって、一人の人間（man）でもなければ複数の人々（men）でもない。（HC, p.321／四九八頁）

ここでアーレントは明らかにマルクスの「社会化された人間 gesellschaftliche Menschen」を動物的な単一化された存在と捉えており、それを「種の生命」の継続を至上命題とする〈労働する動物〉＝「大衆」の末路として解釈している。ここでも明示的に「全体主義」という言葉は用いられていないものの、「社会化された人類」が「種としてのヒト」に重ね合わされていることを鑑みれば、「〈労働する動物〉の完全なる勝利」（社会的なものの全面普及と国家の死滅）の先に現われる人類が「動物的」な末人として捉えられ、それが全体主義的状況をもたらすと考えられていることは明らかである。例えば、「動物の種としての人間の生存」のみを唯一の目的とする力、といった表現は、否応なくナチスの人種主義政策をわれわれに連想させるものであろう。これらの記述においてもまた、全体主義支配への危機意識という動機がアーレントのうちに強く働いていたことを、われわれは念頭に置いておかなければならない。

しかしくどいようだが、ここでもアーレントがマルクスのユートピア／ディストピアとして描く未来社会像は、決してマルクス自身が描いた未来社会像とは異なるものであったことを確認しておかねばならない。

（一）まず、「事物の管理」と同じく、「国家の死滅」という言葉を直接的に用いたのもエンゲルスおよびレーニンであって、マルクス自身がそれを絶対的なテーゼとして唱えていたわけではない。大藪龍介によれば、資本主義社会から共産主義社会への過渡期において「マルクスが描いたのは、コミューンを基体にして最小程度の中央政府が存立する連邦制の国家」であって、彼は一挙に資本主義と国家の廃棄を目指していたわけではない(16)（大藪 一九九六、三八頁以下）。たとえ「国家の廃棄」を遠望できるとしても、それはあくまで多くの社会改良を積み重ね、様々な社会的条件を整えたうえで、長期的な目標（あるいは統制的理念）として置かれるべきものであって、社会主義革命によってすぐさま「国家の廃棄」が実現できるなどとマルクスが考えていたわけではない(17)。これを教条的に主張したのは、むしろエンゲルス主義を引き継いだレーニンであった（大藪 一九九六、五四頁以下）。

（二）また、マルクスにとっての「社会の完全なる勝利」、および「自由の王国」の実現がありうるとすれば、それはあくまで資本主義的生産様式を超克したところに初めて実現されうるものであって、資本主義社会とほぼ同義である労働中心社会／大衆消費社会の完全な実現（社会の完全なる勝利）の結果として、「国家の死滅」がもたらされることはありえない。

（三）さらに、マルクス自身のテキストにもとづいて解釈するならば、「社会化された人間 gesellschaftliche Menschen」とは、資本主義を止揚した理想社会（共産主義社会）において、万人

---

(16) この点についてマルクスは次のように述べている。「労働の奴隷制の経済的諸条件を、自由なアソシエイトした労働の諸条件と置き換えることは、時間を要する漸進的な仕事でしかありえないこと（この経済的改造）、そのためには分配の変更だけでなく、生産の新しい組織が必要であること、あるいはむしろ現在の組織された労働に基づく社会的生産諸形態（現在の工業によって生み出された）を、奴隷制のかせから、その現在の階級的性格から救い出して（解放して）、全国的および国際的に調和ある仕方で結合する必要があることを彼らは知っている。現在の「資本と土地所有の自然諸法則の自然発生的な作用」を、「自由なアソシエイトした労働の社会経済の諸法則の自然発生的な作用」と置き換えることは、……新しい諸条件が発展してくる長い過程を通じて初めて可能になることを彼らは知っている」（『フランスの内乱』第一草稿、MEW 17, S.548）。

(17) 佐々木隆治によれば、マルクスは『資本論』を執筆することを通じて楽観的な「恐慌革命論」を撤回し、労働時間規制や職業教育・技術訓練の充実、労働組合の活性化をはじめとする長期的な改良闘争へと立場を変えていったのだという（佐々木 二〇一六a、第三章）。「マルクスがこのように長期にわたる改良闘争を重視するようになったのは、けっしてマルクスの見解が「穏健」になったということではない。ジャーナリストとしてグローバルな視野から資本主義を観察し、実践家として資本主義の強力さに直面し、さらには理論家として資本主義的生産様式をより深く根底から分析するようになったことの結果である。マルクスは、私的労働として遂行される賃労働がたえず生み出す物象の力の強力さを深刻に認識するようになったからこそ、資本主義的生産様式の根本的な変革のためには、長期的な改良闘争が必要であることを強調するようになったのである」（佐々木 二〇一六a、一九五頁）。

がそれぞれの個性と能力を開花させた「複数的な」状態を指していたと受け取るのが自然であって（MEGA II/1.2, S.322, S.581-582、内田 二〇〇五、三五一－三五二頁）、アーレントが行ったようにこれを「複数性」を欠いた同一的存在と捉えることには問題がある。(18)

ここでも敢えて好意的にアーレントの意図を汲み取るならば、生命を最高善とする大衆社会の行き着く先に、「種としてのヒトの生命」の継続を至上命題とする全体主義的社会が到来することへの強い警告を発するために、彼女はマルクスの「社会化された人間」の概念をおそらくは意図的に（そのような用法がマルクスのそれと違っていることを認識したうえで）読み替えた議論を展開していたのではないかと思われる。(19)

以上見てきたように、アーレントのマルクス解釈・批判には多くの「誤読」が含まれているが、その「誤読」の背景には常に近代社会＝資本主義社会への批判的視点があり、大衆消費社会の成立を通じて、全体主義が登場することへの警戒心が存在していたことを、われわれはよくよく意識しておかなければならない。そのような意図があったことを意識せずにアーレントのマルクス批判を読むならば、一体なぜこのような「あからさまな誤読」を彼女が続けているのか、読者は理解に苦しむことになるだろう（あるいはマルクスに対する間違った理解を身につけてしまうことになるだろう）。

そして皮肉にも、アーレントが「マルクスの理想」（共産主義の虚構）として批判していたものの多くは、当のマルクス自身が批判していた近代資本主義社会のあり方そのものであったことが肝要である。「労働」と「消費」の無限サイクルに没入し、私的な生活（生命）の維持・充実のみに関心を払って、公共的な事柄への関心を喪失する動物的な生き方――〈労働する動物〉としての近代人――は、アーレントのみならず、マルクスにとっても批判の対象であったはずである。むしろそのように資本主義システムのうちに埋没していくブルジョア的な生を真っ先に批判したのはマルクスその人であった。これは、前章に述べたように、マルクスは全く「近代的労働の賛美者」ではなく、反対に近代的労働（=資本主義的労働）の最大の批判者であったのと同じ構図である。アーレントは、あたかもマルクスを近代社会（=資本主義社会）の賛美者であるかのように描いているが、実態はむしろその真逆であったことに十分な注意が必要である。

そして、そうであるとすれば、多くの誤読や対立点にもかかわらず、アーレントとマルクスは近代社会=資本主義社会への批判という点において、意外にも近しい問題意識を持っていたと見ることもできるのではないか。最後にこの点について考えてみたい。

---

(18) タマ・ヴァイスマンもまた、マルクスのいう「社会化された人間」とは複数性（多様性）を孕んだ存在であり、アーレントが論難するような同一的・動物的存在ではないことを指摘している（Weisman 2013, pp.72-82）。

(19) アーレントはおそらく初期マルクスの「類的存在 Gattungswesen」の概念を念頭に置きつつ、それを後期マルクスの「社会化された人間」の概念と結びつけて理解しているのだが、実際にはマルクスが「類的存在」という概念を用いたのは初期の『経済学・哲学草稿』においてのみであり、それ以降にはこの概念は用いられていない。『経済学・哲学草稿』における「類的存在」概念は、フォイエルバッハの同概念を批判的に継承する文脈で用いられたものであり、若きマルクスがいまだ十分な思想・理論の発展を遂げる前に論じられたものである。その後の著作のなかでこの概念が用いられていないことからしても、これをマルクスの人間像の中心概念として理解したり、後期の「社会化された人間」概念と重ね合わせて理解したりすることには大いに問題があると言わねばならない。

6　アーレントとマルクスの交差点

前章の最後にも述べたように、アーレントのマルクス批判が思想的意義を持つのは、それがマルクス批判としてではなく、むしろマルクス自身も批判した近代社会＝資本主義社会への批判として読まれるときにである。

本章冒頭に紹介した諸先行研究でも指摘されていたように、アーレントがマルクスを「誤読」している箇所において、彼女がマルクスに最も接近しているという逆説が意味しているのは、実はアーレントとマルクスが近代社会＝資本主義社会への批判という点では極めて近しい位置に立っていたということではないだろうか。近代資本主義のもとで「労働の肥大化」が生じ、人々は私的な「労働」と「消費」にのみ関心を持ち、公共的な「活動」への関心を失っていく。そうした状況のもとで、近代人は〈労働する動物〉と化し、「孤立」した根なし草・余計者の状態へと陥っていく。いっぽうでそのような〈労働する動物〉を統計的に管理・統治する「無人支配」としての行政の肥大化（官僚体制）が確立されていく。資本の自己増殖運動が勢いを増すと同時に、「社会的なもの」の拡張と「世界疎外」の進行が生じ、全体主義支配が現われる土壌が整えられていく。用いる言葉や概念に違いはあれど、こうした近代化の進行を批判する点において、アーレントとマルクスの間には大きな違いはないはずである。

もちろんアーレントとマルクスは多くの点で思想的に対立しているし、安易に二人の思想を和解させることはできない。しかしそのような対立点・相違点を超えて、両者が近代資本主義社会のうちに捉えていた問題構造のうちに一定の共通点を見出すことは可能なはずである。その観点は異なるにしても、近代社会における「労働」のあり方を批判し、それを駆動する資本主義の自己増殖運動に問題の根本を見出し、「労働」と「消費」の無限サイクルが社会を腐敗させていくと考えていた点において、両者は近似した位置に立っている。

また、第六章で詳しく論じるが、「一八四八年の諸革命から一九五六年のハンガリー革命まで、ヨーロッパの労働者階級は、人民の唯一の組織化された部分として、したがってその指導的な部分として、近年の歴史の最も栄光ある、おそらく最も期待される一章を綴ってきた」と論じるアーレントは、同じく労働者階級による政治運動を称揚してきたマルクスと極めて近い位置に立っているように見えるし、晩年のインタビューで東ドイツの協同組合制度やユーゴスラヴィアの工場における自主管理制度を高く評価していたアーレントと、生産協同組合を中心とするアソシエーションを来たるべき共産主義社会の基礎と考えていたマルクスも極めて近い場所にいたはずである。少なくとも近代資本主義社会を批判し、それを超克する組織体として自律的に統治されるアソシエーションの役割を重視していた点では両者は共通性を持っていたはずである。

例えば、以下のように労働者評議会制度を高く評価するアーレントの発言は、マルクスのアソシエーション社会の構想とほぼ合致するものであろう。

東ドイツでは、社会主義とはまったく縁のない……一種の協同組合制度が「社会主義的」経済システムに組み込まれていて、そのシステムを動かしています。ユーゴスラヴィアの工場には「自主管理制度」がありますが、これは「労働者評議会」の新版とでも言うべきものです。……東ドイツの協同組合は、私的所有権と生産と分配の手段に関する共同所有権を結びつけていますし、労働者評議会は私有財産の保障の代わりに職業の保障を与えています。どちらの場合も、一人ひとりの労働者はもはやアトム化された存在ではなく、新しい集団、協同組合または工場の評議会に属しているのであって、言ってみれば、階級の一員でなくなった代償のようなものです。
（CR, p.216/二一三－二一四頁）

評議会は次のように言うのです。われわれは参加したい、議論したい、公衆にわれわれの声を聞かせたい、そして、わが国の政治の針路を決定しうる可能性を持ちたい。国はわれわれみんなが集まってわれわれの運命を決するには大きすぎるから、いくつかの公的空間が必要なのだ。
（CR, p.232/二二三頁）

繰り返しになるが、アーレントとマルクスは多くの点で思想的に対立しているし、安易に二人の思想を和解させることはできない。前章までに述べたように、アーレントが「労働」を消極的かつ限定的に捉え、私的な「労働」と区別される公的な「活動」の実践を重視するのに対して、マルクスは「労働」を積極的かつ多義的に捉え、資本主義社会における「疎外された労働」を批判して「アソシエイトした労働」の実現を目指そうとした。また、ともに自発的結社《アソシエーション》を重視していたといっても、アーレントが「活動」を軸とした評議会制を構想していたのに対し、マルクスが「労働／生産」を軸としてそれを構想していた点で両者の立場は大きく異なっている。マルクスは資本主義を直接的な批判対象としていたが、アーレントは資本主義に批判的であったといっても、その批判の本丸は全体主義にある。

アーレントが資本主義を批判するのは、あくまでそれが「社会的なもの」の拡張と「世界疎外」の進行をもたらし、安定した住処としての「世界」[20]と公的な「活動」のための舞台としての「世界」の両方を破壊することによって、近代人の孤立化・アトム化を引き起こし、全体主義が出現しやすい土壌を準備してしまうからである。「今日、他人に対する「客観的」関係や、他人によって保証されるリアリティがこのように奪われているので、孤立（lonliness）の大衆現象が現われている。大衆社会では、孤立は最も極端で、最も反人間的な形式を取っている。なぜ極端であるかといえば、大衆社会は、ただ公的領域ばかりでなく、私的領域をも破壊し、人々から世界における自分の場所ばかりでなく、私的な家庭まで奪っているからである」（HC, p.59／八八頁）。「孤独 isolation」と区別される「孤立 loneliness」が、「仕事」と区別される「労働」に対応する独りの形態を示すものであったことを思い起こしておこう。アーレントにとっては、人々の安定した住処と公的な

（20）「世界」が、公的な舞台を提供するものである――「「公的 public」という用語は、世界そのものを意味している」（HC, p.52／七八頁）――と同時に、人間にとっての安定的な住処を提供するものであることについては、以下の記述を参照。「世界とは、地上に打ち立てられ、地上の自然が人間の手に与えてくれる材料で作られた人工的な家であり、それは消費される物から出来ているのではなく、使用される物から出来ている」（HC, p.134／一九七頁）。

「活動」のための舞台という二重の役割を果たす「世界」を破壊して、全体主義への道を拓くところに資本の自己増殖運動の問題点が存するのであり、マルクスが主張したように、資本主義的生産様式が労働の搾取や疎外をもたらし、そこから社会的不平等がもたらされるところに問題が存するのではない。

かように両者の間に批判ポイントの差異はあれど、アーレントとマルクスがともに資本主義（および近代的労働）を批判し、それとは異なる公正な社会を構想していた点、大文字の国家とは異なる自律的なアソシエーション（評議会・協同組合など）からなる新たな社会（政治）のあり方を構想していた点で、両者は確かに共通点を持っている。しかし当のアーレント自身は、自らの思想とマルクスの思想との間に共通する近代批判の観点が存在することを決して認めようとはしなかったし、また彼女の記述の端々からその要素を読み取ることができるにもかかわらず、明示的に資本主義批判の立場を標榜することもほとんどなかった。それゆえ、これまで両者の思想は完全に対立するものと見られ、アーレント研究者はマルクスを徹底的に批判し、マルクス研究者はアーレントの誤読ぶりを非難するという状況が続いてきた。何よりもアーレントのテキスト自体にその原因と責任があることは明らかなのだが、本書の狙いは、アーレントのマルクス誤読を「生産的誤読」として読むことによって、両者の間に共通する近代社会への批判意識を探り出すとともに、資本主義と全体主義の間に共通する「膨張のための膨張運動」（無限の自己増殖運動）の構造を見出し、この二つの増殖（膨張）運動の結節点に近代特有の「キメラ化した労働」（肥大化した労働）を見出すことにある。

小活

ハーバーマスはある論考のなかで「資本主義はハンナ・アーレントにおいては現われない」と述べているが（ハーバーマス 一九八四、三二一頁）、この認識は不十分なものであったと言わざるをえない。確かにアーレントは資本主義という言葉を著作のなかでほとんど用いていないし、（おそらくはマルクス主義から距離をとるために）安直な資本主義打倒を掲げたりはしていないが、彼女の大衆消費社会批判や「社会的なもの」への批判を見れば、それがマルクスのいう資本の自己増殖運動（G - W - G′）への批判とほとんど同じものを意味していたことは明らかである（次章参照）。

もちろんアーレントは直接的に資本主義それ自体を否定しているわけではないし、資本主義がそのまま全体主義に結びつくなどと主張していたわけでもない。しかし、資本の自己増殖運動が社会のあらゆる領域を覆いつくし、人々の関心が私的な「労働」と「消費」の無限循環に支配されたとき、そこでは適切な公的領域／私的領域の区分がなくなり、私的な「労働」の論理が社会全体へと浸透して、公的な「活動」や「仕事」の営みは衰退していくだろうという危惧をアーレントが抱いていたことは間違いない。そしてそのような「労働」の肥大化（労働のキメラ化）と、「仕事」と「活動」の衰退（および公的領域の衰退）が、人々の「世界疎外」「根なし草化」「故郷喪失」をもたらし、全体主義が出現するための土壌を準備していく。こうした見方において、実はアーレントとマルクスはそう遠くない位置に立っていたはずである。

早くからアーレントに注目してきた日本の政治学者である藤田省三は、二〇世紀における全体主義を「戦争のあり方における全体主義」「政治支配のあり方における全体主義」「生活様式における全体主義」の三つに分け、高度に発展した現代資本主義社会において三つ目の「生活様式における全体主義」が進行しているのではないかという問題提起を行っていた(藤田 一九九五)。すなわち、「生活様式の全体主義」は「経済中心主義」の一環として生じ、「安楽への隷属」をもたらしながら、すべてのモノを流動的な市場経済のうちに取り込んでいく無窮の運動であり、現代人はその「市場経済全体主義」「「安楽」への全体主義」のもとに屈服しつつあると藤田は論じたのである。こうした藤田の議論は現在のアーレント研究の水準からすれば緻密さに欠けるところはあるが、高度に発達した資本主義社会において「生活様式における全体主義」が進行しているという直感は鋭く、現代人の感覚に適うところも大きいのではないかと思われる。

そして本書がアーレントとマルクスの対比を通じて炙り出そうとしているのも、このような「資本主義社会のうちに潜む全体主義の危機」にほかならない。資本主義がそのまま全体主義であるなどと言おうとしているのではない。人間の生〔活〕のすべてを「労働」および「消費」のうちに取り込んでいく資本主義の運動が、私的なものの肥大化と公的なものの衰退とを通じて、全体主義へと繋がる社会的土壌を用意し、やがて資本の自己増殖運動(絶えざる成長!)が危機＝恐慌(crisis)に陥った際に、その危機を乗り越えるために帝国主義および全体主義という解決策が現われてくるという構図を示そうとしているのである。この点については第五章で改めて検討するが、その前に、資本主義と全体主義を繋ぐもうひとつの媒介項である「社会的なもの」の概念についての分析を行っておかなければならない。

第四章　「社会的なもの」の根源

前章までに見てきたように、アーレントは近代的な「労働中心社会」が「公共性の喪失」と「私的なものの肥大化」を招き、それが全体主義の登場を準備すると考えていた。このような過程を考察するうえで、もうひとつ避けて通ることができないのはアーレントの「社会的なもの」の概念である。これから論じていくように、アーレントの「社会的なもの」の概念は独自のコノテーションを有しており、アーレント思想の文脈を抜きにしては大変誤解を招きやすい概念となっている。アーレント研究者のうちですら、彼女の「社会的なもの」概念をめぐる議論については、必ずしも評判が良いとは言えない。おそらくその理由は、彼女の「社会的なもの」の定義が曖昧であることに加えて、アーレントが「社会的なもの」を過度なまでに危険視し、その否定的側面を強調しすぎているように見えるからである。なぜアーレントがそれほどまで頑なに「社会的なもの」を批判するのか、その文脈が理解されにくいのである。

例えば、市野川容孝・宇城輝人編『社会的なもののために』のなかでは、アーレントの「社会的なもの」の概念が社会保障や再配分の機能を軽視しているために、かえって新自由主義的なものと近接性を持ってしまうのではないかという批判が行われているが（市野川・宇城編 二〇一三、一九四－二〇一頁）、このような批判はアーレントの「社会的なもの」の含意を十分に汲み取っていないものと言わざるをえない。[1] 前章までに述べてきたように、アーレントが資本主義（資本の自己増殖運動）に対して批判的であったことは間違いなく、もし彼女が現在生きていたとすれば新自由主義に対しても厳しい批判を行ったであろうことは想像に難くない。むしろアーレントの「社会的なもの」の概念は、資本主義的成長を最上の目的とするような風潮を批判するためにこそ提起された側面があったことが理解されなければならない。

本章では、『人間の条件』のなかで用いられた「自然なものの不自然な成長」という表現に着目することによって、この「社会的なもの」の概念が、資本主義や全体主義と同様の「膨張のための膨張運動」を指し示すものであり、同時にこのふたつの膨張運動を媒介する役割を果たしていることを明らかにする。そのうえでアーレントが、これらの「膨張のための膨張運動」がいかにして生じてくると考えていたのか、またこれらの膨張運動の出現を防ぐためにはどのような手立てが必要であると考えていたのか、という問いを順に考察していくことにしたい。

1 「自然なものの不自然な成長」とは何か

アーレントの「社会的なもの」の概念が特徴的であるのは、まず、彼女が「社会的なもの the

social」と「政治的なもの the political」を徹底して対立的に捉えている点にある。それは「社会的なもの」のうちに新しい「政治」や「公共性」の可能性を見出そうとする市民社会論や公共性論の立場とは大きく異なるものである。なぜアーレントは「社会的なもの」と「政治的なもの」を対立的に捉え、近代における「社会的なもの」の出現をことさら批判的に捉えたのであろうか。

アーレント研究者の間でも、アーレントの「社会的なもの」概念については戸惑いが見られる。例えばマーガレット・カノヴァンは、アーレントの「社会」に「国家大の家政」と「上流社会」と

（1）この著書のなかで想定されている「社会的なもの」とは、健康保険・雇用保険・介護保険などの社会保障や、人々の「連帯」を通じて形成される様々な相互扶助の仕組みである。こうした社会保障や相互扶助が、われわれの社会を保全するための仕組みとして重要な意義・役割を有していることは当然である。アーレントもそのこと自体は否定しないであろう。ただしアーレントは、そのような社会保障の整備や福祉充実は、本来的な「政治」の役割ではないと考えていた。「政治的なもの」と「社会的なもの」の役割は分けて考えなければならず、その二つを混同してはならない。社会保障の整備や福祉の充実は、人間の生命を保護し、生活を快適なものにするという私的領域の延長上にあるもの（生命過程の公的組織化）であって、それは公的領域においてなされる「政治」の前段階（前準備）に過ぎないものである。アーレントのいう「政治」とは、そのような生命の保護・生活の快適さを越えたところにある。すなわち、「活動」（他者との対話や議論）を通じて、互いの「誰 who」を示しあい、人間の「複数性」を実現し、新たな「始まり」の出来事をもたらすところに、真の「政治」がある。景気対策や社会保障が最大の関心事となっている今日の政治状況からすれば、このような「政治」と「社会」の区別が、時代錯誤的なものに見えることは確かであろう。しかしアーレントが見ていたのは、そうした「政治」と「社会」（あるいは「経済」）との区別が見失われたところに現われる危険性だったのである。その危険性については本文参照。

いう二つの意味があることを指摘したうえで、それが公的討議や自由な結社を促進する「市民社会」の役割を軽視するものであることを指摘している（Canovan 1992, pp.116-122/一五九頁）。セイラ・ベンハビブもまた、アーレントの「社会的なもの」には（一）資本主義経済、（二）大衆社会、（三）アソシエーションの三つの意味があることを指摘したうえで、アーレントがとりわけ（一）と（二）の意味合いで「社会的なもの」の否定的な側面を強調しすぎる点を批判し、（三）の方向性に新しい可能性を見出すことを試みている（Benhabib 1996, pp.138-141）。

またシェルドン・ウォリンは、古代ギリシアにおいてすら「政治的なもの」と「社会的なもの」の境界線が曖昧であったこと、ましてや近代社会ではその区別がいっそう困難なものになっていることを指摘しながら、「政治的なもの」と「社会的なもの」を明確に区分して前者にのみ純粋な「政治」を追求しようとするアーレントの姿勢を批判的に論じている（Wolin 1983）。「政治的なもの」と「社会的なもの」（あるいは「経済的なもの」）を明確に切り分けようとするアーレントの姿勢は、結局のところ、経済的に余裕のある少数者のみが「政治」に参加できるという歪みをもたらし、民主主義の実現を阻んでしまうのではないか。近代政治が経済問題や労働問題、貧困問題などを扱わねばならないのは当然のことではないのか。経済・社会問題を完全に排除した政治などありえないのではないか。これらの言説に代表されるように、アーレントの「社会的なもの」概念には、厳しい批判がしばしば投げかけられてきた。

確かにこれらの批判には一定の理があるだろう。アーレントは概して「社会的なもの」に対して批判的であり、「社会的なもの」が持ちうるポジティブな可能性にほとんど目を向けていないように感じられるからである。しかし他方で、カノヴァンやベンハビブやウォリンらによる批判からは、なぜアーレントが「社会的なもの」の出現を批判的に捉えたのかという疑問に対する答えが十分に見えてこないという問題点がある。それは単にアーレントの「市民社会」に対する理解の不足や、純粋な「政治」を求めすぎる理想主義的傾向ゆえだという批判だけで済ませてしまってよいものなのだろうか。アーレントの「社会的なもの」に対する批判は、彼女の近代社会および全体主義についての見過ごすことのできない分析を含んでいるのではないだろうか。

まずはアーレントの「社会的なもの」の概念についての基本的な記述を確認するところから始めよう。アーレントのいう「社会 society」とは、「家族の集団が経済的に組織されて、ひとつの超人間的家族へと複写されたもの」(HC, p.29/五〇頁)であり、いわば「国家大に拡大された家族(家政)」である。この社会的領域の出現によって[2]、かつては家という私的領域のなかに閉ざされていた経済的な諸問題が、国家全体の関心事となる。この結果、伝統的には私的な事柄であった「経済

(2)「社会的なもの」——あるいは「社会的領域」——が近代になって初めて現われたとするアーレントの見方に疑問を唱える声もあるが、これについては「社会的 social」なる形容詞が、一八世紀半ばにいたるまでほとんど用いられることがなかった、という市野川容孝の指摘が重要である(市野川 二〇一五、六三-六四頁)。ディドロとダランベールが中心となって編集した『百科全書』の第一五巻にまさにこの「社会的 social」の項目があり、そこでは次のような説明がなされている。「最近になって用いられるようになった新しい言葉で、ある人間を、社会——特に人的交流——において有用ならしめる性質を表現する。例えば、社会的な美徳」。いわゆる「社会」は過去から存在していたとしてもここで「社会的なもの」と呼ばれているものは、やはり近代において初めて登場したものである。その新しさの内容に関しては本文参照。

的なもの」が公的領域に侵入し、「公的なもの」と「私的なもの」の境界が曖昧なものになるという事態がもたらされる。(3)

また、「この社会という新しい領域」は「政治的なものと私的なものという古い領域はもとより、それ以後に樹立された親密さの領域をも貪り食う傾向」を持っており、最終的には人間世界のすべてを「社会的なもの」によって覆い尽くしてしまおうとする。しかも「この傾向は絶えず成長し、この成長自体、同じように絶えず加速されている」(HC, p.45/ 七〇頁)。公的領域と私的領域の境界が曖昧になること、政治的なものや私的なものや親密さの領域がすべて「社会」の領域に呑み込まれてしまうことは、「活動」や「政治」のための公的領域が危機に晒されていることを意味するだろう。

アーレントによれば、「社会的なもの」の最大の特徴は「画一主義 conformism」にある。社会的領域のもとでは人々の振舞いは画一化され「複数性」を失う。それゆえアーレントは、社会的領域における人間の営みに「活動 action」に代えて「行動 behavior」という語を当てている。多くの場合、アーレントの「社会的なもの」概念は経済市場あるいは大衆社会を意味しているが、そのような領域では多くの人々は画一的な原理にしたがって「行動」するために、そこには「活動」に伴う「複数性」の発揮や「始まり」の契機は存在しえない。例えば、経済市場では人々は自己の利益・効用を最大化するように合理的に行動すると前提されているために、その行動には「複数性」や「始まり」の余地は存在しない(いわゆるホモ・エコノミクス仮説)。それゆえ、近代における「社会的なもの」の拡張は「活動」の領域を縮小させ、人間を「条件反射的な行動的動物の水準にまで引き下げ」ることに繋がるとアーレントは考えていた。

ここで注目すべきは、「社会的なもの」が「政治的なもの」や「私的なもの」や「親密性の領域」を貪り食う傾向がたえず加速されているのは、「様々な形で社会を通して公的領域に流れこんでくるのがほかならぬ生命過程そのものだから」(HC, p.45/七〇頁、強調引用者)だとアーレントが述べていることである。西欧政治思想の伝統においては、「生命過程」は私的領域にとどまるべきものであり、決して公的領域に入りこむべきものではないと考えられていた。しかし近代以降に「社会的領域」が出現して、公的領域と私的領域の境界が曖昧になった結果、かつては私的領域に閉じ込められていた「生命過程」が公的領域にまで侵入してくるようになる。「社会」とは「生命過程そのものの公的組織化」であり、いわば「私的なもの」の「公共化」によって成立した領域であるというのが彼女の考えであった。

このことの明白な証拠は、「新しい社会領域が、近代の共同体をすべて労働者(laborers)と勤め人(job-holders)の社会に変えたという事実」に求められる(HC, p.46/七二頁)。伝統的には私的領域に閉じ込められていた労働が近代以降、公的領域にまで進出するようになったという事実こそが、「社会的なもの」の出現を最もよく特徴づけている。私的領域に閉じ込められていた労働がその制

(3) アーレントは、古代ローマにおいて「政治的動物 zōon politikon」という言葉がラテン語に訳された際に、「社会的動物 homo socialis」という意味に置き換えられたことが、「政治」と「社会」の混同という誤解を生む原因になったと述べている。ただし、市野川容孝はこのようなアーレントの解釈に問題点があることを指摘しており、注意が必要である(市野川二〇〇六、九〇-九五頁)。

限から解放されたことによって、「あたかも、すべての有機的生命に見られる成長の要素が異常発育を遂げ、その結果、自然界で、有機的生命を阻止しその均衡を保持する腐食の過程は、完全に屈服し、征服されたかのようであった」(HC, p.47／七二頁)。

ここでアーレントは興味深い表現を用いる。すなわち、「生命過程の公的な分野である社会的領域は、いわば、自然なものの不自然な成長を解き放した」(HC, p.47／七二頁、強調引用者)というのである。「自然なものの不自然な成長 unnatural growth of the natural」、この奇妙な表現が意味しているのはどういう事態であろうか。すぐあとでアーレントはこう書く。「いま、私たちが自然なものの不自然な成長といったものは、一般的な言葉でいえば、絶え間なく加速される労働生産性の増大のことである」と。この「絶え間なく加速される労働生産性の増大」という語によって示されているのは、明らかに資本主義経済市場の拡大、すなわち「資本の無限増殖運動」(G‐W‐G′)であろう。ここにもまた、われわれはマルクスからアーレントへの影響関係を見出すことができる[4]。

先にも、「〔引用者補足：政治的なもの、私的なもの、親密圏を貪り食う〕この傾向は絶えず成長し、この成長自体、同じように絶えず加速されている」(HC, p.45／七〇頁)と述べられていたように、アーレントにとって「社会的なもの」はつねに拡張と増殖を続ける運動体として捉えられている。アーレントがしばしば「社会的領域」を「経済市場」と同義に用いていることからも、ここで「社会の拡張運動」が「資本の無限増殖運動」と重ね合わされて理解されていることは明らかであろう。問題なのは、この拡張運動が「自然なものの不自然な成長」と呼び表されていることである。つまりこの表現は、「自然なもの」が「不自然な成長」を遂げたところに「社会的なもの」あるいは「経済的なもの」の拡張運動が現われる（とアーレントが捉えていた）ことを示している。それは言いかえれば、「社会的なもの」の根源に「自然なもの」が存していることを示しているのである。

ここで、アーレントの「社会的なもの」の概念をBlob《ブラッブ》（境界線がはっきりとしない曖昧なもの）という独自の概念で考察したハンナ・ピトキンの研究が重要な示唆を与えてくれる。興味深いことに、ピトキンは、アーレントが「社会的なもの」をまるで人間に襲いかかる怪物《モンスター》のように描いたことに着目している（Pitkin 1998, pp.2-5）。ピトキンによれば、アーレントが「社会的なもの」について述

（4）「新しく発見された労働生産性の真の意味を明らかにしたのは、マルクスの著作だけである」とアーレントはいう（HC, p.106／一六三頁）。すなわち、「マルクスの著作では生産性とは繁殖力のことにほかならない」、そして「マルクスは、労働と生殖は繁殖力を持つ同一の生命過程の二つの様式であると理解し、それを自分の理論全体の基礎としていた」（HC, p.106／一六二頁）と述べられるように、マルクスは労働力の持つ生産性が自然の繁殖力の延長線上にあることを正しく見抜いていた、とアーレントは解釈する。「マルクスの一貫した自然主義は、「労働力」を発見した。これは、自然そのものと同じように「剰余」を作り出す能力を持つ生命力の特殊に人間的な様式であった」（HC, p.108／一六五頁）。

しかし、ここにもやはりアーレントのマルクス「誤読」の問題がある。マルクスの著作を読めばすぐに分かるように、マルクス自身は近代における「労働」のあり方を生命・自然の繁殖力が「異常発育を遂げたもの」として捉えてはいない。資本主義的生産様式下にある労働は、生命・自然の繁殖力の延長線上に捉えられるものではなく、近代以前の労働と近代以降の労働にはより本質的な質的変化が生じているとマルクスは考えていたはずである。むしろここに表されているのは、「近代性は彼女にとって一種の疑似自然であり、真の人間世界はその犠牲になってきた」（Canovan 1992, p.100／一四四頁、強調引用者）というアーレントの特殊な近代観（自然なものの巨大化・加速化として近代を捉える視点）である。

べる際に用いているのは、「吸収する absorb」「包み込む embrace」「貪り食う devour」「出現する emerge」「生起する rise」「成長する grow」「征服する conquer」などの動詞である。なぜアーレントは「社会的なもの」の記述に際して、このような生物学的または攻撃的な動詞を用いなければならなかったのだろうか？　これではまるで、アーレントが「社会的なもの」に批判的であっただけでなく、「社会的なもの」に対して過剰な恐怖心を抱いているかのようではないだろうか？

このように卓抜した着眼点を持ちあわせ、的確な問いの提出を行いながらも、ピトキンは自身が提出した問いに最後まで明確に答えていないように見える。アーレントの「社会的なもの」への恐怖心と警戒心が全体主義への批判精神と結びついていることについては、ピトキンも繰り返し言及しているのだが、彼女がどうして「社会的なもの」をまるで人間世界を攻撃する怪物のように描き、「吸収する」「貪り食う」「成長する」などの生物的表現を用いたのかという問いについては明快な答えは与えられていない。実はその答えは、アーレントが「社会的なもの」の根源に「自然なもの」が存していると見ていたことに隠されているのではないだろうか。次節以降、この点について詳しく見ていくことにしよう。

2　ノモスの決壊とピュシスの流入

「自然なもの」と「社会的なもの」の関連性を考察するにあたり、まずはアーレントが「自然」を無限循環する運動と捉えていたことを再確認しておこう。「自然とは、いいかえれば、世界の真中で進行する生物学的過程のことであり、世界を取り囲む自然の循環過程のことである」（HC, p.126／一八七頁）。また、「一切を含む自然の巨大な円環」「変化なき永遠の循環」のなかでは「始めもなければ終わりもなく、すべての自然物が、変化もなければ死もない繰り返しのなかで回転している」（HC, pp.96-97／一五一－一五二頁）。「労働」とはまさにこのような自然の循環運動に対応する営みであり、人間の生命過程を維持すると同時に、自然過程に働きかける営みであって、その「労苦と困難」は人間が生物学的死を迎えるまで止むことがない。

「自然」を無限の循環運動として捉えるアーレントの見方は、古代ギリシアの「ピュシス」概念に依拠したものであったと考えられる。典型的には「万物は流転する」と述べたヘラクレイトスが挙げられようが、コリングウッド『自然の観念』によれば、ギリシア語のピュシス（physis）にせよ、そのラテン語訳であるナートゥーラー（nātūra）にせよ、古代西洋の自然観において自然は「休むことなき運動」あるいは「生命のある有機体」として捉えられていた。(5) このようなピュシス概念に基づいた「自然」観は、アーレントだけでなく、ハイデガーをはじめとして当時の多くの哲

（5）自然概念の形成史（系譜学）においてよく指摘されるように、一六－一七世紀の近代科学革命を経て、西洋の自然観は古代の有機的自然観から近世の機械的自然観へと変容を遂げ、さらに近代以降は無機的自然観が中心となるのであるが、このうちでアーレントが「労働」と結びつけてイメージしている自然は明らかに古代の有機的自然観に最も近い。ただし、古代の自然観と一口にいっても、ソクラテス以前の自然哲学とアリストテレス以降の目的論的自然観を少なくとも区別しておく必要があるだろう。この点について詳しくは、コリングウッド『自然の観念』（二〇〇二）を参照。

学者に共有されたものであった。(6)

人間の助けなしに生成するというのがすべての自然過程の特徴であり、「作られる」のではなく、ひとりでに自分の成るところのものに成長するものが自然的なものなのである。(これは私たちの「自然 nature」という言葉の真の意味でもある。)それを、ラテン語の「生まれる nasci」という語源に求めようが、ギリシア語の自然(physis)——physis は「あるものから成長する」、「ひとりでに現われる」という意味の phyein からきている——に遡って考えようが、同じことである。(HC, p.150/二四〇頁)

このように「人間の助けなしに生成する」「ひとりでに自分の成るところのものに成長する」ところに「自然なもの」の特徴を見出そうとするアーレントの自然観は、アリストテレスによるピュシス論からの影響が伺える。アリストテレスは『形而上学』において、ピュシスの意味を六つの項目に分けて説明しながら、最終的に「各々の事物のうちに、それ自体として、それの運動の始まり(始動因)を内在させているところのその当の事物の実体」としてピュシスを定義した(アリストテレス 一九五九、一六二頁)。すなわち「自己自身のうちに運動と静止の原理(アルケー)をもつ」のが自然的存在物である。つまり、ピュシスによってあるものは「自分で自分を動かすもの(自ら動くもの)」であり、自発的な変化と発展の過程を示す運動体である(坂下 二〇〇三、一八頁)。自然の循環運動性および自律的生成運動を強調するアーレントは、間違いなくこのような古代ギリシアのピュシス論から大きな影響を受けているはずである。

他方で、アリストテレスの目的論的自然観については、アーレントはこれを共有していない点に注意が必要である。アリストテレスの目的論的自然観では、自然界の諸物にはすべて「目的《テロス》」があり、その目的に沿って質料から形相への発展（デュナミスからエネルゲイアへの発展）がなされる生成運動の過程が自然《ピュシス》として捉えられる。それゆえ人為《ノモス》も目的《テロス》を持った自然《ピュシス》のあり方にしたがうかたちで形成され、製作されるものであるとされる。『政治学』の第一巻において、「人間は自然によってポリス的動物である」（アリストテレス 二〇〇一、九頁）と宣言されていることがその象徴であろう。つまり、アリストテレスの哲学では、人間世界の営みはあくまで「自然」の目的に沿うかたちで実践されるのであり、「人為《ノモス》」よりも「自然《ピュシス》」こそが上位の審級となっているのである。

これに対して、アーレントは反対に「自然」と「人為」を対立的に捉える傾向が強い。アーレント思想では、人間は「自然」状態を抜け出てノモスという壁をよじ登り、公共世界へ「現われ」ることによって初めて十全に「人間」たることができる、と考えられる（いわゆる「第二の誕生」）。

（6）ハイデガーによる以下のピュシスの定義は、アーレントによる自然の定義と驚くほど似通っている。「さて、ピュシス（physis）という語は何を言っているのであろうか？ それは、おのずから発現するもの（Aufgehende）（たとえばバラの開花（Aufgang））、自己を開示しつつ展開すること、このように展開することにおいて現象へと踏み入ること、そしてこの現象の中で自己を引き止めて、そこで長くとどまること、簡単に言えば発現し‐滞在する支配（Walten）をいう。辞書によるとphyeinは成長する、成長させるという意味である」（Heidegger 1983, S.16）。アーレントの「自然なもの」の概念は、このようなハイデガーのピュシス論からも影響を受けたうえで形成されたものである可能性が高い。

逆に「自然」の必然性に従って生きているうちは、人間は政治的存在になることはできない、とされる。この点において、「人為」が「自然」に従うとするアリストテレスの哲学と、「自然」を乗り越えたところに「人為」の意義が存すると考えるアーレントの思想は、明白に対照的である[7]。このことは、アーレントがアリストテレスをはじめとする古典古代の自然観を土台としつつも、「自然《ピュシス》」と「人為《ノモス》」を対立的に捉える点において独自の立場を取っていたこと、彼女が「自然」からの離脱にこそ「人為」や「政治」の意義を見出していたことを意味している。デーナ・リチャード・ヴィラの言葉を借りれば、「アーレントの政治活動論は、目的論的枠組みの外部でプラクシスを考えようとする、不屈の企図と解釈しなければならない」（Villa 1996, p.47/七七頁）のである[8]。

ここでさらに、アーレントが古代ギリシアにおける「自然」概念と「人為」概念を対立構造において捉えると同時に、ノモスをポリスの城壁として表現していたことを思い起こしておこう[9]。この壁＝法としてのノモスは、都市をその外界の自然から区別し保護するとともに、都市内の公的領域と私的領域を区別するという二重の役割を負っている。「都市国家の法とは、まったく文字どおりに壁のことであって、それなしには、単に家屋の集塊にすぎない街はありえたとしても、政治的共同体である都市はありえなかったであろう」（HC, pp.63-64/九三頁）。また、「法とは、もともとこの境界線のことであった。そしてそれは、古代においては、依然として実際に一つの空間、つまり、私的なるものと公的なるものとの間にある一種の無人地帯であって、その両方の領域を守り、保護し、同時に双方を互いに分け隔てていた」（HC, p.63/九二頁）。法＝壁＝境界線としてのノモスは、私的領域と公的領域の双方を保護すると同時に、両者を分け隔てることによって、「世界」における人間の安定した営みを確保する。別言すれば、このことは人間が「世界」のなかで安定した営みを行うためには、その舞台としての「世界」が「自然」の絶えざる運動から保護されている必要があることを意味している。

しかし、近代において「社会」という新たな領域が出現することによって、公的領域と私的領域を隔てていた壁＝境界線としてのノモスはその存在を揺るがせられ、本来「世界」の外側に置かれていたはずの「自然《ピュシス》」の運動体が、「世界」の内側へと引き入れられるという事態が生じる。「かつては、人間の工作物である世界を、このような自然から保護し区別する境界線が存在した。ところが今や、私たちはあたかも、この境界線を無理やりに開け放ち、たえず脅威に曝されている人間世界の安定を、このような自然に明け渡し、放棄してしまったかのようである」（HC, p.126／一八八頁）。このようにして「自然なもの」が人間世界の内に侵入した結果、「自然なもの」と切り離されたと

（7）この点、アーレントの自然観は、プラトン・アリストテレス以来の西欧政治思想の伝統を引き継ぎ、「自然」に従った「政治」のあり方こそが正しいとして自然権思想の再興を図ったレオ・シュトラウスの立場とは対照的である（Strauss 1965）。

（8）ロナルド・ベイナーもまた、しばしば誤解されていることだが、アーレントをネオ・アリストテリィアンとして解釈するのは間違っている、と断言している（Beiner 2014, p.5）。

（9）またアーレントは法＝壁＝境界線としてのノモスについて次のようにも述べている。「法を意味するギリシア語nomos は、配分する、（配分されたものを）所有する、住むなどを意味する nemein からきている。nomos という言葉において法と垣根が結びついているのはヘラクレイトスの断片のなかでまったく明らかである」（HC, p.63／一二六頁・注釈六二）。

ころで行われていた公的な「活動＝政治」はその性質を変化させざるをえない。かくて、「現代世界では、公的領域と私的領域のこの二つの領域は、実際、生命過程の止むことのない流れの波のように、絶えず互いの領域のなかに流れ込んでいる」という事態が生じる（HC, p.33／五五頁）。「社会的なもの」の出現が解き放したという「自然なものの不自然な成長」は、このような「ノモスの決壊とピュシスの流入」の結果として生じてきたものであった。つまり、自然の循環運動を人間世界のうちに引き入れたことによって、その循環運動に「不自然な成長」という性格が加わり、それが「無限の自己増殖運動」（膨張のための膨張運動）へと転じていく。アーレントは「自然の循環運動が、成長や衰退としてはっきり現われるのは、ただ人間の世界の内部においてだけである」（HC, p.97／一五三頁）と述べているが、このことは、自然の循環運動が「自然」のままである限りそれは定常状態を保って永遠に循環し続けるのだが、そこに何らかの「人為」が加わることによって自然の循環運動が「不自然に」成長したり衰退したりするものとなることを意味している。そうであるとすれば、「自然なものの不自然な成長」という「社会的なもの」に与えられた性格は、もともと「自然」の領域に置かれていた循環運動が、「人為」の領域（世界）に侵入してきたことによって「自己増殖」という性格を獲得し、「自然なものの不自然な成長」＝「膨張のための膨張運動」へと発展していったのだと考えることができよう。(10)

以上のように、「自然なもの」と「社会的なもの」の運動を発展的連続性のうちに捉え、「社会」の拡張運動を「自然なものの不自然な成長」として捉える点に、アーレントの「社会的なもの」概念の特徴がある。そうであるとすれば、アーレントが「社会的なもの」に対して過度なまでの警戒的態度を取っていたのは、「自然」と「人為」の間に保たれるべき境界線が崩れ、「自然」のうちに「人為」が入り込んだとき（あるいは「人為」のうちに「自然」が入り込んだとき）に、「自然なものの不自然な成長」＝「膨張のための膨張運動」が生じ、その「運動」が、まるで怪物《モンスター》のように、われわれを呑み込み、貪り食い、取り込んでいくというイメージが彼女のうちに存在していたからだと考えることができよう。さらにそこには、「社会的なもの」の絶えざる拡張の先に現われる「全体主義」の増殖運動への警戒心を見て取ることができる。ピトキンのいうBlobの概念（イメージ）

（10） 例えば、以下の記述を見れば、アーレントが近代における「未曾有の成長過程」を「自然過程」の発展形として捉えていたこと、それが「無限の性格」を持ち「生命の自然の繁殖力」という隠喩でもって表現されること、その成長力の源泉となるのが「労働」の営みであること、などがよく理解されるはずである。こうしたアーレントの分析もまた、マルクス研究を経たうえで生み出されたものであることは、この記述の直後に、彼女がマルクスの労働力論に言及していることからも明らかである。

「歴史的に見ると、一七世紀以降の政治理論家は、富、財産、利得の未曾有の成長過程に直面した。この着実な成長を説明しようとして、彼らの注意は、当然、成長過程の現象そのものに引きつけられた。この結果、あとで議論しなければならないような理由によって、過程という概念が、新しい時代の中心用語となり、同時に、新しい時代によって発展した歴史科学と自然科学の中心用語になった。この過程というのは、明らかに無限の性格を持っているから、そもそもの初めから自然過程として理解され、特殊的には生命過程そのもののイメージで理解された。「権力は権力を生む」という近代の最も鋭い政治的洞察と同じく、「金が金を生む」という近代の最も粗野な迷信が真実らしく見えるのは、それが、生命の自然の繁殖力という隠喩に支えられているからである。人間の営みのなかで、終わりがなく、生命そのものに従って自動的に進み、しかも、意図的な決定や人間的に意味のある目的の範囲外にある営みというのは労働だけである。活動や仕事は、決してそういうことはない」（HC, pp.105-106/一六一－一六二頁、強調引用者）。

もまた、このような文脈において初めて理解することができるはずである。

3　円環的な自然の運動と直線的な人間の生

以上の議論を少し別の角度から見てみよう。アーレントは『人間の条件』第一章において、「人間」と「自然」を対比しながら次のように論じていた。彼女によれば、人間存在を特徴づけるのは「出生 natality」と「可死性 mortality」であり、これは人間の生が「始まり beginning」と「終わり end」を持つことを意味している（HC, pp.8-9/二二頁）。動物の生が自然の循環運動の内に溶け込んでおり、個々の生死は問題とされず、「種としての存続」のみが重視されるのに対して、人間の生は「生から死までのはっきりとした生涯の物語を持っている」ことにその特徴がある。それゆえ、自然の循環運動と一体化した動物の生が「円環的」であるのに対して、人間の生はこの円環運動を突き破る「直線的」な運動を示す。「その直線運動は、いわば、生物学的生命の円環運動を切断している。つまり、一切のものが――それが動いているとして――円環に沿って動いている宇宙にあって、直線に沿って動くこと、これが可死性である」（HC, p.19/三四頁）。すなわち、自然の円環運動と一体化して生きる動物の生とは違って、直線的な人間の生は、自然の円環運動から「逸脱」しこの円環運動を「切断」することによって、その独自の意義を示す。そして、この円環運動からの逸脱および切断をもたらすのが人間の「出生＝誕生」なのである。

逆にいえば、人間の直線的な生が自然の円環運動のうちに埋もれてしまうとき、人間の生は動物の生と区別のつかないものとなり、人間の人間たるゆえん＝「人間の条件」は失われてしまうことになるだろう。おそらく彼女が恐れていたのは、何よりもこのような「自然との一体化」、すなわち「人間の動物化」の進行であった。後にも述べるように、「社会的なもの」の拡張運動の極致に出現する全体主義においては、まさに「動物の種」としてのヒトの生存こそが最優先の課題となり（人種主義）、そこにおいて人間の「動物化」もまた極致に達するというのがアーレントの考えであった。言いかえれば、全体主義とは人間が「動物化」したところに出現する政治形態であり、「人間の条件」を次々と破壊していくことによって成立する支配形態なのである。このとき、人間の「直線的な生」あるいは「出生」という根本条件が喪失されることになるだろう。

アーレントが近代における「労働の肥大化」を批判的に捉えた理由もまたここから推し測ることができる。「労働」とは生命維持のために行なわれる必然的な営みであったから、人間の営みがすべて「労働」に還元されていくことは、人間の生が「自然の循環運動」と一体化していくことを意味している。それゆえ、「社会的なもの」の興隆とともに、近代社会が「労働中心社会」となり、近代人が〈労働する動物〉と化していく過程は、人工的な「世界」が「生命の必然性」によって覆い尽くされ、人々の「複数性」が同一的な生命過程の運動へと吸収されていく過程を意味していた。つまりここでアーレントは「社会的なもの」の膨張運動のうちへと人々が取り込まれていく過程と、人間が「自然の循環運動」と一体化していく過程とを重ねあわせながら、近代社会が抱える危機的事態を描き出そうとしていたのであった。

もちろんこれらの事態を描き出すアーレントの論調は終始一貫して批判的かつ悲観的なのだが、

他方で彼女は抜かりなくも、人間が「自然と一体化」することのうちに固有の喜びがあることを認めてもいる。すなわち、労働を通じて「自然と一体化」することにより、そこには「生命の祝福 blessing of life」がもたらされる。「生命の祝福は、全体として、労働に固有のものであって、仕事のなかにはけっして見出されないものである」(HC, p.107/一六四頁)。

労働の「至福と喜び」は、私たちがすべての生物と生きとし生けるものの純粋な幸福を経験する人間的様式である。それは人間も、他の生物と同じように、自然の定められた循環のなかに留まり、甘んじてその循環を経験できる唯一の様式であり、ちょうど、昼と夜、生と死が、相互に交替するように、人間も、それと同じ幸福で目的のない規則性をもって、働き、休み、労働し、消費することのできる唯一の様式である。労働の労苦と困難は、自然の繁殖力によって報われる。
(HC, pp.106-107/一六三頁)

「労働」の労苦と困難に報い、「生命の祝福」に由来する喜びをもたらすのは「自然の繁殖力」であって、人間は自然の円環運動と一体化することにより、その「全体性」のうちに埋没する幸福を享受する。(11) 自然の円環運動が持つリズムに合わせて働くこと、それによって「自然と一体化」し、「自然なもの」のうちへと回帰していくことのうちにはある種の快楽が存在するがゆえに、ときとして人は単調で苦痛を伴うはずの労働に過剰に没頭していく傾向を持っている。たとえ傍目からはそのような行為が非合理的で理不尽なものに見えるとしても、このような没入行為が決してなくなることがないのは、人間のうちに「自然と一体化」していくことに対して固有の快楽を覚える性質が埋め込まれているためである。近代にはこの快楽がとりわけ、「社会的なもの」の領域（労働中心社会）において、「キメラ化した労働」（肥大化した労働）のうちに現われてくる、というのがアーレントの考えであった。

労働に伴う「労苦と困難」が最も報われるのは「将来、子孫を残すことによって自分も自然の一部に留まることができるという静かな確信」（HC, p.106／一六三頁）を抱くことによってである、とアーレントは指摘する。個としての生が終わりを迎えても、子孫を残すことによって、「種としての生」を存続させることができる。このとき、もはや人間の生は「出生」と「可死性」という「直線的な生」の条件を失って、自然の円環運動と一体化して生きる動物の生とほとんど等しいものになっている。前章でも述べたように、近代社会においては、このような運動との一体化が、労働－

（11）アーレントは『人間の条件』「仕事」章の注釈のなかで、「労働」には歌があるが、「仕事」には歌がないことを指摘している。古来より「労働」する者たちは、歌を歌いながら自然のリズムと一体化して「労働」を行っていた（HC, pp.145-146／二七七－二七八頁、注釈八）。加えてアーレントは、自然のリズムと機械のリズムとの間に「著しい類似性」があることを指摘し、機械が労働者に押しつける「人工的」リズムには、不満と同時にある種の快楽（喜び）が見出されると述べている。「彼らはむしろ、反復される機械の動きのなかに、他の反復労働と同じくらいの喜びを見出しているように思われる」。機械のリズムは自然のリズムよりずっと速く、激しいものであるが、機械と一体化した工場労働や反復労働にもやはり、リズムと一体化するある種の快楽・喜びが存在しているというのである。ただし、「機械のリズムは、生命の自然のリズムを著しく拡大し、強めるであろう」（HC, p.132／一九三頁）。

消費－労働－消費……という無限の循環サイクルにおいて生じてくることになる。

興味深いことに、ピトキンは「社会的なもの」が多くの点で「女性的な領域」であり、「社会的なもの」の拡張運動――ピトキンがBlobと呼ぶもの――が「母なるものへの同一化願望」と関連することを指摘している。精神分析的にいえば、Blobとは「退行への空想」であり、「全てを包み込むような母親に……もう一度――呑み込まれるようにして――溶け込むことへの空想である」(Pitkin 1995, p.79／二二〇頁)。すなわち、「社会的なもの」およびその先に出現する「全体主義運動」が持つ魔力的な魅力は、大いなる「自然」、あるいは「母なるもの」への回帰・同一化願望――フロイトを用いていえば、生命が誕生する以前の無機物の状態に回帰しようとする〈死の欲動《タナトス》〉と呼ぶべきもの――と根の部分で通じている。アーレントが「社会的なもの」を記述する際に、「吸収する absorb」「包み込む embrace」「貪り食う devour」「生起する rise」といった生物学的な動詞を多用していた理由もまたここにあると見ることができよう。これもフロイトを応用していえば、全体主義の恐怖とは、「母なる自然」という慣れ親しんだもの《ハイムリッヒ》[12]が近代の「社会的なもの」を介して「無気味なもの《ウンハイムリッヒ》」として回帰してきたものだと見ることができよう。

4　「社会的なもの」と「生政治」

ところでジョルジョ・アガンベンは『ホモ・サケル』のなかで、アーレントの全体主義論とフーコーの生政治論を結びつけながら、この両者が、近代において「生そのもの」――アガンベンの用語でいえば「剝き出しの生」――が「政治」の対象となった事態を的確に捉えた思想家であったと論じている。すなわち、アーレントは、「ポリスの圏域にゾーエーが入ったということ、つまり剝き出しの生そのものが政治化されたということ」が「近代の決定的な出来事をなしている」と同時に、これが全体主義の出現要因となったことを的確に指摘したが、このことは、フーコーが「生政治〔生権力〕の誕生」として論じたのとほとんど同一の事態であったというのである（アガンベン 二〇〇三、一一頁）。

この分析を敷衍すれば、〈労働する動物〉としての近代人は、アガンベンがいうところの「ホモ・サケル」的存在である、ということもなるだろう。アガンベンによれば、「現代人は誰もが潜在的にホモ・サケル的存在」なのであり、また「生権力の統治対象」として「例外状態における犠牲者」になりうる存在である。実際に全体主義下における強制収容所こそは究極的な「例外状態」であり、そこでは収容者が「ホモ・サケル」あるいは「剝き出しの生」として扱われたのであった。つまり、アーレントとフーコーはともに、近代政治において生物学的な〔動物的な〕「生」が統治

---

(12) フロイトによれば、われわれにとって「無気味なもの《ウンハイムリッヒ》」とは、全く馴染みのない新奇なものや異質なものではなく、むしろわれわれが古くから親しんできた馴染みのあるもの《ハイムリッヒ》であり、ただそれが「抑圧プロセスのために、疎遠になっていたもの」に過ぎない。つまり、それはわれわれがそこから生まれてきて、死んだ後にそこへ還る場所――「母なる自然」、あるいは母胎〔母の子宮および性器〕――を示唆しており、日常生活のなかで抑圧されていたそれらのイメージが、何らかのきっかけを通してわれわれの元に回帰してきたときに、われわれはそれを「無気味なもの」と感じるのである（フロイト 二〇一一）。アーレントの「社会的なもの」、およびピトキンのいうBlob（ブラッブ）の概念もまた、このようなフロイトの「無気味なもの」の論理と重なるものだと考えられる。

の対象となっている事態に着目し、これが生み出す新しい政治支配のあり方としての「生政治」と、その極致に現われる「全体主義的なもの」を問題にしようとしていたというのがアガンベンの見立てである。(13)

このような立論に加えてアガンベンは、フーコーの生政治論には全体主義の議論が足りず、アーレントの全体主義論には生政治の議論が足りないという問題提起を行うのであるが（アガンベン 二〇〇三、一六五－一六六頁）、しかし、この問題提起にはいささか難点がある。例えば、アーレントは「生政治」という言葉こそ用いていないものの、すでに前章で述べたように、「無人支配《ノーマン・ルール》」あるいは「誰でもない者《ノーバディ》による支配」という表現を用いながら、実質的に生政治とほとんど等しい近代的統治についての記述を行い、「画一主義」が浸透する社会的領域においては人口統計を用いた統治支配が出現することを指摘していた（HC, pp.41-43／六五－六七頁）。またフーコーも、コレージュ・ド・フランスにおける講義のなかで、「生政治」が人種主義を媒介として容易に「死政治」＝「全体主義支配」へと転じる危険性について論じている（フーコー 二〇〇七a、二三九－二六二頁）。それゆえ、アガンベンの目論見に反して、人間の動物的生《ゾーエー》を統治対象とする「生政治／無人支配」が「人種主義」を媒介として「死政治／全体主義」へ行き着くと考えていた点でもアーレントとフーコーはほとんど共通の見解を有していたとわれわれは理解すべきであろう。例えば以下のようなフーコーの発言は、ここまでに見てきた「社会的なもの」の拡張が「全体主義」の出現を準備するというアーレントの議論と呼応するものである。

本質的に生かすことを目標とする権力が、どうして死ぬに任せることができるのか？　生権力を中心に据えた政治的システムのなかで、どのようにして死の権力を行使するのか、どのようにして死の機能を行使するのか？　そこに人種主義が介入してくるのだと思うのです。……人種主義を国家のメカニズムに組み込むことになったのは、生権力の出現なのです。……実際、人種主義とは何なのでしょうか？　まず、それは権力が引き受けた生命の領域に切れ目を入れる方法なのです。そうやって生きるべき者と死ぬべき者を分けるのです。人間種の生物学的連続体において、諸々の人種が現われ、人種間の区別やヒエラルキーが設けられ、ある人種は善いと見なされ、ある人種が反対に劣るとされるなどして、権力の引き受けた生物学的な領域が断片化されていくことになるでしょう。人口の内部で、様々な集団を互いに引き離していくわけです。（フーコー二〇〇七a、二五三頁、強調引用者）

本来、公的領域と私的領域は切り離されてあるべきなのにもかかわらず、近代社会において、「生」が「政治」のうちへと取り込まれ、国家の管理の対象となるに伴って、「生権力」が成立する。われわれの健康を管理し、衛生面に配慮し、「生かすことを目標にする」権力としての「生権力」は一見、それ自体批判されるべきではないもののようにも見える。専制的な（あるいは家父長

（13）アガンベンの研究を嚆矢として、近年ではアーレントの全体主義論とフーコーの生政治論の比較検討を行う研究が国内外で注目を集めつつある（Allen 2002, Gordon 2002, Braun 2007, 宇野 二〇一三）。

的な）君主（王）が人々の生殺与奪権を握っていたような、前近代的な「死権力」と比べるときにはとりわけそうである。しかしこの「生権力」は、ある種のきっかけを通して、突然にその反対である「死権力」へと反転する危険性を秘めていることをわれわれは見過ごしてはならない。その反転のきっかけとなるのが、典型的には「人種主義」（あるいは優生思想）であるとフーコーは指摘するのである。

民族抹殺《ジェノサイド》がまさに近代的権力の夢であるのは、古き〈殺す権力〉への今日的回帰ではない。そうではなくて、権力というものが、生命と種と種族というレベル、人口という膨大な問題のレベルに位置し、かつ行使されるからである。（フーコー 一九八六、一七四頁）

生権力的統治のうちに人種主義という「生物学的イデオロギー」が導入され、それがテロルによって実現されようとするとき、「生政治」は一気に「死政治」へと反転する。このようなナチズムへの分析において、アーレントとフーコーは完全に一致している（アーレントの人種主義論については次章参照）。加えて述べておけば、アーレントと同じくフーコーもまた、近代の生権力的統治が資本主義の発展と密接に結びついて発展してきたことに自覚的である。(14)

このような〈生‐権力〉は、疑う余地もなく、資本主義の発達に不可欠の要因であった。……一八世紀に西洋世界のある国々で起き、資本主義の発達によって結びつけられていったことは……歴史のなかへの生命の登場に他ならず――つまり知と権力の次元に人間という種の生命に固有な現象が登場したということであり――政治の技術の領域へのその登場だったのである。(フーコー 一九八六、一七八‐一七九頁、強調引用者)

こうして〈生権力〉の誕生が資本主義の発展を支え、その発展がさらに人口管理や公衆衛生、インフラ整備などの生政治的統治を促進させる。それとともに、「生かすべき生」と「死ぬに任せる生」の区別が生じ、とりわけそこに人種主義が介入するとき、「生きるに値しない生」を排除する「死政治」が登場してくることになる。「生命それ自体」を政治の賭け金とする「生政治」が、種としての生命に関わることになるのも、このためである。アーレントの場合には、このような洞察が最も端的に示されているのは、『人間の条件』の最終節(第四五節)「労働する動物の勝利」における以下の記述であろう。

すでに見てきたように、社会の勃興のなかで自己主張したのは究極的には種の生命であった。近代初期には、個体の「エゴイスティックな」生命が主張され、近代後期になると、「社会的」

(14) フーコーは『領土・安全・人口』講義のなかで、「生政治」の誕生を明確に資本主義の歴史的な発展と結びつけて論じている。例えば、商品流通ルートの整備、そのための道路・港湾などのインフラ整備、都市の公衆衛生管理、人口統計調査などを通じて、「生政治」は資本主義経済の運営を円滑に進めるための統治体制を整え、それに適したかたちで人口を管理していく権力形態である(フーコー 二〇〇七b)。

生命や「社会化された人間」（マルクス）が強調された。……残されたものは「自然力」、つまり生命過程そのものの力であって、すべての人、すべての人間的活動力は、等しくその力に屈服した（「思考過程そのものが自然過程である」）。この力の唯一の目的は――目的がともかくあるとして――動物の種としての人間の生存であった。（HC, p.321/ 四九八 - 四九九頁、強調引用者）

前章でも言及したが、ここで「全体主義」という語自体は明確に用いられていないものの、「動物の種としての人間の生存」のみが唯一の目的となる生命過程に支配される社会状態という表現は、アーリア人を世界最高の民族として称揚する一方でユダヤ人を劣等な人種として差別するというナチズムの人種主義政策を否応なく想起させるものであろう。「社会的なもの」の勃興は、まず〈労働する動物〉としての近代人たち各個人の「生活〔生命〕life」の幸福追求を生み出し、次に大衆消費社会の成立を通じて、最終的に「種の生命」を至上命題とする人種主義の出現、および全体主義運動の出現へと繋がっていったと彼女は見ていたのであった[15]。

アーレントが「社会的なもの」に対して過剰とも思える批判を繰り返していた背景には、以上のような「生命」の公的領域への侵入（フーコーのいう「生政治」）に対する警戒心と、その先に待ち受ける全体主義社会への批判精神があったことを、われわれは十分に理解しておかなければならない。そのような文脈抜きでアーレントの「社会的なもの」の記述を読めば、なぜ彼女が「社会」をこのように狭く捉え、批判的に論じているのかが全く見えてこないだろう。結局のところ、アーレントは古代古典的な価値観にとらわれて、近代的な社会問題や貧困問題を軽視していたのだ、といった風に誤解されて受け取られかねない。彼女が近代社会を「自然なものの不自然な成長」として捉え、そこに全体主義の兆候を読み取っていたという文脈を押さえるとき、初めてその意図が十全に理解されるはずである。

5　「自然」と「労働」の必要性＝必然性

ここまで述べてきたように、「社会的なもの」の拡張に対するアーレントの批判の背景にあるのは、その先に待ち構える「全体主義」の膨張運動への警戒心であり、また「生命それ自体」の運動のうちに人間の生全体が呑み込まれていく事態への警戒心であった。しかしここで注意しておかねばならないのは、アーレントが最大の警戒を示していたのはあくまで「自然なものの不自然な成

---

(15)　前章第五節にも述べたように、ここでアーレントは、〈労働する動物〉が勝利した社会において出現する「社会化された人類 socialized mankind」を、マルクスの「社会化された人間 gesellschaftliche Menschen」と重ね合わせて解釈し、それを動物化された単一的な存在、あるいは種としてのヒトとして捉えていた。すでに述べたように、これはマルクス解釈としては間違っているが、人間の「社会化」が同時に人間の「動物化」を促進するとアーレントが考えていたことを知るうえで興味深い。「あらゆるタイプの社会に見られる一枚岩的な性格、ただ一つの利害とただ一つの意見しか許さないという画一主義は、結局のところ、人‐類（man-kind）の一者性《ワンネス》にもとづいている。大衆社会では、社会的動物としての人間が最高位を支配し、そのうえ、種の生存が全世界的な規模で保証されることも明らかである。しかし、それと同時に、大衆社会は、人類を滅亡の危機に陥れることもできる」(HC, p.46/七〇頁)。

長」であって、「自然」そのものではなかったということである。あるいは言いかえれば、彼女が批判していたのはあくまで近代的な「キメラ化した労働」（肥大化した労働）であって「労働」そのものではない。

しばしば誤解されがちなことであるが、アーレントは「生命」や「自然」の必然性それ自体を批判しようとしていたわけではない。好むと好まざるとにかかわらず、人間は生きていくために生物学的欲求を満たさねばならず、それゆえに「労働」にたずさわらざるをえない。生物学的な必然性（necessity）を満たさぬかぎり、人は「仕事」も「活動」も「思考」もできないからである。そのような厳然たる事実を事実として認めたうえで、ただし「労働」と「消費」の次元のみに留まっているだけでは人間は十分に「人間」たりえず、それを超えた「仕事」および「活動」の次元にまで踏み出してこそ初めて「人間」と呼ばれうる、というのがアーレントの考えであった。生物学的な必然性の領域に留まって生きているだけでは、人間は「動物」と大差ない存在であり、私的領域を超え出て公的領域にまで現われてこそ、初めて人間は「人間」たりうるのである。

この点に関してアーレントはしばしば、「公的領域における活動を賛美し、私的領域の意義を軽視した」思想家として捉えられがちだが、実際には私的領域の必要性を複数の箇所で説いていたことにも注意が必要である。例えば、アーレントは次のように書いている。

> 私的領域を取り除くことが、人間存在にとっていかに危険なことであるかということを理解しなければならない。（HC, p.70／九九頁）

必要〔必然〕と生命とは、極めて親密に関係し、結びついているので、必要〔必然〕が完全に排除されるところでは、生命そのものが脅威に曝される。というのは必要〔必然〕を取り除けば、そのまま自由が樹立されるというものではなく、ただ自由と必然とを区別する境界線が曖昧になるだけだからである。（HC, p.71／一〇〇頁）

必要＝必然（私的領域）を取り除けば、そのまま自由（公的領域）が樹立されるというものではない。必要＝必然（私的領域）と自由（公的領域）はつねに一対のものとして存立しているのである。自由を成し遂げるためには、同時に生命の必要性《ネセシティ》＝必然性が満たされていることが必要なのだ。これを無視して、ただ公的領域における自由だけを目的とし、私的領域における必要＝必然を排除しようとすれば、それは人間の生にとっても社会全体にとっても非常な危険をもたらす、とアーレントは論じているのである。[16] さらにこれに続けて、次のようにも書かれている。

（16）本書第三章で論じたように、「労働からの解放」というユートピアは、われわれに幸福をもたらさず、かえってわれわれを「必然性の鎖」に縛りつける結果をもたらし、大衆消費社会と官僚制（無人支配）が普及したディストピアをもたらすというのがアーレントの考えであった。また『全体主義の起源』第二部「帝国主義」のなかで、ケープ植民地で長らく支配していたブーア人が、すべての労働を現地住民に任せることによって、かえって人間らしさを喪失し、「動物化」した存在（人間とも動物とも見分けのつかぬ存在）になってしまったと論じられていることも、「労働からの解放」および「必然性の鎖」がかえって「人間の条件」を破壊し、人間の生に歪みをもたらすと考えていた証左であろうと思われる（次章第三節参照）。

すべて他人のいる公的な場所で送られる生活は、よく言うように、浅薄なものとなる。こういう生活は、たしかに、他人から見られ、聞かれるという長所を持っている。しかし、非常に現実的かつ客観的意味で生活の深さを失うまいとすれば、ある暗い場所を隠したままにしておかなければならない。ところが完全に公的な場所で送られる生活は、このような暗い場所から人目に触れる場所に現われたという風には見えない。公示の光から隠しておく必要のあるものに暗闇を保証する唯一の効果的方法は、私有財産であり、身を隠すべく私的に所有された場所である。(HC, p.71/一〇一頁)

公的領域における「活動」を称賛していたはずのアーレントが、「すべて他人のいる公的な場所で送られる生活は……浅薄なものとなる」と述べているとはどうしたことだろうか。こうした記述は読者に意外の感を与えるものかもしれないが、注意深く読めば、彼女の意図を汲み取ることは容易い。公的領域における自由な「活動」は、私的領域における生命=生活の保護と必要=必然の充足なくしてはあり得ない。公的領域における「活動」に乗り出す前に、われわれはまず私的領域における生命の必要=必然を満たし(これが「労働」の役割である)、さらに公的領域の舞台たる「世界」を構築する必要がある(これが「仕事」の役割である)。これらの条件が満たされたうえではじめて、われわれは複数的な「活動=政治」へと乗り出すことができる。その意味で、「労働」による「生命それ自体」の維持と、「仕事」による「世界」の製作は、「活動」による「複数性」の実現と並んで、われわれの〈活動的生〉に不可欠な要素であるのだ。

いっぽうで私的領域における生命＝生活の保護は、単に「活動＝政治」の条件として必要とされるだけではない。「非常に現実的かつ客観的意味で生活の深さを失うまいとすれば、ある暗い場所を隠したままにしておかなければならない」と述べられるように、私的領域において営まれる生存欲求の充足（食事・睡眠・排泄）やそこで育まれる親密な関係性（家族・友人・恋人関係）、あるいは私的な関心（趣味・娯楽）の追求などは、いずれもわれわれの「生の深さ」を担保するうえで疑うべくもなく重要な要素だ。必ずしもネガティブな意味合いにおいてではなく、アーレントはそれらの私的な事柄を「暗闇の領域」に隠しておくべきだと述べたのである。そのような事柄は決して「公示の光」に曝すべきものではない、と。(17)

この点で、アーレントは「光の領域＝公的領域」と「闇の領域＝私的領域」を明確に区別し、その間に厳格な境界線を引こうとはしているが、だからといって前者のみを優遇し、後者を蔑ろにしようとしていたわけではない。「闇の領域＝私的領域」を完全に消去した「光の領域＝公的領域」はかえって浅薄なものとなり、それぞれの領域で営まれるべき事柄の両方を毀損してしまうと彼女

---

(17)　このことに関連して柴田寿子は、「彼女〔アーレント〕にとって重要なものは「闇」ではなかったのか」という興味深い指摘を行っている（柴田 二〇〇九、一五〇頁）。人間が健全な生を営むためには、「光の領域＝公的領域」と同時に、公の光から身を隠し、親密な関係（愛）を営む「闇の領域＝私的領域」をも必要としていることの重要性をアーレントが主張していた、というのが柴田の解釈である。この議論は例えば、私生活のあらゆる事柄をインターネットの光の下に晒そうとする現代人への警告として受け取ることができるだろう。

は考えていたのである。その逆に、後者のみを優遇し、前者を蔑ろにする態度もまた、同じ結果に繋がることは言うまでもないだろう。労働／仕事／活動、公的領域／私的領域、政治的なもの／社会的なもの、これらの理念の間に明確な境界線（／）を引き、そこに一定の序列（ヒエラルキー）を設けつつも、そのいずれの領域をも保護していくことを、彼女は重視していたのである。

繰り返すが、「生命それ自体」の必然性＝必要性を満たす「労働」という営みが人間の生にとって不可欠なものであることは、好むと好まざるとにかかわらず、否定しようのない事実である。問題は、近代において「生命それ自体」の運動が私的領域を超えて公的領域にまで進出し、「社会」全体を覆い尽くすようになったことのほうにある。この「自然なものの不自然な成長」こそが「社会的なもの」の膨張をもたらし、公的領域と私的領域の両方を破壊してきたのである。本来は循環的な運動のうちに留まっていた「生命」や「自然」が、公的領域にまで進出したことによって「不自然な成長」（膨張のための膨張運動）を遂げるようになったこと、ここにこそアーレントの批判点があった。

重ねて確認しておけば、こうした過程は、本来は私的領域に留まっているはずであった「労働」が公的領域にまで進出し、「仕事」や「活動」の営みを呑み込んで「キメラ化した労働」（肥大化した労働）へと変貌した過程（本書第二章参照）と完全に並行的《パラレル》な関係にある。生命の必然性を満たす「労働」それ自体は悪ではない、しかし「労働」のうちにそれ以上の過剰な意義を見出そうとするのは悪である、というのがアーレントの考えであった。そのうえで、労働／仕事／活動を区分する境界線が曖昧化し、「労働」が「仕事」や「活動」の営みをも呑み込んでいく事態こそ、全体主義の兆候であるとアーレントは見ていたのである。「イデオロギーとテロル」論文で述べられていたように、「主要な価値が労働によって決定され、すべての人間活動が労働に転化されてしまう」ような社会においてこそ、人間は「世界」から疎外された存在となり、「根を断たれた余計者」となるからである（OT, p.47/（三）三一九頁）。

6　「世界」と「社会」の対立

以上の議論を踏まえたうえで、最後に見ておきたいのは、アーレントが「社会的なもの」の膨張と「世界疎外」の現象とをコインの裏表の関係として捉えていたということ、そして流動的で膨張的な「社会」に対して安定的で永続的な「世界」を対置していたということである。第二章にも引いたが、アーレントの「世界」概念をよく示す記述をもう一度引用しておこう。

> 共通世界は、私たちがやってくる前からすでに存在し、私たちの短い一生の後にも存続するものである。それは、私たちが、現に一緒に住んでいる人々と共有しているだけでなく、以前にそこにいた人々や私たちの後にやってくる人々とも共有しているものである。（HC, p.55/八二頁）

「世界」は人間の一生を超えて存続し、人間の不確かな生に一定の安定性とリアリティを与える。人間の生のリアリティは「何よりもまず、私たちが物によって囲まれているという事実に依存」しており（HC, pp.95-96／一五〇頁）、われわれの一生を超えて存続する物の永続性こそが「世界」の安定性を支えているわけである。逆に言えば、こうした耐久的な使用対象物によって構成される「世界」の安定性と永続性を失ったとき、われわれは生存のための住処と公共活動のための舞台の両方を喪失し、「世界疎外」あるいは「根なし草」状態へと陥ることになる。

こうした「世界疎外」は「社会的なもの」の勃興とともに生じてくるとアーレントは考えていた。具体的には、それは近代初期の土地収用（expropriation）、すなわち個々の私有財産であった土地を国家権力が収用し、各人を安定的で耐久的な「財産」から引き離すところから開始される。[18] アーレントは流動的な「富 wealth」と固定的な「財産 property」とを区別して論じているが、貨幣に代表される「富」に対して、土地や家屋に代表される「財産」は安定的で耐久的な「世界」の一部として捉えられている。それゆえ、土地収用によって固定的な「財産」を失うことは、近代人が安定的な「世界」から引き剝がされて、流動的な「社会」に投げ出されたことを意味していた。こうして使用対象物および財産によって構成される「世界」という足場を失った近代人は、その出発点から「世界疎外」および「故郷喪失」「根なし草」の状況を生きることを運命づけられているのである。「マルクスの考えたような自己疎外ではなく、世界疎外こそ、近代の品質証明なのである」（HC, p.254／四一一頁）とアーレントが言うのは、その意味においてである。

土地を収用し、一定の集団から彼らが世界に占めていた場所を奪い、彼らを生命の急迫に曝すこと――これによって、富の原始的蓄積が行われ、同時に、この富を労働によって資本に転化する可能性が作りだされた。これは、共に資本主義経済の勃興を促す条件となった。土地収用に始まり、土地収用に支えられてきたこの発展が、結果として人間の生産性を増大させるだろうということは、最初から、つまり産業革命の何世紀か前からはっきりしていた。文字通りその日暮らしの新しい労働者階級は、生命の必要が強制する急迫のもとに直接立たされた。それだけではない。彼らは同時に、世界に対する配慮や世話からも遠ざけられたのである。(HC, pp.254-255/四一一頁)。

安定した「財産」(土地と家)を失い、流動的な「富」(貨幣)にのみ依存した生活を営むようになることは、その人が「世界に占めていた場所」を失い、同時に「世界」の安定性と永続性から「疎外」されることを意味している。その代わりに見出されるのは「労働力」という、自らの肉体のうちにある「富の源泉」である。「こうして近代の財産は、世界的性格を失い、人間そのもののなかに場所を移し、個人がただ死ぬときに失う肉体のなかに場所を移した」(HC, p.70/九九頁)。これにともなって、近代人は「世界」の安定性から引き離され、「労働」によって維持される不安定で流動的な「社会」へと足を踏み入れることになるのである。このようなアーレントの土地収用の議論は、明らかにマルクスの原始的蓄積論(『資本論』第一巻・第二四章)を参照して書かれたものであるが、この点については次章第六節で改めて論じることにしよう。

(18) アーレントの「財産 property」と「富 wealth」の違いについて、詳しくは金刺(一九九三)を参照。

「社会的なもの」の勃興を決定づける「富の蓄積過程」の開始は、「世界と人間の世界性そのものを犠牲にする場合に初めて可能となる」(HC, p.256/四一三頁)ものであり、「財産」(固定資産、とりわけ土地と家屋)が「富」(流動資産、とりわけ貨幣)へと変質し、さらには「富」が「資本」へと変質することを通じて、「世界」の溶解と「社会」の膨張運動の開始が告げられるのである。これによって「財産」が有していた安定性と永続性は失われ、「過程 process」の永続性がそれに取って代わることになる(HC, p.69/九七頁)。ここでアーレントがいう「過程」の永続性とは、マルクスが論じた貨幣および資本の増殖運動(G - W - G′)の無限性にほかならず、このような「過程」の無限運動こそが、アーレントの「社会的なもの」の性格を決定づけているのである[19]。

そして、ここまで論じてきたように、こうした「社会的なもの」の絶えざる拡張運動が、「世界疎外」の進行を通じて、全体主義の膨張運動に繋がっていく危険性を持っているのだとすれば、その危険を防ぐためにわれわれがなすべきは、この「社会的なもの」の膨張運動をある一定程度の枠にとどめ、「世界」の安定性と永続性を取り戻すための努力ではないだろうか。安定性と永続性を備えた「世界」という土台がなければ、われわれは生存のための住処も公的活動のための舞台も得ることができない。伝統的な「世界」へ完全に回帰することが不可能であるとしても、われわれの社会のうちに一定程度、安定的で永続的な「世界性」を取り戻すことは決して不可能ではないはずである。言いかえれば、それは過剰流動化した現代「社会」に抗して、安定的な「世界」という場を確保する努力をするということである。

それゆえに、アーレントの「社会的なもの」への批判を通じて見えてくるのは、その反面で安定した「世界」を高く評価する彼女の思考である。さらに言うならば、そこから帰結されるのは「世界」を創り出し保持する「仕事」の重要性である。自己増殖的な「社会」を駆動するのが「キメラ化した労働」であるとすれば、それに対抗する安定した「世界」を製作するのは「仕事」の役割である。「世界」を創り出す「仕事」の役割がなければ、人々は安定した最低限の生活を営むこともできないし、また安心して「活動」に乗り出していくこともできない。一般にはアーレントは「活動」(＝政治)の重要性を強調した思想家、というイメージが強いが、同時に彼女は「活動」を支える耐久的な「世界」の存在の重要性を強調したことが改めて想起されるべきである。ジョージ・ケイティブが指摘するように、アーレントが重視したのは「自由と世界性」の両輪であった(Kateb 1983)。

さらに「仕事」は耐久的な「世界」を創り出すとともに、それを取り囲む「境界線」をも創り

---

(19) 以下の記述を参照。「ただ、富が資本となり、その資本が主要な機能として、ますます多くの資本を生むようになったとき、はじめて私有財産は共通世界に固有の永続性を獲得し、あるいはそれに近づいた。しかし、この私有財産の永続性は、共通世界の永続性とは異なった性格のものである。それは安定した構造の永続性ではなく、むしろ過程の永続性だからである。蓄積の過程がなければ、富はただちに使用され、消費されて、蓄積過程とは逆の分解過程に戻るだろう」(HC. pp.68-69/九七頁)。

ここでは「世界」の一部としての「財産」が持つ永続性と、「資本」と化した近代的な「富」の過程的な永続性とが対比されている。「財産」の永続性が安定性と耐久性に支えられたものであるのに対し、「富→資本」の永続性はそうした安定性や耐久性を持たず、絶えざる増殖と蓄積を通じて獲得される「過程」としての永続性であることが理解されよう。

出す。「世界」と「社会」、「世界」と「自然」、「公的領域」と「私的領域」、「労働」と「仕事」と「活動」、これらのあいだに境界線（／）を引くことこそが、「世界」の安定性維持のために必要とされる。本章で見てきたように、これらの領域を分かつ境界線が無効化し、その垣根が取り払われたときにこそ「自然なものの不自然な成長」（＝膨張のための膨張運動）が生じてくることになる。アーレントが「法」を「壁」に喩え、その製作の役目を仕事人に帰していたことは先に説明したとおりだが、このような壁＝境界線は外敵を追い払うのみならず「自然なものの不自然な成長」を阻止する役割を有してもいた。そして、「仕事」を通じて製作される「世界」とそれを取り囲む「境界線」の存在があってこそ、公共的な「活動」もまた持続的になされることが可能となるのである。

現代社会においてこうした「世界性」とそれを創り出す「仕事」を取り戻すことの重要性については、第六章および終章で改めて考察することにしよう。

小括

本章ではアーレントの「社会的なもの」の概念を「自然なものの不自然な成長」という表現に着目しながら分析してきた。アーレントのいう「社会的なもの the social」とは、従来私的領域に限定されていた事柄（労働・生命・身体・経済など）が、定められた境界線を越えて公的領域へと進出したものを指す。これらの「社会的なもの」は際限なく拡張・増殖を続け、安定的で耐久的な「世界」を掘り崩していき、その画一性によって公的領域と私的領域の全体を覆い尽くしていく。「社会的なもの」の膨張と「世界疎外」の進行が同時に生じるゆえんである。画一的で流動的な「社会」が安定的で永続的な「世界」を掘り崩してしまう事態（世界疎外）と、その先に出現するであろう全体主義への危惧が背景にあったことを踏まえれば、一見不可解に見えるアーレントの「社会的なもの」への強烈な批判意識もぐっと理解しやすいものとなるのではないか。

パトリック・ヘイデンは『グローバル時代における政治的悪――ハンナ・アーレントと国際理論』と題された著書（未邦訳）のなかで、新自由主義《ネオ・リベラリズム》が猛威をふるう現代社会において、あらゆるものが経済的な要素へと還元されていき、画一的な行動原理（経済合理的な振る舞い）を強いられていくことによって、新たな全体主義《ネオ・トータリタリアニズム》の危機がもたらされつつある状況を分析している（Hayden 2009）。新自由主義経済において、人々は絶えず「余計なもの the superfluous」へと変えられていき、「複数性」と「世界性」の両方を奪われていく。結果、人々は「活動＝政治」へ参加する機会や「世界」に安定して住まう可能性を奪われていき、社会のあらゆる領域を資本主義的原理で塗りつぶしていこうとする新自由主義のイデオロギーに屈服するほかなくなる。これがグローバル時代における新たな全体主義および新たな「政治的悪 political evil」の形態であることをヘイデンは明快に論じている。

「社会的なもの」の膨張運動、とりわけその中核にある資本主義の増殖運動が現代においていっそうその勢いを増し、社会のあらゆる領域を市場原理で埋め尽くそうとする新自由主義の波が地球上を席巻している今日において、新たな全体主義の芽――ヘイデンが言うところの「政治的悪」、あるいは人間を「余剰＝余計なもの」にするシステム――が生じつつあるのではないか。近年、国際政治を席巻するポピュリズム現象が果たして、このような「新たな全体主義」を意味するものであるかどうかについて、本書でまとまった議論を展開する余裕はないが、次章では、近代社会における「余計なもの」と全体主義の関係性、および資本主義と全体主義の通底性について、改めて考察していくことにしたい。

第五章　「余計なもの」の廃棄

前章では、近代における「社会的なもの」の拡張運動が、「資本主義」と「全体主義」の増殖運動を媒介するものとなっていることを「自然なものの不自然な成長」というキーワードに着目しながら見てきた。画一的で流動的で「社会的なもの」が拡張することによって、公的領域と私的領域を分かつ境界線が曖昧化し、安定的で永続的な「世界」が形骸化して、近代人は「世界疎外」に陥る。こうした「社会的なもの」の拡張運動の核にはマルクスが見出した「資本主義」の自己増殖運動があり、それが「大衆消費社会」の実現を通じて「全体主義」の出現を準備するという理路をわれわれはアーレントから導き出すことができる。

このとき同時に目を向けておく必要があるのは、「大衆消費社会」の成立とほぼ同時期に、西欧諸国は「帝国主義」の時代に突入していたということである。そもそもアーレントが「膨張のための膨張運動」という表現で指し示したのは「帝国主義」の運動であった（『全体主義の起源』第二部）。「帝国主義」は「国民国家」のうちから生まれでて、これを食い破るかたちで膨張し、最終的に

「国民国家」を破壊するところにまで膨張を遂げ、「全体主義」の出現を準備したというのがアーレントの見立てであった。川崎修が述べているように、『全体主義の起源』はある意味では「一九世紀的秩序解体論」として読むことができる。すなわち、「国民国家」と「階級社会」によって構成される「一九世紀的秩序」が崩壊して、それに取って代わる「大衆社会」と「全体主義」という「二〇世紀的秩序」が登場してきたという物語を読み取ることができる（川崎二〇一四、第一章）。

つまり西欧諸国においては、対内的には「社会的なもの」の膨張運動が、対外的には「帝国主義」の膨張運動が、「国民国家」と「階級社会」から成る一九世紀的秩序の解体をもたらし、「大衆社会」と「全体主義」から成る二〇世紀的秩序の登場を準備したのだとすれば、われわれもまた「社会的なもの」のみならず「帝国主義」の膨張運動についての考察を避けて通ることはできないだろう。アーレントの帝国主義論をたどりなおすことによって、われわれは「反ユダヤ主義」（第一部）と「帝国主義」（第二部）という諸要素（elements）が「全体主義」（第三部）へと結晶化（crystalize）していった過程とともに、「帝国主義」の膨張運動が「全体主義」の膨張運動へと接続されていった過程を明らかにすることができるだろう。さらにこの考察は、資本主義→帝国主義→全体主義という「膨張のための膨張運動」の系譜を明らかにすることにも繋がるはずである。

このとき、これらの発展過程《プロセス》を分析するにあたって鍵となるのが「余計なもの」の概念である。この「余計なもの」の概念を媒介として反ユダヤ主義・帝国主義・全体主義および資本主義・帝国主義・全体主義の結びつき（関係性）を読み解くことによって、『全体主義の起源』から『人間の条件』へと至るアーレントの思考過程をより鮮明にすることも可能となるはずである。またこの考察を通じて、アーレントが全体主義とは「人間を余計なものにする」システムである、と定義づけた意味も明らかになってくるであろう。

1　資本の膨張と権力の膨張

まずはアーレントの帝国主義論の概要を確認するところから始めよう。

帝国主義論の古典、ホブソン『帝国主義』が明快に理論づけたように、帝国主義とは国内に「余剰」を抱えた先進諸国が軍事力を背景にして国外に植民地を獲得し、その「余剰」を植民地へ排出した政治‐経済運動であった（ホブソン 一九五一）。またローザ・ルクセンブルグは、資本主義が増殖し続けるために常に搾取対象としての非資本主義的領域を必要としており、その対外的な搾取運動を担ったのが帝国主義であることを指摘した（ルクセンブルク 二〇一三）。この両者に共通するのは帝国主義が基本的には資本主義の発展形態であり、資本の運動が国内市場の枠を超えて、国家の暴力（軍事力）を背景としながら国外市場・植民地へと「膨張」を始めたとき、帝国主義の運動が発動するという見解である。

川崎修が的確にまとめている通り、ホブソンやルクセンブルグのみならず、ヒルファーディングやレーニンらの帝国主義論は、いずれもマルクス主義から大きな影響を受けつつマルクスの資本主義論を発展させるかたちで構想されたものであり、帝国主義の原動力を経済的要素（資本主義の対外的膨張）に見出す点にその特徴があった。これに対して、アーレントの帝国主義論の独自性は、ホブソンやローザらの図式を引き継ぎつつも、同時に「人種主義」と「官僚制」という非経済的要素のうちに帝国主義の新たな原動力を見出した点にある（川崎 二〇一〇b、一五四－一八七頁）。別言すれば、マルクス主義を中心とする従来の帝国主義論が下部構造＝経済的膨張（資本の自己増殖運動）の観点から帝国主義を分析していたのに対して、アーレントの帝国主義論は下部構造のみならず上部構造＝政治的膨張（権力的膨張）の観点からも帝国主義を分析したところにその意義があると、ひとまず大まかに捉えておくことができよう。

とはいえ、アーレントもまずは先行する帝国主義論の見解を踏まえつつ、帝国主義の膨張運動が資本主義の増殖運動の発展形態であることを認め、帝国主義の本質が「膨張のための膨張」にあると主張するところからその考察を始めている。例えば、「膨張こそがすべてだ」「できることなら私は星々を併合しようものを」と述べたセシル・ローズの言葉のうちにその本質が象徴的に示されているとアーレントはいう。「膨張がこの時代の新しい原理、すべてを動かす原動力だった」（EUTH. S.286／（二）三頁）。

帝国主義が登場するのは、西欧列強において工業化が自国内の限界にまで拡張し、「国境がそれ以上の膨張の障害となるばかりか、工業化過程全体にとって最も深刻な脅威となること」（EUTH. S.290-291／（二）七頁）が明らかになった時点においてである。資本主義の自己増殖運動が自国内で限界に達したときに、さらなる増殖を実現するためにその運動が国境の限界を超えて国外へと拡張していったときに、「膨張のための膨張運動」としての帝国主義が出現する。その結果として、帝国主義は国民国家の内側から生まれつつ、国民国家の枠組みを超えて膨張し、最終的には国民国家を破壊してしまう破壊力を持つに至る。帝国主義にとっては国民国家の枠組みや地球の大きさの有限性すらも、その膨張運動にとっての障害であると見做されるようになるのである。

同時に、帝国主義は旧来的な「帝国」とも異なる。かつてのローマ帝国に代表されるように、旧来的な帝国は普遍的な法のもとに多様な集団（国家）を包摂しつつ広大な領域を支配するものであった。これに対して、「帝国主義は帝国建設ではなく、また膨張は征服ではない」（EUTH, S.299/（二）一四頁）。絶えざる膨張を続けることこそが帝国主義の原理であり、確固とした支配体制を築くことが目的とされているのではない[1]。「政治の不変最高の目標としての膨張が帝国主義の中心的政治理念」なのである（EUTH, S.290/（二）六頁）。「帝国」が「本質的に法にもとづいた政治形態」を持ち、その法のもとに異質な民族集団を統合するのに対して、こうした法原理を持たない帝国主義の膨張運動は、国民国家の統治原理を引き継ぎながら、異質な住民を排他的に「同化」する支配体制を取る。つまり、帝国主義は資本主義と国民国家の鬼っ子として、資本主義から「膨張のための膨張運動」という性格を引き継ぎ、国民国家から「同化による支配」という性格を引き継ぎながら、この二つの原理のアマルガムとして機能するのである。

しかし、一定の領土において国民の同質性を高めるとともに安定した統治体制を実現しようとす

（1）こうした記述は、「イデオロギーとテロル」において、全体主義の目的が従来の独裁や専制と違って、安定した支配体制を創りあげることにではなく、絶えず流動的で膨張的な運動体制を維持させることにあるとアーレントが述べていたことを想起させる（本書第一章第五節参照）。つまり、帝国主義と全体主義はともに安定した支配体制を築くよりも絶えざる膨張を目指す点において共通点を持っている。

る「国民国家」の原理と、つねに国境を越えて経済的膨張を繰り返そうとする「資本主義」の原理は、相互に対立する側面を持っている。「国民国家」が一定の領土を有し、その領土内において国民の同質性を保持しようとする特徴を持つのに対して、「資本主義」は国民国家の枠組みを越えて絶えず膨張しようとする運動性を有するからである。この二原理の緊張関係を孕みながら、最終的には「資本主義」の原理が「国民国家」の原理を呑み込むかたちで「膨張のための膨張運動」を展開したのが帝国主義の歴史だったと捉えられよう。

アーレントによれば、帝国主義の幕開けをもたらしたのは一九世紀末における先進諸国による「アフリカ争奪戦」であり、この植民地争奪戦を先導したのは貪欲な資本家たちであった。すなわち、帝国主義の膨張運動は「国民国家」（ナショナリズム）の拡張運動としてよりも、まずは「資本主義」の増殖運動の延長線上に生じたものであった。国内に有効な投資先を見出せなくなった過剰資本、とりわけ「使い道のなくなったこの過剰資本の代表者として社会の中に居場所を失った新しいタイプの金融家」たちが指揮をとって植民地獲得の道を切り拓き、国家権力が軍事力を携えて後からそれを補強したのである。

ただし、この植民地先において増殖したのは、もはや「資本」だけではない。「権力」も同じくそこでは自己増殖する。(2) 帝国主義においては資本と権力がともに「自分自身を絶えず餌として喰らいながらも回り続けるモーター」となり、このモーターが一度回転し始めれば、そのモーターの出発点となった政治的共同体ですら、この膨張運動の障害物であると見なされ、最終的にその内部から破壊されるほかないとされる。

なぜなら、ここでは権力はすべての政治的行為の原動力として、自分自身を絶えず餌として喰らいながらも回り続けるモーターとして理解されており、それは、資本の無限の蓄積をもたらすという不可思議なモーターと正確に対応するものだからである。無限の拡大のみが無限の資本蓄積を生み権力の無目的の蓄積を実現するという膨張の概念は、それ自体からしてすでに、帝国主義以前には軍事的征服のあとには必ず行われた新しい政治体の創設と矛盾する。帝国主義的拡大のプロセスがいったん始まった最後、政治的共同体はこのプロセスにとって邪魔者でしかなく、

---

(2) このような権力と暴力の膨張運動を理論的に先取りした思想家として、アーレントはホッブズを挙げている。ホッブズこそは人間の本性を飽くなき欲望の追求に見出すとともに、「公益を私的利益から導き出そうと試み、私的利益のために権力の蓄積を唯一の基本的目標とするひとつの政治体を構想した唯一人の人物」(EUTH, S.317/(二)二九頁)であった。このようなホッブズの政治思想は、歴史上初めて政治の舞台に登場したブルジョワジーにとって最も使い勝手の良い理論的支柱であり、「彼は確かにブルジョワジーが拠り所として頼っていいはずの唯一の哲学者だった」(EUTH, S.317/(二)二九頁)。

ホッブズの権力概念は「孤立した個人の共同生活での万人の万人に対するアナーキックな競争において形成された概念」であり、「絶えざる権力拡大、権力蓄積のプロセスのなかにあってのみ、国家は安泰でいられる」(EUTH, S.323/(二)三五頁)という考えにもとづいていた。こうしてホッブズの『リヴァイアサン』は、資本の増殖運動に呼応した権力の膨張運動という新たな政治理論を構築すると同時に、来たるべき「ブルジョワジーの政治」としての帝国主義を予告した書物としてアーレントは捉えていたのである。「資本蓄積の無限のプロセスは「無限の権力」の保証を、すなわち資本蓄積のときに応じての必要による以外は何ものにも拘束されてはならない権力蓄積の保証を必要とする」(EUTH, S.326/(二)三六頁)。

破壊されるほかない。（EUTH, S.314／（二）二六－二七頁、強調引用者）

元来、経済的領域（資本主義）は限界を持たないが、政治的領域（国民国家）は限界を持つ。一定の領土と法の枠組みの範囲内で行われるのが本来の政治の役割であり、そのような領土と法の枠組みを超えて無限に拡張していく帝国主義の運動は本来的な政治の役割を逸脱している。このとき権力と暴力は特定の政治体から遊離して無限の暴走を始める。政治体を保持するためではなく、権力と暴力それ自体の増殖を目的として無限の回転を開始するのである。「無限の拡大のみが無限の資本蓄積を生み権力の無目的の蓄積を実現するという膨張の概念」にとっては、「政治的共同体はこのプロセスにとって邪魔者でしかなく、破壊されるほかない」（EUTH, S.314／（二）二六－二七頁）。

これらの記述において、アーレントは帝国主義が「資本」と「権力」の両面において「無限の拡大」（無限の資本蓄積と権力蓄積）を目指す運動であることを繰り返し強調している。そのモーターは一度回り始めると誰にも止めることはできず、人間の能力を超えて、どこまでも無限に自己拡張していく。アーレントはここでマルクスの名前を挙げてはいないが、こうした「無限の蓄積運動」に関する記述が、マルクスの「資本の自己増殖運動」というアイデアを元にしたものであることは間違いないだろう。ただし、「資本」（経済）のみならず「権力」（政治）にまでその膨張運動の適用範囲を広げ、さらにその膨張運動が国民国家の枠組みを無効化させるとともに、人種主義と官僚制という独自の支配形態を招き入れ、最終的に全体主義の膨張運動にまで繋がっていく政治過程を描き出したところに、マルクス主義的な帝国主義論とは異なるアーレントの帝国主義論の意義があったと言うことができる。

2　「余計なもの」としてのモッブ

アーレントは帝国主義の時代を一八八四年から一九一四年に至る間の三〇年間と明確に規定しているが、その幕開けたる植民地争奪戦を切り開いたのが貪欲な資本家たちであったとすれば、それに続く尖兵となったのが「ヨーロッパ社会の内部では余計者となった夢想家、投機家、詐欺師たち」、すなわち「モッブ mob」と呼ばれる人達であった。「モッブ」とは一九世紀の階級社会からはみ出した人々であり、商人・山師・やくざ者・ごろつきなどを含んだ「全階級、全階層からの脱落者の集まり」(EUTH, S.347-348/(二)五五頁)であった。自国内において活躍の場を見出すことができなかった不満を背景に、彼らモッブは遠くアフリカの地に押し寄せて、一攫千金のチャンスを夢見たのである。[3]

皮肉なことに、過剰資本と過剰労働力のこの新しい同盟に最初の行き場を与えた南アフリカは、それ自体がある意味ではヨーロッパにとって不要なもの(=余計なもの)となりつつあった地域で

---

(3)「冒険家や商人、犯罪者や山師などあらゆる種類の敗残者がヨーロッパの至るところから南アフリカへやって来た。……本職の金採掘者、投機家、酒場経営者、旧軍人、良家の末息子、要するにヨーロッパでは使いものにならないか、あるいはさまざまな理由から窮屈な生活に我慢できなくなった者がすべて集まったのである」(EUTH, S.428-429/(二)一二四頁)。

あったとアーレントは指摘する。南アフリカはかつて多くの欧州人がインドへの航路の中継地として利用した土地であったのだが、一八六九年にスエズ運河が開通して以降はその重要性を減少させていた。そうして忘れ去られかけていたこの土地が、一八七〇年代から八〇年代にかけてダイヤモンド床と金鉱が発見されたことによって突如として再注目を集め、これが一攫千金を求めるモッブたちをヨーロッパから一挙に呼び寄せる結果につながったのである。

こうして海外帝国主義を牽引したのは、「過剰資本」を抱えた金融資本家と「過剰な労働力」として排出された「モッブ」であり、この両者の間に一時的な同盟関係が成立したのであった。「過剰資本の所有者は、世界の各地各方面から押し寄せた過剰労働力を利用できる唯一の人間であった。彼らは力を合わせて純然たる寄生虫の最初の楽園を打ち立てた。この楽園の生命の血は金だった。資本と人間の過剰から生まれた帝国主義時代は、生産過程において最も利用度の少ない金とダイヤモンドという商品の生産をもって幕を開けたのである」(EUTH, S.340/(二)四八頁)。

ここで重要なのは、アーレントが後者の「モッブ」を「社会の余計者」または「社会の廃棄物」と呼び表していることである。「彼らは市民社会が窮屈すぎると言って自分から飛び出したのではなく、市民社会から吐き捨てられたのである。彼らはこの社会の文字通りの廃棄物(refuse, Auswurf)だった」(EUTH, S.413/(二)一一一頁)。この過激な表現は、当時の西欧諸国において資本だけでなく人間(労働力)もまた「余剰＝余計 superfluous, überflüssig」なものとなり、また「廃棄」の対象とされていたことを示している。

資本主義の発展のもうひとつの副産物として、余った富よりもっと古くから生まれていたものがあった。人間の廃物（debris, menschliche Abfallprodukte）がそれである。彼らは、工業拡大の時期のあとを必ず襲った恐慌ごとに生産者の列から引き離され、永久的失業状態に陥れられてきた。無為を強いられたこれらの人々は過剰資本の所有者と同じく社会にとって余計な存在だった。（EUTH, S.338-339／（二）四七頁、強調引用者）

当時すでに完全に明白だったにもかかわらず歴史家が気づかなかったことは、モッブは社会の屑（refuse, Abfall）であるばかりでなく社会が直接生み出した産物であり、それゆえに社会から決して完全には切り離せないということであった。（EUTH, S.348／（二）五五頁、強調引用者）。

一八七三年から一八九六年にかけてヨーロッパは「大不況 Great Depression」と呼ばれる長期不況に見舞われていた（藤田 一九七二）。とりわけ当時「世界の工場」であったイギリスはその只中にあって、余剰資本や余剰労働力の問題が深刻化しており、このことがイギリスやフランスなどの先進国を、海外植民地競争へ乗り出させていく大きな要因の一つともなっていた。ちょうど昨今の経済状況と同じように、先進諸国の経済成長が鈍化して、デフレ現象が生じ、資本や労働力の余剰問題が深刻化して、国内経済の恩恵にあずかれない人々が増大していたのである。そうして既存の階級・階層からこぼれ落ちた人々が、国民国家および市民社会から吐き出されるかたちで、「モッブ」として海外植民地へと流れつくことになったのである。

資本主義の発展はつねに「余剰＝余計」な富（資本）とともに、「余剰＝余計」な人間（労働力）を生み出すのであり、この「余剰＝余計」な資本および労働力を処理する必要を抱えることになる。帝国主義は、この「余剰＝余計」な資本および労働力を国外の植民地へと輸出／排出することによってそのはけ口を見出そうとする運動であった。これは、社会から余計者扱いされていたモップたちにとっても、国内に過剰資本を抱え新たな投資先を海外に求めていた資本家にとっても、願ってもないチャンスであった。ここに西欧諸国内において活躍の場を見出せなかった「モップ」と海外植民地においてさらなる価値増殖を目指そうとする「資本」との同盟が成立することとなったのである。

南アフリカはヨーロッパ社会の内部では余計者となった夢想家、投機家、詐欺師たちによって救われたのだが、ヨーロッパ社会が余計な富と余計な人間を生み出し始めたという意味では、この人々は時代遅れとなっていた社会的・政治的体制の真の代表者たちだったのである。（EUTH, S.412/（二）一一〇頁、強調引用者）

アーレントは、モップの特徴を示す要素として彼らの没倫理的あるいは反倫理的な性格を挙げている。モップは近代市民社会のうちに偽善の匂いをかぎつけ、その偽善をかなぐり捨てたニヒリスティックな欲求をむき出しにし、近代市民社会をつかさどる倫理や道徳をあざ笑う。それゆえ、モップは「偽善をかなぐり捨てたブルジョワジー」の姿であり、モップが当時のブルジョワジーたちに好意的に迎えられたのもこのためであった。「きわめて多くの同時代の帝国主義的イデオロギーから浮かび上がるモッブの政治的世界観は、偽善を拭い去った市民社会の政治的世界観と驚くべき類似を示している。ごく最近のモッブのニヒリスティックなイデオロギーがブルジョワジーを知的にあれほど惹きつけたのは、モッブ自身の誕生のはるか以前からブルジョワジーが抱いていたニヒリズムのためである」(EUTH, S.350／(二)五六頁)。

これにあわせて、アーレントは「ブルジョワジーの政治的解放」こそが帝国主義時代の国内政治上の中心的出来事であったと述べている。つまり、飽くなき富と利潤の追求を目指すブルジョワジーの姿勢が政治的領域にまで進出し、政治運動を支配するようになったところに帝国主義が成立したのである。このことは、近代以前には私的領域に閉じ込められていた「経済的なもの」が、近代資本主義の勃興とともにその境界線を超えて公的領域(政治的なものの領域)にまで進出し、「社会的なもの」の勃興に繋がったという前章に述べた事態と並行な関係にある。モッブはこうしたブルジョワジーの欲望をよりむき出しにしたような存在であり、一切の道徳や倫理をかなぐり捨てながら、貪欲な金銭利得を海外植民地で追い求めたのだった。それはホッブズが描き出した近代的人間の姿を極限的に体現するものであったとアーレントはいう。

しかし、「今世紀になってドイツの上流社会がついに偽善の仮面を完全にかなぐり捨て、彼らの所有の利益の保全を明確にモッブに委託したとき、破滅が訪れた」(EUTH, S.350／(二)五六頁)。「全階級・全階層からの脱落者」であるモッブは、「一九世紀的秩序」を構成する「階級社会」と「国民国家」という二つの要素から同時にこぼれ落ちた存在であるがゆえに、「一九世紀的秩序」の崩壊を告げる存在であると同時に、「二〇世紀的秩序」としての全体主義体制の到来を予告する存在でもあった。モッブは階級制度から脱落しているがゆえに、階級を止揚した存在であるかのように見え、全体主義において現われる「民族共同体」という理念を先取りしていた。

モッブは増大する工業労働者とも、まして絶対に下層の民衆とも同一視されるべきではなく、そもそも全階級・全階層からの脱落者の寄り集まりであった。まさにこのために、あたかもモッブにおいては階級差が止揚されているかのように見え、階級に分裂した国民の外側に立つモッブは失われた民族――ナチス用語でいえば「民族共同体」――であるかのように思われた。本当は、モッブは民族の虚像、そのカリカチュアなのである。（EUTH, S.348/（二）五五頁）。

そして市民社会の落とし子たるモッブは「帝国主義的政治家によるほかには組織されえず、また人種主義以外によっては鼓舞されえない」存在であった（EUTH, S.350/（二）五七頁）。この人種主義の導入こそが、単なる経済的膨張を超えた政治的膨張を、またのちの種族的ナショナリズムを経て全体主義の膨張運動へと繋がる種を、帝国主義にもたらすことになるのである。

3　人種主義の導入

そもそも人種主義（racism）が帝国主義支配に取り入れられたのは、イギリスによる南アフリカのケープ植民地支配においてであり、そのルーツはもともとその地に住み着いていたブーア人の存在にまで遡るとアーレントは分析する。ブーア人とは、一七世紀中頃にオランダ東インド会社のケープ植民地経営のために入植してきたオランダ系白人のことであり、彼らはその後、イギリスにケープ植民地を奪われるまで、長きにわたってその地を支配していた。ブーア人たちは、約二世紀にもわたる植民地経営の結果、「原住民の酋長、あるいは白い肌の主人、黒人の神々として」原住民の人々を支配し、特権的な少民族集団を形成していた。

一九世紀後半にこのブーア人が帝国主義者（モッブ）たちによって再発見された際、帝国主義者たちの目にはブーア人が西欧人ともアフリカ人とも区別のつかない「無気味な存在」に映ったという。すなわち、当時の帝国主義者たち（金融資本家とモッブ）にとって、ブーア人は「原住民族水準へ退化した」存在として感じられ、わずか二世紀あまりのうちに西欧人が原住民と同等の存在にまで「退化」しうることに対する驚愕と恐怖を彼らに与えたのであった（EUTH, S.442/（二）一三五頁）。

しかし、帝国主義者たちがブーア人に対して感じたこの「無気味さ」は、元々、ブーア人の先祖たちがアフリカの地へ移住してきた際に、当時の原住民に対して感じていた無気味さとほとんど同等のものであったとアーレントは分析する。当時のブーア人たちにとって原住民の人々は「暗黒大陸に蠢いていた人間とも動物ともつかぬ存在」であると感じられ（EUTH, S.407/（二）一〇五頁）、「この黒人もやはり同じ人間であるのだ」という衝撃を与えた。そして「この戦慄から直ちに生まれたのが、このような「人間」は断じて自分たちの同類であってはならないという決意」であり（EUTH, S.425/（二）一二二頁）、この恐怖と決意の結果から生まれた「ブーア人の選民性、白い皮膚の選民性」の意識こそが人種主義の起源であった。

こうしてブーア人たちは原住民を支配するにあたって、「人種」や「肌の色」をその支配の根拠とする人種主義支配の方法を発明した。そして一九世紀後半に南アフリカへ乗り込んできた帝国主義者たちによってこの方法が発見・再活用され、人種主義を用いた統治体制を確立していくことになったのである。帝国主義者たちはブーア人の「退化」具合に驚愕しつつ、同時にその人種主義にもとづいた支配方法をブーア人から引き継ぎ、これを植民地支配に利用したのであった。

彼ら〔帝国主義者たち〕は、自国の国民を人種集団に変えることによって他の「人種」を支配しうるのなら、ブーア人を喜んで真似ようと考えた。(EUTH, S.443/(二)一三六頁)

彼らがここで学んだことは、民族を人種的部族に退化させるのは可能であるということ、そしてこの過程では、時宜を得て主導権を握りさえすれば、自民族を支配人種の地位に祭り上げるのは比較的簡単だということであった。(EUTH, S.442/(二)一三五頁)

モッブを中心とする帝国主義者たちがアフリカの原住民およびブーア人たちの姿のうちに見たのは、「未開人」あるいは「野蛮人」としての人間の姿であり、いわば「人間の条件」を十分に満たさない動物的存在としての人間の姿であった。このようなアーレントの捉え方のうちには、アフリカの人々に対する人種差別意識が存在していたのではないかという批判の声も多い(4)(Klausen 2010,

King 2010)。確かにコンラッド『闇の奥』に触発を受けながら記されたアフリカ植民地に対するアーレントの記述のうちには、明らかにアフリカの人々を動物的存在、または「人間未満の人間」として描こうとする視座が存在していたと言わざるをえないところがある。

しかし、『人間の条件』においてアーレントが近代人を〈労働する動物〉として描き出していたことを想い起こすならば、アーレントがアフリカの人々を「動物的存在」として表象していたことのうちには、単なる人種差別意識には還元できない彼女独自の思想的意図があったのではないかと推察することができよう。すなわち、帝国主義者たちがアフリカの原住民やブーア人のうちに見出した「動物的存在としての人間」の姿は、アーレントには、同時に「動物化」する近代人（西洋人）の行き着く先の姿として象徴的に捉えられていたのではないか。とりわけ二世紀のうちに文明人から野蛮人へと「退化」してしまった（と捉えられた）ブーア人は、たとえ先進諸国出身の西洋人であろうと、人間は環境が変われば容易に野蛮人あるいは動物的存在へと「退化」しうることを証明する存在であった。

さらに帝国主義者によって実施された人種主義的な植民地支配は、人間を動物的存在へと「退化」させることが可能であることを示すのみならず、生物学的な「人種」が近代的支配の道具として有効に機能しうることを示すものであった。(5) このことは、ケープ植民地へと乗り込んできた帝国

（4）『リトル・ロック』論文の公表以来、アーレントの黒人問題の扱い方についても、数多く批判が提出されており、近年では Gines（2014）がこの問題を包括的に論じている。またアーレントの人種主義や歴史問題の取り扱いに関する問題点を多角的に論じた共著として、King & Stone（2007）も参照のこと。

主義者（モッブ）たちが、原住民およびブーア人を支配するにあたって「人種」という生物学的要素に依拠したイデオロギーを打ち立てたことを意味している。人種主義は特定の人々を肌の色と血筋という生物学的な要素にもとづいて人々をカテゴリー分けし、排斥する。

このような人種主義支配の登場は、生物学的な要素が政治支配の道具として用いられるようになったこと、すなわち「政治」のうちに「生命」の要素が入り込んだこと——フーコーのいう「生政治」の一形態——を意味している。前章でも紹介したように、フーコーは「生政治」が人種主義を媒介として「死政治」＝「全体主義支配」へと反転する危険性について論じていた（フーコー 二〇〇七a、二三九 - 二六一頁）。近代自然科学（生物学）の発達とともに、似非科学に基づいた人種理論が開発され、「政治」への「生命」の侵入というかたちで新たな支配（統治）の道具として使われるようになったという分析において、アーレントとフーコーの洞察は響き合っている。

人種という言葉は、似非科学諸理論の霧の中から拾い出されて、独自の歴史の記憶も、記憶に値する奇蹟も持たない未開部族を指す言葉として使われるようになるや否や、明確な意味を持つようになる。それとともに人種は本質的に政治的な概念となり、特定の政治的組織形態を指す言葉となる。ヒトラーは「人種」という言葉をその意味で使って、「われわれは人種ではない、まず人種にならなければならない」と繰り返し強調していた。（EUTH, S.426/（二）一二一頁）

こういったことを考えあわせてみれば、どのようにして、そしてなぜもっとも殺人的な国家が同時にもっとも人種主義的なものになるかが分かるでしょう。結局のところナチズムは、一八世紀以来配置されていた新しい権力のメカニズムが頂点に達したものなのです。ナチス体制ほど規律的な国家はなかったことは言うまでもありません。生物学的調整があれほど緊密かつ執拗に重視されていた国家もありません。規律権力に生権力。これらがナチス社会の末端にまで行き渡り、これを支えていたのです（生物学的なもの、繁殖、遺伝の管理。同様に病気や事故の負担）。（フーコー 二〇〇七a、二五七頁）

（5）ここで興味深いのは、ブーア人たちの「未開状態への逆行」が「あらゆる形の人間的生産活動を含めた労働への蔑視」によってもたらされたとアーレントが捉えていることである。すなわち、ブーア人たちは原住民たちに「労働」を押しつけることによって実質的な奴隷制度を築きあげたが、そのようにして原住民を「原料」として搾取し、怠惰な寄生的生活を送るうちに「彼らは自分自身が原始的部族の段階にまで落ちてしまった」という。「他人の労働への完全な依存、あらゆる生産に対する絶対的蔑視は、南アフリカに流されたオランダ人家族を、ケープ・コロニーを終の住処としたブーア人へと変えてしまった。ブーア人は正常なヨーロッパの生活状態に二度と復帰できない人間となった最初の植民者だった」（EUTH. S.420／（二）一一七頁）。

アーレントによれば、「労働」を完全に原住民たちに押しつけ、また「活動」や「仕事」からも遠ざかった生活を送っていたブーア人もまた「人間の条件」を満たさぬ動物的存在であった。アーレントは『人間の条件』のなかで、近代西洋人を〈労働する動物〉として批判したが、他方で、ブーア人のように「労働」を原住民へ押しつけ、「他人の労働への完全な依存、あらゆる生産に対する絶対的蔑視」のもとに生きようとする堕落した姿をも批判していたのである。こうした記述は、マルクス主義的な「労働からの解放」のユートピアを実現しようとする試みが、かえって人間を必然性の軛のもとに従属させてしまい、新たなディストピア社会をもたらしてしまうという本書第三章の議論と結びつくものであろう。

こうして西欧列強における「余計なもの」を排出する運動としての海外帝国主義は、植民地先の原住民たちを「人間ならざるもの」（動物）として扱い、そうした人々を支配するための道具として「人種主義」を導入したのだった。やがてこの人種主義は、「ブーメラン効果」によってヨーロッパへと逆輸入され、別の系譜において高まりつつあった反ユダヤ主義と混ざり合って、全体主義運動へと繋がっていくことになるだろう。

加えて注意すべきは、このとき、「余計なもの」の位置が「モッブ」から「ブーア人」へと移動しているということである。西欧諸国内で「余計なもの」とされていたモッブたちが南アフリカの植民地へと乗り込み、その土地の支配者の地位にまで上り詰めた結果、それまでその地の主人として振舞っていた「ブーア人」たちが、今度は「余計な」存在となった。その結果として、主人の座を奪われたブーア人たちは帝国主義者たちの支配を逃れて奥地へと移住を繰り返すほかなくなったという（EUTH, S.423-424/（二）一一九－一二〇頁）。

こうして「余計なもの」の位置を移動させながら、帝国主義は「膨張のための膨張運動」を実現させていく。そこでは「資本主義」の自己増殖原理が「国民国家」の同一化原理を呑み込みつつ、さらに「人種主義」（と「官僚制」）という要素が導入されていくのである[6]。こうして植民地支配のために開発された人種主義と官僚制という手法が、やがて「ブーメラン効果」を経て、ヨーロッパ大陸へと逆輸入され、「大陸帝国主義」の道具として再活用されていくことになる。次節ではこの大陸帝国主義について詳しく見ていくことにしよう。

4　大国帝国主義、種族的ナショナリズム、汎民族運動

アーレントは「海外帝国主義」と「大陸帝国主義」を区別して論じている。「海外帝国主義」とは、イギリスやフランスなどいち早く国民国家の形成や産業革命に成功した先発国が、余剰な資本や労働力の排出先を海外に求めた膨張運動であるのに対して、「大陸帝国主義」とは、ドイツやロシアなど国民国家の形成や産業革命の発展に乗り遅れ、さらに植民地獲得競争にも乗り遅れた後発国が、ヨーロッパ大陸内の隣接諸国に膨張先を求めざるをえなかった膨張運動である。「海外帝国主義」も「大陸帝国主義」もまた、国内の「余計＝余剰」な資本や労働力を国外へ排出しようとする経済的動機が出発点となってその膨張運動が開始された点では大きく変わるところはない。しかし、海外帝国主義が国外に植民地を建設し、そこに余剰＝余計な資本・労働力を排出するのに成功したのに対して、大陸帝国主義は、ヨーロッパ大陸のうちに余剰＝余計な資本・労働力を吸収しうる土地（国）が存在していなかったために、具体的な領土的膨張の面では「すべて失敗に終わった」(EUTH, S.472/(二)一六一頁)。

そこで経済的・領土的膨張に失敗した「大陸帝国主義」が、その埋め合わせ先を求めたのが「汎

(6)　本来であれば、人種主義に加えてもうひとつの植民地支配の要素、「官僚制」についても考察を行うべきところであろうが、本書では人種主義と「余計なもの」に関する考察に集中し、官僚制についての考察は別の機会に譲りたい。

民族運動」および「種族的ナショナリズム」というイデオロギーにおける膨張運動であった。「汎民族運動」は、汎ゲルマン主義や汎スラヴ主義に代表されるように、国境の枠を超えた「民族共同体」の再建（創出）を目指すとともに、その共同体から他民族を排斥しようとするイデオロギー運動である。アーレントによれば、国民国家の形成に首尾よく成功した西欧諸国に比べて、歴史的・地政学的経緯からして国民国家の形成に出遅れた東中欧諸国は、「国民性《ナショナリティ》」形成の基礎となる「土地との結びつき」を欠いていたがゆえに、同一の「血」や「魂」を共有する「民族」「種族」という観念に頼るほかなかった。すなわち、「彼らは「国家」と国民意識に対立するものとして、歴史、言語、居住地とはかかわりなく同一民族の血をひくすべての人間を包括すべき「拡大された種族意識」を持ちだしたのである」（EUTH, S.476/（二）一六四頁）。

汎民族運動・種族的ナショナリズムは、「伝統、政治的諸制度、文化など、自民族の目に見える存在に属する一切のものを基本的にこの「血」という虚構の基準に照らして測り、断罪する」（EUTH, S.482/（二）一七〇頁）。こうした「血の共同体」（＝「民族共同体」）の観念は、東中欧諸国に住まう人々の「根無し草的性格」から生まれたものであるとアーレントはいう。この根無し草的性格から養分を得て育ったのが「拡大された種族意識」であり、「この意識に染まった民族は自分たちに保証された地上の故郷を持たず、それゆえに自分たちの民族の仲間が住むところならどこでもわが家と感ずる」ことができた（EUTH, S.493,（二）一七九頁）。

この「拡大された種族意識」は、国民国家の地理的限界を踏み越えた、つねに膨張する「民族共同体」の実現を夢見るようになるが、実際にはそのような政治単位は過去にも現在にも実現されたことがない以上、その目標は未来に見出されるほかない。それゆえ「種族的ナショナリズムは最初から現実には存在しない架空の観念を拠りどころとし、それを過去の事実によって立証する試みさえ全くせず、その代わりにそれを将来において実現しようと呼びかけるのである」(EUTH, S.482/(二)一七〇頁)。加えてこの種族的ナショナリズムは、自民族が常に「敵の世界に取り囲まれて」、「一人で全部を敵とする」状態に置かれているという主張を行うという特徴を持っている。こうした誇大妄想的・陰謀論的な世界観を展開することによって、「イデオロギー的膨張」を成し遂げようとしたのが大陸帝国主義であったとひとまず見ておくことができるだろう。アーレントによれば、こうした汎民族運動を結びつけていたのは「一定の具体的目標というよりはむしろ一種の政治的気分、そして似通ったメンタリティー」であった(7)。「具体性の欠如と誇張された擬似神秘主義は汎ゲルマン主義と汎スラヴ主義双方の最も著しい特質のひとつである」(EUTH, S.479/(二)一六七頁)。

こうして汎民族運動ないし種族的ナショナリズムと結びついた大陸帝国主義は、「海外帝国主義の場合のような植民地での経験を経ることなしに最初から人種主義の方向をとり、一九世紀が伝え

---

(7) 大陸帝国主義に関する以下のような分析は、ほとんどそのまま全体主義にも当てはまるものであろう。「これよりいっそう直接的な重要性を持つと思われることは、いかなる選民性の主張もつねに自民族と他のすべての民族との間に絶対的差別を設け、その差別の前では多民族間の相違が消失するばかりでなく、自民族の成員の間の社会的、経済的、心理的格差まで色褪せてしまうことである。こうしてかの画一的、全体主義的「集団性」(Massenhaftigkeit)が準備され、そこでは個人は実際に自分をひとつの種の標本としか感じなくなるのである」(EUTH, S.497/(二)一八二頁)。

た人種世界観をはるかに熱狂的にまた意識的にわがものとした」（EUTH, S.476/（二）一六四頁）。別言すれば、海外帝国主義では人種主義が支配のための手段として用いられていたのに対し、大陸帝国主義では次第に人種主義それ自体が支配の目的として扱われるようになったのである。「人種イデオロギーを直接政治に転化し、「ドイツ人の将来は血にかかっている」ことを疑問の余地のないこととして主張する役割を初めて担ったのは、大陸帝国主義だった」（EUTH, S.476/（二）一六四頁）。ここに、海外帝国主義へ大陸帝国主義、さらに大陸帝国主義から全体主義へと引き継がれる「人種主義イデオロギー」が形成されることとなったのである。

こうして汎民族運動および種族的ナショナリズムと結びついた大陸帝国主義は、経済的・領土的膨張の面では失敗したものの、その後のヨーロッパの政治状況には大きな影響を与えたとアーレントは分析する。すなわち、大陸帝国主義は「あらゆる帝国主義に内在する国家敵視を中欧諸民族に直接に伝播させ、その広範な層を反政党的、超政党的運動に組織した」（EUTH, S.472/（二）一六一頁）点では大きな成功を収め、その結果として、海外帝国主義よりもずっと大きく「国民国家の衰退」に寄与することになったというのである。国境を超えた「民族共同体」の実現を夢見た大陸帝国主義は、「国民国家の衰退」と「人種主義イデオロギーの普及」の両面において、全体主義へと繋がる道を準備したのであった。

以上の結果として、「余計なもの」の処理に際しても海外帝国主義と大陸帝国主義の間には相違が生まれてくる。つまり、海外帝国主義が「余計なもの」を海外植民地へ輸出／排出し、その排出先でさらなる価値増殖を成し遂げるという方法を取ったのに対し、大陸帝国主義はそのような海外輸出を成しえなかったがために「余計なもの」を人種主義イデオロギーによって排斥するという方法を採用することになったのであった。

あらゆる階級から集まった社会の廃棄物に対して海外帝国主義は現実に脱出先を見つけてくれたが、汎民族運動のほうはイデオロギーと運動のほかには何も提供できるものがなかった。（EUTH, S.479/（二）一六六頁、強調引用者）

余剰な資本や労働力を植民地へ輸出することによって「利益の膨張」を図った海外帝国主義とは異なって、汎民族運動および種族的ナショナリズムと結びついた大陸帝国主義は、国境を超えた「民族共同体」の実現を図るという「イデオロギーの膨張」によって「膨張のための膨張運動」を成し遂げたのだと言える（8）。つまり、海外帝国主義が本国から「余計なもの」（＝資本家とモッブ）をできる限り多く排出することによって、植民地先で新たな価値増殖を成し遂げようとする経済的膨

（8）以下の記述は、大陸帝国主義／種族的ナショナリズム／汎民族運動において導入された人種主義が、民族共同体の幻想をもたらし、帝国主義から全体主義への橋渡し役となったことを分かりやすく示している。「人間の尊厳に代わるものとして、種族的思考においては、同じ民族に生まれたすべての人間は互いに自然的な結びつきをもち同一家族の成員間と同じように相互に信頼しあえるという観念が登場した。そしてこのような観念の与える温かみと安心感は、アトム化した社会のジャングルで近代人が当然感じる不和を和らげるには、事実きわめて適切なものだった。運動が人間をマスとして捉え画一化することによって社会的故郷と安心感の一種の代用品を提供しうるということを、全体主義運動は汎民族運動から好都合にも学ぶことができた」（EUTH, S.499/（二）一八四頁）。

張運動であったのに対して、大陸帝国主義はその領土内から「余計なもの」をできる限り多く排斥することによって、領土内での民族的・人種的な純粋性（全体性）を実現しようとするイデオロギー的膨張運動であった。そして、この大国帝国主義／種族的ナショナリズム／汎民族運動において「余計なもの」として扱われ排斥の対象となったのは、言うまでもなく「ユダヤ人」たちであった。

ここで確認しておくべきは、アーレントが一八八四年から一九一四年と名指した帝国主義の時代は同時に反ユダヤ主義が大きな高まりを見せた時代でもあったということである。例えば、『全体主義の起源』第一部のクライマックスを飾るドレフュス事件が起きたのは、まさに帝国主義の時代真っ最中の一八九四年のことであった。アーレントは近代におけるイデオロギーとしての「反ユダヤ主義 antisemitism」を、伝統的にヨーロッパに存在した宗教的な「ユダヤ人憎悪 Jew-hatred」と区別して論じている（OT. p. xi/（一）iii頁）。反ユダヤ主義は近代の国民国家体制の登場とともに生じてきたイデオロギーであり、国民国家のうちに収まりきらない「余計者」としてのユダヤ人を差別・排斥する運動として国際的に（つまり、国民国家の枠を超えて）現われてきたものである。「反ユダヤ主義は伝統的な国民感情と純粋にナショナリスティックな思考が強度を失っていくのに正確に比例して成長し、ヨーロッパの国民国家体制が崩壊した時点において絶頂に達した」（EUTH. S.30/（一）二頁）。それゆえ、反ユダヤ主義運動は単なるナショナリズムを超えて、超国民的な反ユダヤ主義集団の組織を目指すものであった。皮肉にも、国民国家の形成とともに「ユダヤ人解放」がなされ、ユダヤ人が他の人々と建前上は同等の権利を得ると定められた瞬間から、このような反

ユダヤ主義の波が生じてくることになったのである。(9)

こうしてヨーロッパ内で発展してきた「反ユダヤ主義」と、ブーメラン効果によって海外植民地から逆輸入されてきた「帝国主義」とが交わりあい、重なりあったのが「大陸帝国主義」(および汎民族運動と種族的ナショナリズム)であった。反ユダヤ主義と帝国主義はともに国民国家の枠を超えた膨張運動を駆動することによって、国民国家制度を衰弱させることに寄与したのである。(10) ここ

---

(9)『全体主義の起源』第一部「反ユダヤ主義」の入り組んだ議論を明快にまとめた解説として、牧野(二〇一五、第二章)を参照。

(10) 逆説的なことに、汎ゲルマン主義であれ、汎スラヴ主義であれ、「ユダヤ人」たちが排撃の対象とされたのは、二千年以上前からユダヤ民族がとってきた存在形態が、汎民族運動の教義を先取りするものであったからだとアーレントは論じている。「種族主義は諸民族が群小集団として混住する存在形態にまことにお誂え向きな教義だったという事実を想起するとき、この教義にユダヤ民族以上に適合するものはないことに気がつく。なにしろユダヤ人は全く土地も国家も持たないままで二千年にわたり民族としてのアイデンティティを守り続けてきた民族だからである。種族主義理論の本義からすれば、ユダヤ人こそ民族の唯一のモデルであり、歴史を通じて守りぬかれた彼らの血族的組織は汎民族運動が見習うべきものであり、離散状態における彼らの生命力と勢力はいずれにせよ種族主義教義の正しさを最もよく証明するものだとさえ思えただろう」(EUTH, S.507/(二)一九一頁)。

ユダヤ民族は二千年以上、特定の国家を持たない「根なし草」的存在であると同時に、自らが神に選ばれた存在であるという「選民意識」を持っていた。この二つの要素は、まさに汎民族運動および種族ナショナリズムと共通するものであり、逆説的にそれゆえにこそ、大陸帝国主義者たちは、この土地に根づきを持たないユダヤ民族を危険な競争相手と考え、彼らを排斥することによって、自らの民族的膨張を成し遂げようとしたのだとアーレントは解釈する。ユダヤ人が宿命的に持つこのような「根なし草」性については、リチャード・J・バーンスタインのユダヤ人論も参照(Bernstein 1996)。

でもやはり、「反ユダヤ主義」と「帝国主義」という二つの運動を結びつけるのは、「人種主義」と「余計なもの」である。すなわち、「人種主義イデオロギー」によって「余計なもの」を排斥するという膨張運動の形態が、この「大陸帝国主義」においてすでに完成されているのである。言うまでもなく、ここで「余計なもの」の位置を占めていたのが「ユダヤ人」だったのである。

こうして、ここではすでに「余計なもの」の位置が「モッブ」や「ブーア人」から「ユダヤ人」へと移動している。大陸帝国主義・汎民族運動・種族的ナショナリズムは、域内のユダヤ人を「余計なもの」として排斥することによって、自らの民族の国境を超えた統一（純血）を実現しようと望んだのであった。こうしたユダヤ人排斥運動がその極地に達するのは言うまでもなくナチス体制（全体主義）の段階においてであったのだが――「彼ら〔ユダヤ人〕が全人間世界における「余計者」あるいは居場所のない者であると立証されたとき、初めて絶滅が開始された」（EUTH. S.612/（二）二七九頁、強調引用者）――、その議論に入る前にわれわれはこの時代に現われたもうひとつの「余計なもの」の形態、すなわち「諸権利を持つ権利」を持たない「無国籍者」たちの存在について確認しておかねばならない。

5 「余計なもの」としての無国籍者たち

『全体主義の起源』第二部「帝国主義論」の最後に設けられた第五章「国民国家の没落と人権の終焉」は「諸権利を持つ権利」という概念を提唱したことで有名である。セイラ・ベンハビブ『他者の権利』をはじめとして、その議論は今日の国際政治問題（難民問題など）を論じるうえでもしばしば参照されている。そして、われわれの問題関心からすれば、この「諸権利を持つ権利」を失った「無国籍者」（＝難民）たちの存在もまた、帝国主義から全体主義へと至る「余計なもの」の系譜のうちに位置づけることができる。実際にアーレントはこの章の冒頭で、無国籍者の人々を「人間の廃棄物 scum, Auswurf」と表現し、それらの人々が「余計なもの」として扱われていたことを示している。

迫害者によって人間の廃棄物として国外に放逐された者は誰であろうと――ユダヤ人、トロツキスト、その他もろもろの――どこでもやはり人間の廃棄物として扱われ、迫害者が望ましくない厄介者だと宣告した人間はどこに逃れようと厄介者の外国人と見做された。（EUTH, S.563/（二）二三九頁、強調引用者）

アーレントにとって、第一次世界大戦後に大量に出現した「無国籍者たち」の存在は、帝国主義によって弱体化させられた国民国家制度の限界を示すと同時に、近代的な人権制度の欺瞞性を暴きたてるものでもあり、つまるところ国民国家を前提とした「一九世紀的秩序」の崩壊を意味するものであった。「無国籍ということは現代史の最も新しい現象であり、無国籍者はその最も新しい人間集団である。第一次世界大戦の直後に始まった大規模な難民の流れから生まれ、ヨーロッパ諸国が次々と自国の住民の一部を領土から放逐し、国家の成員としての身分を奪ったことによって作りだされた無国籍者は、ヨーロッパ諸国の内戦の最も悲惨な産物であり、国民国家の崩壊の最も明白な兆候である」（EUTH, S.577-578/（二）二五二頁）。

こうした無国籍者たちはまず初めに、第一次世界大戦後、オーストリア＝ハンガリー帝国と帝政ロシアの解体によって現われてきた存在であり、またロシア革命の後にソヴィエト政府が数百万の亡命ロシア人から国籍を剝奪したことによって深刻化した問題であった。つまり、無国籍者の問題が顕在化したのは、種族的ナショナリズム／汎民族主義が波及した東中欧諸国においてであった。西欧諸国に比べて、国民国家制度の構築が遅れ、植民地獲得競争にも乗り遅れた東中欧諸国においてこそ、国民国家制度とそれに立脚した人権制度の限界がいち早く露呈し、それらの国々から西欧諸国への亡命者が続出したのである。

無国籍者＝難民は、近代以降に初めて登場してきた存在である。なぜなら無国籍者＝難民という存在は、その定義上、国民国家制度を前提としているからだ。様々な事情によって国民国家制度からはみ出して（排除されて）しまった人々、それが無国籍者＝難民である。このような無国籍者＝難民の大量出現は、アーレントにとって、国民国家制度の破綻を告げるものであると同時に、近代的な人権制度の破綻を告げるものであった。フランスの人権宣言に代表される「普遍的な人権」制度は、実際には国民国家制度と強く結びついたものであり、ひとたび国民国家制度の外に置かれてしまった人々は、もはや何らの権利も保証されていない。すなわち、それらの人々は「諸権利を持つ権利」それ自体を喪失するのである。

アーレントによれば、無国籍者たちが第一に喪失したのは「故郷 Heimat」であり、第二に喪失したのは「政府からの庇護権 Asylrecht」であった。「故郷の喪失とは、自分の生まれ育った環境――人間はその環境のなかに、自分がこの世での足場と空間を与えてくれる一つの場所を築いてきたのだ――を失うことである」(EUTH, S.607/(二)二七五頁)。近代の国民国家体制のもとでは、人々は特定の国家 state の国民 nation である限りにおいて「故郷」を持ち「政府からの庇護権」を得ることができるが、ひとたび国民としての地位を失うや否や、その両方から同時に引き離されてしまう。その結果として、「閉鎖的な政治共同体の一つから締め出された者は誰であれ、諸国民からなる全体家族からも、そしてそれと同時に人類からも締め出されることになったのである」(EUTH, S.608/(二)二七六頁)。

こうして、無国籍者の人々が陥った「無権利状態」という苦境は、彼らが「いかなる種類の共同体にも属さないという事実からのみ生まれて」おり、こうして「人間世界における足場が失われたとき」に「諸権利を持つ諸権利 rights to have rights」もまた喪失される。「この足場によってのみ人間がそもそも諸権利を持つことができ、この足場こそ人間の意見が重みを持ち、その行為が意味を持つための条件をなしている」(EUTH, S.613/(二)二八〇頁)、そのような足場を喪失したのが「無国籍者」たちである。その意味では、無国籍者たちは奴隷よりも「はるかに決定的に人間世界から追放されている」。奴隷はまだしも一定の社会的、政治的関係のなかで生きていたが、無国籍者たちは「そのような関係を完全に失ってしまった最初の人々だった」(ibid.)。

そして、これら「余計なもの」=「人間の屑」としての無国籍者たちに与えられた唯一の解決法が「難民収容所」であった。「無国籍者に欠けているのは彼の属すべき領土であるが、それに代わる唯一の代替物はつねに難民収容所だった。それは世界が無国籍者に提供しうる唯一の祖国patriaなのである」(EUTH, S.594／(二)二六四頁)。言うまでもなく、この難民収容所こそがのちの強制収容所の雛形になったことをアーレントはここで示唆している。「無国籍者の現象が全体主義の世界にすでにどれほど類似しているかは、後の強制収容所のことを考えれば分かるだろう」(EUTH, S.597／(二)二六七頁)[11]。

こうしてわれわれは、帝国主義の終わりと全体主義の始まりを媒介する存在としての無国籍者という「余計なもの」を見出すことができる。無国籍者たちは「人間によって築かれ、人間の技によって考えだされた世界への参画から締め出されている限り、動物がそれぞれに動物の種に属すると同じ意味で人間という種に属するにすぎない」(EUTH, S.623／(二)二八九頁)。つまり、人間世界から締め出された無国籍者たちは、もはや「人間の条件」を満たさない動物的存在として見なされることになるのである。それゆえ、「現代の無国籍者・無権利者は事実上「自然状態」に引き戻されてしまって」おり、「野蛮状態をほとんど完全に克服した世界のまっただ中にあって、彼らは来るべき野蛮化、ありうべき文明の退化の最初の使者であるように思われる」(EUTH, S.620／(二)二八七頁)。

こうして文明化された世界のうちに「野蛮」や「自然状態」が回帰してきたかのように見えるとき、あらゆる権利を奪われた無国籍者たちは、ホッブズが想定したような「自然状態」に逆戻りしてしまったかのような立場に置かれている。「われわれが通常生きている文明世界、今世紀においては全地球を包み込むまでに拡大された文明世界のなかでは、かつては未開民族に代表されていた自然状態は、一切の人間共同体から放り出されたことにより自然のままの所与性にのみ依存して生きざるをえなくなった無国籍者・無権利者に具現されているのである」(EUTH, S.623/(二)二八九頁)。あるいは、「もはやドイツ人、ロシア人、アルメニア人、あるいはギリシャ人としては認めてもらえなくなった彼らは、ただの人間以外の何者でもな」く、「動物がそれぞれに動物の種に属すると同じ意味での人間という種に属するにすぎない」(ibid.)。このとき無国籍者の人々は、もはや「人間の条件」を奪われた「動物化」された存在となり、「余計者」として放置・廃棄されるのである。

こうした無国籍者に関する記述が、一九三三年にナチスの迫害を逃れてパリへ亡命し、その後アメリカに渡って、一九五一年にアメリカで市民権を得るまで二〇年近くにわたる亡命生活を続けたアーレント自身の経験を背景にして書かれたものであることは言うまでもないだろう。のみならず、彼女が、歴史の長きにわたって「無国籍者」「根無し草」としての境遇に置かれ続けてきたユダヤ人であったこともまた、その考察に強いリアリティを与える源泉となっている。無国籍者とそれに伴う無権利状態は、近代社会においては決して「例外」的な出来事ではなく、むしろ近代社会に内在する根本問題であるというのがアーレントの診断であった。「さらにまた亡命者の数の絶えざる増大は、われわれの文明と政治世界にとって、かつての野蛮民族や自然災害に似た、おそらくはもっと恐るべき脅威となっている。ただ今日の場合は、どれかの一文明ではなく全人類の文明が危地に立たされているのである」(EUTH, S.625/(二)二九〇頁)。

(11) 難民収容所に関するこれらの記述が『全体主義の起源』英語版初版にはなく、ドイツ語版に加えられた記述であることは、アーレントが『全体主義の起源』初版発表後、帝国主義と全体主義の結びつきについての思考をより深めていったことをうかがわせる。

こうして文明の只中に出現した（創り出された）「野蛮」、あるいは「自然状態」としての「無国籍者」たちこそが、帝国主義から全体主義への移行形態のうちに見出される「余計なもの」の姿である。人種的イデオロギーによって「余計なもの」を共同体から排斥するという種族的ナショナリズム・汎民族運動からさらに一歩進んで、「余計なもの」たちを収容所のなかに押し込め、それを「死ぬに任せる」権力が現われつつあることを、われわれはここに見て取ることができるだろう。このような「余計なもの」の廃棄のあり方に、アーレントは全体主義の前触れを見出していたのであった。

6　人間を「余計なもの」にするシステム

アーレントは一九四三年にはじめて「ユダヤ人問題の最終的解決」について知らされたとき、初めそれを信じようとしなかったという。「本当の意味で衝撃でした……それはまさに奈落の底が開いたような経験でした……これは決して起こってはならないことだったのです」と後のインタビューでアーレントは語っている（EU, p.14/（一）二〇頁）。アーレントも夫のブリュッヒャーも日頃から「連中なら何でもやりかねない」と言っていたにもかかわらず、二人ともそれを信じることができなかったという。近代社会における「余計なもの」の問題が究極的に行き着いた先が絶滅収容所であった。

アーレントによれば、強制収容所とは「すべてが可能である」という証明を行うための実験場であった。そこでは「すべての人間を常に同一の反応の塊に変え」、多数の人間が集まって「まるで一人の人間を成すかのように彼らを組織すること」が目指される。それは同時に、「自己の種を維持する」ことにしか関心を持たないような種類の人間を作り出すことを意味している。[12] すなわち、そこでは「複数性」や「自発性」などの人間的要素が取り除かれ、「人間を同じ条件のもとでは常に同じ行動をするもの、つまり動物ですらないものに変える恐るべき実験」が行われる（EUTH, S.908／（三）二三一頁）。

強制収容所におけるこれらの実験に象徴されるように、全体主義イデオロギーの最終目標は、「人間の自然本性そのものの改変」である。全体主義支配は「人間の条件」を完全に破壊し、それどころか人間をもはや「動物ですらないもの」にまで貶めることによって、非道な虐殺を可能にするのだ。そこではあらゆる行為が「無意味化」され、もはや「労働」すらも「何らの成果を生まなくてもいいということが刻々教えられる」（EUTH, S.938／（三）二六二頁）。[13] その結果として「証明」

（12）『人間の条件』最終節「〈労働する動物〉の勝利」にこれとほぼ同一の記述があったことを思い起こしておこう（本書第四章第四節参照）。

（13）当初は経済的目的に適ったかたちで行われていた強制労働も、次第にその経済合理性を失い、過酷な強制労働という形式だけが残っていったとアーレントはいう。「つまり、経済的にいえば強制収容所はそれ自身のために存在する」ということになっていく（EUTH, S.917／（三）二四一頁）。このような収容所における「労働の経済的無目的性」の例として、アーレントはスターリニズム下における強制労働を取り上げている。スターリニズム下の強制労働はナチズム下のそれ以上に過酷で無慈悲なものであった。運河建設やコンビナート建設のために強制された囚人労働は、日本人やドイツ人の捕虜を含めて多数の死者をもたらした。その犠牲は決して経済的な合理性や効率性から説明されえないものであった（村井 二〇一〇）。

されるのは、「人間の余計さ」であり、つまるところ全体主義支配がさまざまな形で作り出していたのは「人間を余計なものにするシステム」であった。(14)

ガス室は最初から威嚇もしくは処罰の処置として考えられたものではなかった。それはユダヤ人もしくはジプシーもしくはポーランド人〈一般〉のために建てられたものであり、究極的には人間というものがそもそも余計なものであることを証明するためのものだった。(EUTH, S.926/(三)二五〇頁)

全体主義国家においては、任意の人間集団を好き勝手に強制収容所に送りこむことによって、支配機構の内部で絶えずパージを行うことによって、恐るべき大量粛清によって、申し分なく完全にとは決して言えぬまでも、永続的に人間は余計なものにされている。……強制収容所という実験室のなかで人間を余計なものにする実験をしようとした全体的支配の試みにきわめて正確に対応するのは、人口過密な世界のなか、そしてこの世界そのものの無意味性のなかで現代の大衆が味わう自己の余計さである。(EUTH, S.938/(三)二六二頁)

全体主義を「人間を余計なものにするシステム」として捉える視点は、すでに『全体主義の起源』初版の結論部でも示されていたものであるが、注目すべきはアーレントが、『カール・マルクスと西欧政治思想の伝統』草稿の執筆に取り組んでいた一九五三年四月に、『思索日記』に「余計なもの」と「労働」と「資本主義」を結びつけて考察する書き込みを残していることである。このことは、アーレントがマルクス批判を通じて、人間の「余計なもの」化と近代社会＝資本主義社会における「労働」の前景化とを結びつけて考察し始めたことを示している。

本書第一章では、『全体主義の起源』初版から第二版に至る間に、アーレントがマルクス研究を通じて、全体主義への分析を深化させていった経緯を確認した。すなわち、『全体主義の起源』第二版では、「膨張のための膨張運動」という形式が帝国主義のみならず、全体主義にまで拡張して適用されて分析されると同時に、全体主義が〈労働する動物〉としての近代人＝「大衆」によって支えられる膨張運動であり、そこに「労働と全体主義」の親和性が見出されていたのであった。アーレント自身がどこまで意識的であったかはともかくとして、資本主義を価値の自己増殖運動と捉え、その原動力が近代特有の「商品化された労働力」にあると喝破したマルクスの議論が、大なり小なり、彼女の帝国主義論および全体主義論に影響を与えていることは間違いないだろう。

人間は余計なものである……という観念は、社会が変化して労働者の社会に行き着いたとき現われる。重要なのは労働の社会化である。……余計な存在と根無し草的な存在は同じものである。

---

(14) デーナ・リチャード・ヴィラもまた、全体主義の核心を、人間を「余計なもの」にする支配体制のうちに見定め、支配者と被支配者がともに「自分自身を余計者とする意識を内面化したとき、じっと沈黙したまま権力に対して従順になったとき、そのときにこそ全体支配を目指す全体主義の野望が実現可能になる」と述べている（Villa 1999, p.20/二八頁）。同様にリチャード・J・バーンスタインもこの点を強調している（Bernstein 2002, 第八章）。

（DT I, S.337／（一）四二八頁）

産業革命は土地収用とプロレタリア化によって、すなわち、多くの人間が根無し草的存在となり余計なものとなって初めて実現した。……「職業」によって財産から労働への解放が起こる過程に、人間の社会化の進行が示されている。人間の社会化は、人間が根無し草になっていく過程として見なければならない。（DT I, S.34／（一）四三二‐四三三頁）

すなわち、人間が「余計なもの」であるという観念は、近代社会が労働中心社会＝資本主義社会となった時点において生まれてくるのであり、ここで「余計なもの」であることと「根なし草」であることとは同義である。近代人が「根なし草」かつ「余計なもの」となったのは、「土地収用とプロレタリア化」によってもたらされたものであり、同時にこのことが産業革命を開始させる原動力にもなったのだというのである。このような思考過程の背景には、明らかにマルクスの「原始的蓄積論」からの色濃い影響を見て取ることができる(15)。

よく知られるように、マルクスは『資本論』第一巻第二四章「資本の原始的蓄積論」のなかで、資本主義が開始されるためには、「二重の意味で自由な労働者」としての大量の労働力商品が創出されていなければならず、そのためには国家の暴力によって「労働者と労働手段の分離」が実現されていなければならなかったという議論を展開した。マルクスはその典型例を一六世紀英国の「第一次囲い込み運動」に見出している。当時、国際的な毛織物ブームに乗じて、王侯貴族や地主たちが農民から耕作地を無理矢理に取り上げ、長年用いられてきた共有地（入会地）を廃止して、それらの土地を大規模な牧羊地に作り変えていった。その結果として、土地と生産用具を奪われた農民たちは大量に都市へ流入し、賃金労働者となる道を選ぶほかなかった。ここに「二重の意味で自由な労働者」としてのプロレタリアート——すなわち自らの労働力のほかに売るべきものを持たず、絶えず資本家にその労働力を売り続けるほかない労働者[16]——が誕生し、彼らの提供する労働力商品が資本主義を開始させる原動力となっていったのである。

すでに前章にも述べたように、アーレントはこのようなマルクスの原始的蓄積論を下敷きにしたうえで、それを独自の「財／富」の区分および「世界疎外」の概念に接続している[17]。すなわち、土

(15)　オヌア・インスは、アーレントの「社会的なものの勃興」はマルクスの「原始的蓄積論」とセットにして論じられるべきものであり、そうすることによって読者は「世界疎外」と全体主義の結びつきを理解するとともに、「資本主義の政治的理解」を深めることができるだろうと述べている（Ince 2016）。

(16)　ここで「二重の意味で自由」というのは、その労働者が生産手段から解放されていると同時に、自らの労働力を販売する自由を持つということである。もちろんこのことは、実質的には、労働者が生産手段から引き離されているがゆえに、自らの労働力を資本家に売り続けるほかない、という強制的状況（自由の反対）を意味している。「自由な労働者というのは、奴隷や農奴などのように彼ら自身が直接に生産手段の一部分であるのでもなければ、自営農民などの場合のように生産手段が彼らのものであるのでもなく、彼らはむしろ生産手段から自由であり離れており免れているという二重の意味で、そうなのである。このような商品市場の両極分化とともに、資本主義的生産の基本的諸条件は与えられているのである。資本関係は、労働者と労働実現条件の所有との分離を前提する」（MEW 23. S.742）。

(17)　『人間の条件』第三五節では、マルクスの原始的蓄積論（労働者の土地と生産手段からの引き剝がし）とウェー

地収用（土地からの引き剥がし）によって農民たちは土地という「財産」を失い、それによって「世界」から疎外された〈労働する動物〉となった、と見たのである。先述のとおり、アーレントにとって「財産 property」とは安定した「世界」の一部を構成するものであり、これを失うことは同時に「世界」の安定性や「故郷」を失い、「根なし草」的存在になることを意味していた。加えてこのことは、近代人がこの「世界」にとって「余剰＝余計」な存在となり、流動的な「社会」のなかで生きることを余儀なくされることを意味している。

つまり、近代の出発点となった「土地収用」――マルクスのいう原始的蓄積――こそが、近代人を「世界」から疎外させ、「故郷」を喪失させ、「根なし草」と「余計者」の状態に陥らせるきっかけとなった出来事であった。先の引用箇所にあったように「余計な存在と根無し草的な存在は同じもの」なのであり、この状態は「労働」に対応する「孤立 loneliness」と密接に結びついている。「イデオロギーとテロル」の記述を借りれば、「人間が持つ最も根本的で最も絶望的な経験のひとつである、自分がこの世界に全く属していないという孤立の経験」は、「産業革命以来、近代の大衆の宿痾となってきた、そして前世紀末の帝国主義の勃興以来……いっそう鮮明なものとなってきた、根を絶たれた余計者としての人間の境遇」と密接に結びついている。ここで、「根を絶たれたというのは、他の人々によって認められ保証された席をこの世界に持っていないという意味であり、余計者というのは全くこの世界に属していないという意味である」（OT. p.475/(三)三二〇頁）。そしてこのような「孤立」および「根を絶たれた余計者としての人間の境遇」こそが、全体主義的支配の土台になっていたとアーレントはいうのである。

全体主義が〈労働する動物〉としての近代人によって駆動される「膨張のための膨張運動」であるという視座とともに、こうしたアーレントの分析もまた、彼女がマルクスの理論を批判的に摂取し、マルクスの資本主義批判を自身の全体主義批判のうちに発展的に取り込んだところから生まれてきたものであると考えられる。こうしてマルクスの原始的蓄積論に影響を受けたアーレントの世界疎外論（土地所有論）のうちにも、「余計なもの」の概念を介して、資本主義が全体主義へと結びつく理路をわれわれは見出すことができよう。

7　全体主義の回帰？

さらに『全体主義の起源』の結論部には、「人間を余計なものにする」全体主義の恐怖が現代社会に回帰してくる可能性を示唆する下記のような記述が残されている。

人間を余計なものにするために全体主義の発明したさまざまな制度の恐るべき危険は、急速に人口が増加し、同時にまた土地を失い、故国を失った人々も着実に増えていくこの時代においては、いたるところでいつも無数の人間が、功利主義的に考えるかぎり、実際に〈余計なもの〉に

バーの『プロテスタンティズムの倫理と資本主義の精神』における議論（労働者への禁欲的な職業倫理の植えつけ）が、アーレント独自の「世界疎外」の概念と結び付けられながら論じられており、『人間の条件』執筆にあたって、アーレントが資本主義勃興のための条件についての研究と考察を重ねていたことがうかがえる。

なりつつあるということにある。こうした状況を見ると、時代の決定的な政治的・社会的・経済的動向のすべてが、人間を本当に余計なものとして取り扱い操縦するのに役立つ制度とひそかに結託しているかのように見える。[18]（EUTH, S.942-943/（三）二六六－二六七頁）

全体主義とは決して過去に過ぎ去った問題ではなく、現代社会につねに内在する問題であり、形を変えて現代社会に回帰しうる問題であることをアーレントは繰り返し強調していた。「今日の世界では全体主義的傾向は単に全体主義的統治下の国だけではなくいたるところに見出されるが、それと同様に全体的支配のこの中心的な制度は、われわれに知られているすべての全体主義体制の倒壊の後にも十分生き残るかもしれないのである」（EUTH, S.943/（三）二六七頁）。

その際に重要なのは、そのような全体主義の回帰が、われわれの社会における「余計なもの」を排除・廃棄する運動として現われてくるということである。すなわち、「疑いもなく人口過剰と〈余計さ〉の問題すべての最上の解決策である強制収容所とガス室が、単に警告としてではなく、範例としても残るかもしれないということは考えておかねばならない」（ibid.）。

英語版の同じ箇所では、「過剰人口の問題、経済的には余計で社会的には根なし草である大衆の問題を最も迅速に解決して見せた絶滅工場が、警告になると同時に魅力的なものにもなること」は、ナチズムにおいてもボルシェヴィズムにおいても確かな事実であった、と述べられたうえで、「政治的・社会的・経済的な不幸を人道的なやり方で緩和することが不可能であると見えるときには必ず」、「全体主義的な解決策」が強力な誘惑をともなって現われてくるだろう、という予言がなされている[19]（OT, p.459／（三）二六七頁）。

こうしたアーレントの予言は、経済成長が鈍化し、雇用の縮小・流動化が進み、「余剰＝余計」な資本や労働力の投資先（処理方法）が問題となる現代において、よりいっそう切実で深刻なものとしてわれわれの目に映るのではないか。地球上でますます人口の過剰化が進み、労働力の余剰化（失業率の増加・相対的過剰人口の形成）が進むにつれて、そうした「余剰＝余計」な人間（労働力）をどのように「処理」するか、という重大な問題が生じてくることになる。この問題を政治的・社会的・経済的に解決する有効な手段が見つからないとき、そこに「全体主義的解決法」が魅力的に復活してくるであろう、と彼女は予言したのであった。

この点について、社会学者のジグムント・バウマンは、直接的にアーレントの名を出していないものの、おそらくはアーレントの帝国主義論および全体主義論を参照しつつ、次のような興味深い指摘を行っている[20]。帝国主義期において、植民地は先進諸国の「余剰な人間」を吸収する役割、す

---

(18) 邦訳版では überflüssig が「無用な」と訳されているが、ここでは「余計な」という訳語に統一した。

(19) 『イェルサレムのアイヒマン』のエピローグにおいても、「近代の人口爆発と時を同じくして、オートメーションによって人口の大部分を労働力の点から〈余計なもの〉にする技術装置が発見された」という記述を見出すことができる（EJ, p.273／二一〇頁）。アイヒマン自身の分析とは直接関係しないにもかかわらず、このような記述が加えられていることは、アーレントが「人間を余計なものにするシステム」として全体主義を捉えることに確信を持っていた証拠であろう。

(20) バウマンは『近代とホロコースト』のなかで、全体主義とホロコーストの構造について詳しい検討を行い、そのなかでアーレントの全体主義論（『全体主義の起源』及び『イェルサレムのアイヒマン』）に複数箇所で言及している。

なわち「近代化に伴う人間廃棄物の自然で明確な投棄場の役割」を担っていた。「人間廃棄物の除去と廃棄こそが、植民地化と帝国主義的な征服のもっとも根源的な意味であった」（バウマン 二〇〇八、一七七頁）。ここでバウマンは、アーレントと同様に、先進諸国の「余剰（余計）な人間」を「人間廃棄物」、植民地をそのような人間の「投棄場」という表現で呼び表しながら次のように述べる。

「人間廃棄物」、もっと正確には廃棄される人間の生産（「過剰で」、「無用で」、「余分な」、「余剰」人口、つまり、とどまることができず、認められず、許されない人々）は、近代化の逃れられない、手に負えない結果であると同時に、近代と切り離すことのできない副産物である。（バウマン 二〇〇八、一七六頁）

かつての近代化過程では先進諸国は帝国主義によって「余剰な人間」を植民地へと排出（廃棄）することができたのだが、現代ではそのようなあからさまな植民地化が不可能なものとなったために、各国は「余剰な人間」を国内に溜め込みやすくなっている。「要するに、地球が新たに満杯になったことは、基本的に、人間廃棄物処理産業の深刻な危機を意味する」（バウマン 二〇〇八、一七八頁）。それゆえ現代では多くの国々でこの「余剰（余計）な人間（労働力）」をいかに処理／廃棄するか、が深刻な問題になっており、各国における雇用の縮小、それに伴う若年失業率の上昇、「アンダークラス」の出現などにその症状を見出すことができるとバウマンはいう（バウマン 二〇〇八、一二二－一六五頁）。

さらにバウマンは、現代では衰退しつつある福祉制度の代役として刑務所が「余剰＝余計」な人々の「廃棄先」となっていることを指摘している。このことは、敢えて極端に言えば、現代では刑務所が強制収容所の代わりの役割を果たしていることを意味している。われわれが功利主義的な価値観を保持し続ける限り、人口過剰と「余計なもの」の問題は決して消え去らず、強制収容所とガス室という「廃棄」施設の方法が失われることはないだろうというアーレントの予言をそのままなぞる事象がここに生じていると見ることができよう。

さらに興味深いことに、バウマンは近年の新自由主義経済の展開とともに、「労働倫理」が新たなかたちで現代に回帰してきているという。すなわち、従来は勤勉に働く者を社会に包摂するための機能を果たしていた「労働倫理」が、現代では働かない者たち（怠惰なものたち）を社会から排除し、失業や依存を罪として非難するための道具として持ちだされる傾向が見られるというのである。「今日、労働倫理は「依存」という概念を不名誉なものにするのに貢献している。依存は次第に汚れた言葉になりつつある。……労働倫理の現代版は、貧しい人々の依存を罪と非難する一方で、富裕な人々の道徳的な負い目に大きな慰めをもたらしている」（バウマン 二〇〇八、一六五頁）。あるいは、「支援に値する貧民と値しない貧民を区別し、後者を非難の対象とし、それによって社会が彼らに関心を向けないことを正当化し」、「貧困を個人的な欠陥による避けがたい不幸として許容することで、貧民と恵まれない人々に対する感覚の麻痺を生じさせる」ものとして労働倫理が持ち出される（バウマン 二〇〇八、一三六頁）。

このような現代版労働倫理による排斥の結果として生み出されるのが「アンダークラス」と呼ば

れる社会層の人々である。この人々は単に貧困であることを越えて、社会から「排除」され、再承認の機会を奪われた「無用」で「余計」な存在として位置づけられる。このアンダークラスの人々が社会的に果たす重要な役割は、「もはや有力な外部の敵には期待できない、恐怖心や不安を吸収する役割」である。「怠惰な貧民というイメージに、品位あるマジョリティの生活や財産を脅かす犯罪や暴力の増大を警告するニュースが重なると、反感に恐怖心が加わり、労働倫理に従わないことが嫌悪感を催すだけでなく、道徳的に憎むべき恐るべき行動となる」（バウマン 二〇〇八、一五八頁）。

このような現象は、近年の新自由主義の展開のもとに、「余剰＝余計なもの」を廃棄するための新たな全体主義的危機が生じつつあることを示唆するものではないだろうか。(21) そして今日における「余剰＝余計」の基準は、多くの場合、「労働」の場面で有用であるかどうかによって判定される。資本主義の徹底化としての新自由主義の展開は、新たな労働倫理のもとに人々を有用な存在と無用な存在に切り分け、前者を「生きるに任せる」とともに後者を「死のなかへ放置（廃棄）する」という生政治／死政治的統治をもたらし、これがひいては新たな全体主義的要素をわれわれの社会のうちに育みつつある。「余剰＝余計なもの」を国外へ排出・排斥しようとする帝国主義の運動と「余剰＝余計なもの」を収容所において廃棄しようとする全体主義の運動に対するアーレントの分析が、今日にもアクチュアリティを持つのはこの点においてである。

小括

本章では、アーレントの帝国主義論に依拠しながら、「余計なもの」を排出・排斥する帝国主義の膨張運動が、「余計なもの」を廃棄・絶滅させる全体主義の膨張運動へと接続された過程を、順を追って見てきた。(一) まず海外帝国主義の段階では、西欧諸国における「余剰＝余計」な資本や労働力が国外の植民地へと排出され、それらの国々における「余計なもの」であったモッブたちがその運動を主導した。(二) その過程で、ケープ植民地を支配していたブーア人の存在が発見され、帝国主義者(モッブ)がその地の支配者の位置に取って代わることで、今度はブーア人たちが「余計なもの」として植民地から排斥され、その支配の道具として人種主義が導入された。(三) 次に大陸帝国主義の段階では、東中欧諸国が植民地獲得に失敗したことの埋め合わせとして、汎民族運動および種族的ナショナリズムが創出され、ここから「拡大された種族意志」の実現というイデオロギーが生み出された。この「拡大された種族意志」にもとづいて「イデオロギー的膨張」が成し遂げられ、その実現のためのスケープゴートとして「余計なもの」としてのユダヤ人という存在がピックアップされる。(四) 第一次世界大戦後の混乱から「諸権利を持つ権利」を失った多くの無国籍者＝難民が発生し、それらの人々もまた「余計なもの」として収容所のなかに閉じ込められる。(五) そして最後に全体主義の段階において、排斥されたユダヤ人たちが強制収容所へと追いる。

(21) こうした記述が、まさに『カール・マルクスと西欧政治思想の伝統』草稿におけるアーレントの危惧と合致するものであったことを思い起こしておこう(本書第一章第一節参照)。「すべての人間が階級的出自にかかわりなく遅かれ早かれ労働者になるべく運命づけられていること、そしてそのような過程に適応できない人間は、社会から寄生者と見なされ、判定されるであろうということである」(KM, First drafts, 1 of 4 folders, p.4／一二頁)。

やられ、そこで「余計なもの」の「最終廃棄」としての大量虐殺《ホロコースト》が行われる。
こうして海外帝国主義が「余計なもの」を国外へ排出することによって価値増殖を実現しようとする膨張運動であったのに対して、大陸帝国主義は「余計なもの」を社会から排斥することによって「拡大された種族」というイデオロギーを実現しようとする膨張運動であり、全体主義は「余計なもの」を「イデオロギーとテロル」によって最終廃棄しようとする膨張運動であった。

さらに帝国主義と全体主義の膨張運動の源流を辿れば、われわれはそこに資本主義の膨張運動（自己増殖運動）を見出すことができる。資本主義の増殖運動もまた、本質的に「余剰＝余計」なものを必要としている。なぜなら、資本の自己増殖運動（G－W－G′）は、絶えず余剰な価値（＝剰余価値 surplus value）を生み出すことによって、その増殖運動を可能としているからである。そして、この余剰＝剰余価値を生み出すのが「労働力」という特殊な商品であった。そこではつねに、（ダッシュ）として表される「剰余＝余剰」が産み出されるのであり、資本家はこの「剰余＝余剰」をさらなる価値増殖の運動へと投げ入れていくこと（投資）によって、絶えざる価値の自己増殖を実現する。マルクスが言うように、「価値が剰余価値をつけ加える運動は、価値自身の運動であり、価値の増殖であり、したがって自己増殖であるからである。価値は、それが価値だから価値を生む、という神秘な性質を受け取った」（MEW23, S.169）。

しかしこのことは同時に、資本の自己増殖運動が「余剰＝余計なもの」（剰余価値）を絶えずさらなる「余剰＝余計なもの」（剰余価値）の増殖へ繋げていかねばならないという課題を宿命的に負っていることを意味している。言いかえれば、近代の病理としての「膨張のための膨張運動」

（無限の自己増殖運動）は、つねに「余剰＝余計なもの」を生み出すとともに、その「余剰＝余計なもの」をいかにして処理していくのかという課題を負っている。

逆に資本主義がこの「余剰＝余計なもの」のさらなる増殖に失敗したとき、その運動は「危機＝恐慌 crisis」に陥ることになるだろう。海外帝国主義はこの危機を余剰資本および余剰労働力の国外への「排出」によって解決しようとする運動であり、大陸帝国主義は汎民族運動および種族的ナショナリズムというイデオロギーによる「排斥」によって解決しようとする運動であった。全体主義はさらにその先にまで進んで、この「余計なもの」を物理的に「廃棄」することによってこの問題の「最終解決」を図ろうとした運動であった。

以上のように見たとき、資本主義→帝国主義→全体主義という「膨張のための膨張運動」の系譜をわれわれは図式的に以下のようにまとめることができよう。

資本主義：「余計なもの」を生産・蓄積しようとする膨張運動
帝国主義：「余計なもの」を排出・排斥しようとする膨張運動
全体主義：「余計なもの」を最終廃棄しようとする膨張運動

冒頭にも述べたように、アーレントの帝国主義論の意義は、この「余計なもの」の処理／廃棄の問題を「人種主義」の観点から問い直したところにあった。「膨張のための膨張運動」が膨張（増殖）を実現するためには、「余計なもの」が必要であり、この「余計なもの」をいかにして処理するのかという問題が出てくる。この「余剰」がさらなる「余剰」の生産へと首尾よく回っているうちは良い。問題はその「余剰」の生産が何らかの理由で滞ったときである。そのとき、この「余剰なもの」は「余計なもの」へと転化し、この「余計なもの」を無理やりに処理／廃棄しようとする動きが現われ、そのためのイデオロギー＝人種主義が要請されることとなるのである。このとき、帝国主義（あるいは人種主義イデオロギー）を媒介して資本主義と全体主義が結びつけられることになるだろう。[22] このような「膨張のための膨張運動」と「余計なもの」への対処法を見つけ出さない限り、われわれの社会に全体主義的な「最終解決」の手段が回帰してくる可能性は決して否定できない。否、そのような事態は、すでに現代社会において生じつつあるのではないか。

次章では、このような資本主義社会＝労働者社会の行き詰まりが「全体主義的解決法」を招来する危険を防ぐために、どのような対抗策を構想しうるのか、アーレントの考察に沿いながら、その可能性を探ってみたい。

---

(22) さらに言えば、このことは、人間を「余計なもの」にする全体主義の運動の芽が、「余剰／余計なもの」を絶えず生み出し続ける「資本の自己増殖運動」のうちにすでに胚胎していたことを意味してもいる。つまり、近代社会の出現が資本主義の出現と軌を一にしていたとするならば、「余計なもの」を新たに生み出し続ける資本主義の運動のうちに、「余計なもの」の排出・排斥という帝国主義の運動と、「余計なもの」の最終廃棄という全体主義の運動はすでに予感されていたと言うこともできるかもしれない。

第六章　〈労働する動物〉に「政治」は可能か？

ここまでアーレントの思想を「労働」および「マルクス」の観点から再検討してきた。アーレントはマルクス批判を通じて、「労働と全体主義」の親和性を発見し、全体主義が〈労働する動物〉としての近代人＝「大衆」によって支持される政治運動であること、その淵源が近代社会における「労働」の肥大化にあること、さらに全体主義が資本主義や帝国主義と同様の「膨張のための膨張運動」という構造を持つこと、そのうちでもとりわけ資本主義と全体主義が近代に特有な「労働」（キメラ化した労働）をその原動力としていること、などを見出したのであった。こうしてアーレントの思想を「労働」および「マルクス」の観点から再検討することで『全体主義の起源』と『人間の条件』を繋ぐ新たな理路を見出すことが可能になるだろう。

しかし、アーレントの政治思想は、結局のところ、「労働」を軽蔑したものであり、労働者を政治の舞台から排除している点で大きな問題を抱えていると批判されることが多い。例えばシェルドン・ウォリンは、アーレントが「政治的なもの」と「社会的なもの」をあまりに明確に区別しすぎるために、結果的に、その「政治」に参加できるのは経済的・社会的に余裕のある少数者に限られてしまい、多くの労働者・貧困者はその「政治」に参加できなくなってしまうのではないか、という批判を展開している（Wolin 1983）。これに代表されるように、政治的なものと社会的なもの、公的領域と私的領域、「労働」（経済）と「活動」（政治）などを二分法的に区別しすぎるために、アーレントの政治思想は労働者・貧困者・弱者への目線を欠いており、既存の富裕者・有力者を優遇するエリート主義に陥っている、というのがこれまで何度も繰り返されてきたアーレント批判であった。こうした批判の背景にあるのは、奴隷と女性がもっぱら「労働」を担い、「労働」から解放された自由市民のみが「政治」に参加することができる古代ギリシアのポリスを理想的な政治モデルとしていたために、アーレントが労働（者）を軽蔑する価値観から抜け出すことができず、エリート主義的な政治観を持ち続けていたという見方である。

しかし正確に言えば、アーレントは労働者が政治に参加すること自体を否定していたわけではない。その反対に、アーレントは労働者が積極的・自発的に参加した評議会制度を近代にありうべき「活動＝政治」のあり方として高く評価していた。一八四八年のヨーロッパ諸革命、一八七一年のパリ・コミューン、一九〇五年・一九一七年のロシア革命におけるソヴィエト、一九一八‐一九年のドイツ革命におけるレーテ、一九五六年のハンガリー革命などの事例がそれに当たる。これらの事例において、労働者を含む一般市民が評議会制度に参加したことにアーレントは高い評価を与え、そこに彼女が理想とする「活動＝政治」のあり方を見出していた。こうした労働者の政治参加への称揚は、「労働」と「政治」の分離という彼女の主張と齟齬をきたさないのだろうか？　本章ではこの問いを追跡することによって、アーレント思想における「労働」と「政治」の関係を再考し、そこから現代における「活動＝政治」を成り立たせるための条件を考察する。

1　労働者の公的領域への「現われ」

アーレントは『人間の条件』のなかで「労働」と「政治」（私的領域と公的領域）の区別を強く主張していたにもかかわらず、「活動」章の第三〇節で「労働運動 labor movement」と題された一節を設けて、労働運動（＝労働者たちによって担われた政治運動）に対して肯定的な評価を与えていることは、読者に奇異な印象を抱かせるものであろう。この節のなかで、彼女はヨーロッパの労働者階級によって担われた労働運動こそが近代における模範的な「活動＝政治」であったと称賛するのである。

しかしそれに劣らず、驚くべきことは、近代の政治において、労働運動が果たした突然の、そしてしばしば異常に生産的な役割である。一八四八年の諸革命から一九五六年のハンガリー革命まで、ヨーロッパの労働者階級は、人民の唯一の組織化された部分として、したがってその指導的な部分として、近年の歴史の最も栄光ある、おそらく最も期待される一章を綴ってきた。（HC, p.215／三四三頁）

なぜ彼女は『人間の条件』の後半部において、それまでに展開してきた政治理論と齟齬をきたすかのように見える労働運動論を付け加えたのであろうか。その意味は、先行研究のなかでも様々に議論されてきた。おそらくそれらのうちで最も早く、本質的な点を突いたのは、マーガレット・カノヴァンによる研究である。例えば、『ハンナ・アーレントの政治思想』のなかで、カノヴァンは「この節はあたかも議論の欠陥を取り繕うために本が書かれたあとで挿入されたかのような不調和な印象がする」(Canovan 1974, p.106/一七七頁)と記し[(1)]、「ハンナ・アーレントの政治思想における矛盾」論文では、アーレントの政治思想のうちにはエリート主義的側面と民主主義的側面が矛盾的に共存しており、その矛盾が端的に表れているのが彼女の労働運動論(評議会制論)であると論じている(Canovan 1978)。これに対してジェフリー・アイザックは、アーレントの労働運動論は代議制民主主義(間接民主主義)とは異なる参加型民主主義(直接民主主義)を評価したものであって、決して彼女の思想内での矛盾を示すものではなかったと反論している(Issac 1994)。すなわち、労働運動や評議会制度などへのアーレントの評価は、大衆民主主義(mass democracy)を批判し、草の根的な民主主義を称揚するものであったと解釈すべきであるというのがアイザックの主張である。

このようにアーレントの労働運動論のうちにある種の矛盾を見出すか、これを彼女の政治思想と矛盾ないものとして整合的に解釈するという点で、アーレント研究者の間でも見解は分かれており、その論争にはまだ十分な決着がついていないものと思われる。例えば近年でも、リチャード・H・キングがカノヴァンと同じくアーレントの労働運動論評価には矛盾があり、その矛盾が解き切られていないという批判的な見解を示しているのに対し(King 2015, pp.80-84)、セイラ・ヘンバビブは、

「政治的なもの」と「社会的なもの」の概念を明確に切り分けようとするアーレントの態度を批判しつつも、彼女の労働運動論にはそのような二項対立を乗り越える可能性が示されているとして、概ね好意的な評価を下している（Benhabib 1996, pp.141-146）。

そして、これらの先行研究のなかでいまだ十分に論じられていないのは、なぜアーレントが「労働」と「政治」の厳格な区別を唱えつつも、彼女が「労働運動」を近代社会における理想的な「政治運動」として高い評価を与えたのか、という問題である。近代社会において「労働」が中心的な営みとなった結果として「活動＝政治」の領域が衰退したとするアーレントの基本主張と、彼女の労働運動への高い評価はどのような関係性にあるのだろうか。言いかえれば、アーレントは〈労働する動物〉に理想的な「活動＝政治」が可能であると考えていたのか否か、どちらであろうか。それはアーレントの政治思想に含まれた「矛盾」として片づけられてしまって良いものなのだろうか。改めてこの点を再考してみたい。

そこでわれわれはまず、『人間の条件』の第三〇節「労働運動」におけるアーレントの記述を精読することから考察を始めよう。まず注目すべきは、この節の冒頭において他人との共生を欠いた

（1）アーレントの労働運動論には、労働者は政治に参加できない（すべきではない）というテーゼと、労働者もまた政治に参加できる（すべきである）というアンチテーゼが、止揚されることなく矛盾のまま放置されているとカノヴァンは結論づけている。「したがって、ハンナ・アーレントの社会概念を検討すると、このような二つの別個の連鎖がもつれ合っているという印象が残る。つまり、彼女がどうしてもジン・テーゼに到達することができなかったという印象である」（Canovan 1974, p.107／一七九頁）。

「労働」が「反政治的 anti-political な生活様式」であるとアーレントがはっきり述べていることである。確かに〈労働する動物〉も他者と共同して労働を行うが、そこには「複数性」の契機は存在しえず、同一的な人々が集まって「あたかも一人であるかのように共同労働する」にすぎない。多数者を一つのものにするこの統合性は、基本的に「反政治的」なものであるとアーレントはいう。まさに労働運動への評価を始めるパラグラフにおいても、その冒頭は「〈労働する動物〉は自分を際立たせる能力を欠き、したがって活動と言論の能力を欠いている」という一文から始まる（HC, p.215／三四三頁）。こうして「労働の非‐政治性」を繰り返し強調するアーレントの記述は、彼女がこの節においても、「政治」と「労働」が対立的関係にあるという『人間の条件』の基本的主張を引き継ぎ、近代の労働運動のうちに単純に「政治」と「労働」の両立可能性を認めたのではないのではないことを示している。では、「政治」と「労働」を対立的に捉える政治理論からいかにして、労働運動の政治性を高く評価する主張が導き出されてくるのだろうか。

アーレントによれば、近代の労働運動の意義はまず、これまで伝統的に私的領域に住まっていた労働者たちが歴史上初めて公的領域に姿を現わしたという点にある。「労働者の事実上の解放がもたらした重要な側面効果の一つは、この住民の新しい部分全体が、多かれ少なかれ突然に、公的領域への参加を認められ、公的に姿を現わしたことであった」（HC, pp.217-218／三四五頁、強調原文）。それゆえ、アーレントにとって近代における「労働者の解放」の歴史的意義は、それが彼らの社会的・経済的条件（待遇）の向上をもたらしたということにではなく、彼らの政治的参加の権利を獲得させたということにこそある。「奴隷労働と近代の自由な労働との主要な相違は、近代の労働者が、運動の自由、経済的営みの自由、人格の不可侵など、人格上の自由を持っているという点にあるのではなくて、彼らが政治領域への参加を認められており、市民として完全に解放されているという点にある」(HC, p.217/三四五頁、強調引用者)。

それゆえ、近代社会において労働者が政治的領域への参加を認められており、実際に公的領域に姿を現わしたことを、アーレントは事実として認めている。ただし、ここでアーレントが評価している「労働運動」は、通常われわれが理解する「労働運動」のイメージとは大きく異なるものであることを確認しておかねばならない。アーレントによれば、「労働組合は、決して革命的ではなかった」し、「労働者階級の政党は、多くの場合、利益政党であって、この点、他の社会階級を代表する政党となんら異ならなかった」(HC, p.217/三四三頁)。労働組合や労働者政党は労働者の労働環境や生活条件を改善してくれる役割は果たすにしても、それはあくまで社会的・経済的面での待遇改善にすぎないのであって、労働者の本質的な政治参加(公的領域への現われ)を意味するものではない。公的な「活動＝政治」は、そのような社会的・経済的条件が満たされたうえで、それらの要素と切り離してなされるべきものである、というのがアーレントの立場であった。

他方で、アーレントが近代の「労働運動」を評価したのは、「当時、労働運動は政治的舞台における唯一の集団であって、ただ単にその経済的利益を擁護しただけでなく、立派に政治的闘争を闘ったからである」(HC, p.219/三四六頁)。ここでのアーレントは明らかに、労働運動の政治的側面と経済的側面を区別し、前者の側面を高く評価している。つまり、アーレントが労働運動を称賛した理由は、労働者たちが経済的・社会的要求を勝ち取ったことにあったのではなく、これまで政治に参加したことのなかった労働者たちが初めて公的な領域に「現われ」たことにあった。すなわち、「労働運動が公的舞台に現われたとき、それは、人々がそのなかで社会のメンバーとしてではなく、人間として活動し語った唯一の組織であった」ことが重要なのである。

このことに加えて、アーレントの評価した労働運動が、特定のイデオロギーや党の綱領にしたがって、労働者階級のために闘争を起こすようなものでは全くなかったことにも注意が必要である。そうではなく、特定のイデオロギーや党の綱領にしたがって動くはずの人々が突然に「新しい統治形態」についての自分の考えを表明し、その考えにもとづいて政治行動をとるような瞬間にのみ、理想的な「活動＝政治」が出現したのだとアーレントはいう。つまり、労働運動が持つ政治的要求と経済的要求の区別は、それが「新しい統治形態」を要請するものであったかどうか、という基準によってなされるものである。このような瞬間は稀にしか訪れないものであったが、しかし確かに存在するものであった、とアーレントは力強く述べている。

自分を際立たせようとする努力は滅多にない、しかし決定的な瞬間にだけ現われた。すなわち、革命の過程でこれらの人々が、たとえ公認の党の綱領やイデオロギーに指導されずとも、近代的条件のもとで民主主義的統治の可能性について自分たちの考えを突然明らかにしたような場合である。いいかえると、二つのものの境界線は、極端な社会的・経済的要求の問題ではなく、もっぱら新しい統治形態の主張の問題にあった。（HC, p.216/三四三－三四四頁）

以上のようなアーレントの労働運動論が意味するのは、現代社会においては労働者であっても、ひとたび右記のような政治状況が立ち上がれば「活動＝政治」をなすことが可能だということである。アーレントは労働者（大衆）の政治参加を認めないエリート主義的な考えの持ち主であった、といった彼女に付きまといがちなイメージが不正確なものであることは以上の記述からも明らかであろう。近代において労働者が公的領域に現われ、「活動＝政治」に参加したことを彼女は（事実としてだけでなく）積極的に認めている。

ただし、ひとたび公的領域へ現われた際には、人々は私的・経済的な「利害 interest」とは切り離して公的・政治的な「意見 opinion」にコミットし、他者とともにそれを論じなければならない。それゆえ、労働運動を評価する文脈においてもアーレントはやはり、政治的次元と経済的次元を明確に区別しており、この区別のうえでのみ、労働者が「活動＝政治」することの可能性を認めていたのだと言わなければならない。

それではアーレントは具体的に（労働組合運動や労働者政党活動とは異なる）どのような労働運動のうちに、理想的な「活動」の現われを見ていたのであろうか。次節でこの点について検討していくことにしよう。

2　「始まりの出来事」としてのハンガリー革命

ところで『人間の条件』の出版は一九五八年であるが、一九五三年にアーレントが執筆した

『カール・マルクスと西欧政治思想の伝統』草稿や「イデオロギーとテロル」論文を読むと、その時点でのアーレントの考えは『人間の条件』で展開された労働運動論とは異なったものであったように思える。第一章で述べたように、『カール・マルクスと西欧政治思想の伝統』草稿では、人間を〈労働する動物〉と規定したマルクスの思想が厳しく批判され、「イデオロギーとテロル」論文では、全体主義を支持したのが〈労働する動物〉としての近代人＝「大衆」であったという見解が示されていた。「労働の解放は、労働者階級の政治的平等を実現するものとして労働の営みを賛美するという二重の意味で、政治がその意味を喪失したことを意味した。労働を中心に営まれる政治領域は、ほとんど語義矛盾であった」（KM, First drafts, 1 of 4 folders, p.8/二二頁）。ここでは労働者に平等な政治的権利を認めることへのアーレントの強い懐疑が示されている。このことを鑑みるならば、条件付きにではあれ、労働者が公的な場に姿を現すことの意義を認めた『人間の条件』第三〇節の記述は、一九五三年から一九五八年の間に彼女の政治理論が重要な変化を蒙ったことを示唆している。

それでは一九五八年に発表された『人間の条件』において、なぜ突然に労働者の政治参加こそが近代における唯一の理想的な「活動＝政治」であったという議論が展開されるに至ったのであろうか。ここにはやはり何かしらの思想的変化があったと考えられる。これもカノヴァンがいち早く指摘していたように（Canovan 1978, p.11）、その変化をもたらしたのは、一九五六年のハンガリー革命という「出来事」であった。そのことは、アーレントが労働運動論やそれに付随する評議会制度論を展開するなかで、繰り返しハンガリー革命に言及し、特別な位置づけを与えていたことからも

明らかである。(2)

ハンガリー革命はスターリンの死後、ソ連の権威と支配に対抗して起こった民衆による全国規模の動乱であり、学生や労働者・知識人・ジャーナリストなどによって起こされ、後の東欧革命への導火線ともなったとされている。その蜂起は直ちにソ連軍によって鎮圧され、この過程で数千人の市民が殺害された。アーレントは、学生や労働者などの一般市民によって起こされたこの動乱のうちに「政治的活力はまだ死に絶えていない」という希望を見出したのであった（HC, p.217／三四四頁）。この「始まりの出来事」を受けて彼女が執筆した論文「全体主義的帝国主義 Totalitarian Imperialism」（1958）では、ハンガリーで革命運動に立ち上がった民衆の姿が生き生きと描き出されている。(3)

ハンガリーの人々は、老いも若きも、彼らが「嘘の只中で生きている」ことを知っており、あ

（2）例えば、『人間の条件』第三〇節では三度もハンガリー革命への言及があり、労働運動の事例が挙げられる際にも「一八四八年の諸革命から一九五六年のハンガリー革命まで」と述べられていることからも、アーレントがこの「出来事」から強い影響を受けていることが分かる。

（3）この論文は『全体主義の起源』英語版第二版の付論として収録されるが、一九七三年以降の現版では削除されている。「イデオロギーとテロル」論文と同じく、『人間の条件』出版と同年の一九五八年に発刊された『全体主義の起源』第二版にこの論文が収録されたことは、初版出版（一九五一年）から第二版出版（一九五八年）に至る間にアーレントの全体主義論が深化したこと、とりわけ「全体主義的帝国主義」論文に関して言えば、全体主義への対峙の仕方について彼女の思考に深化が見られたことを示している。

らゆる声明のなかで満場一致で、ロシアのインテリがそれを夢見ることとさえ忘れてしまったもの、すなわち思考の自由を求めたのだった。……非武装で、基本的に無害な学生たちのデモが数千規模から突然、自発的に巨大な群集（crowd）へと成長し、その群集は学生たちの要求の一つ、すなわちブタペストの公共広場にあったスターリン像を転覆させるという要求を実行するに至った。……大衆（the masses）は警察を攻撃し、最初の武器を手にした。労働者たち（the workers）は、その状況を耳にして工場を離れ、群衆に加わった。……学生のデモから始まったものが二四時間以内に武装した反乱となったのである。（TI, p.26）

この引用に続けて、革命評議会（the Revolutionary Councils）と労働者評議会（the Worker's Councils）の役割をアーレントが区別していることにも注目すべきであろう（TI, p.29）。彼女の区分によれば、前者が政治的暴政への対抗という政治的役割を担うのに対し、後者は政党の支配に基づく労働組合への対抗という経済的役割を担うものである。この二つの評議会はまさに、政治的要求と経済的要求の区別と、政党や労働組合への抵抗という前節で述べた原則を体現するものであった。

この論文のなかで彼女は、ハンガリー革命の偉大さとして、その動乱が特定の指導者や前もって公式化された綱領を持たなかったにもかかわらず、混乱に陥ることもなく、自発的な抵抗運動を成し遂げたことを挙げている（TI, p.28）。そこでは財産の略奪や横領、人を傷つける犯罪などが行われることなく、群衆（multitude）たちによる自律的統治が行われたという。先述の通り、ハンガリー革命はソ連の指導下にあった当時の政権に対して、学生や労働者が国内政治のあり方を見直そうとして起こした動乱であったが、これこそは、人々が特定のイデオロギーや党の綱領によらずに「新しい統治形態」を求め、「不正や偽善に対する抗議」を行うという、アーレントが理想とした労働運動のあり方であった。

つまり、アーレントが評価した「労働運動」とは、正確にいえば、労働者たちによって自発的に組織された「評議会制度」における自治的取り組みであった、というべきであろう。実際に『革命について』第六章ではアーレントの労働運動論は、評議会制度論として明確に位置づけ直されている。ハンガリー革命をきっかけとしてアーレントは、ヨーロッパ諸革命時に繰り返し自発的に立ち上がってきた評議会制度に着目するようになったのである。そのような評議会制度が自発的に生じた事例として、彼女はハンガリー革命の他に、一八四八年のヨーロッパ諸革命、一八七一年のパリ・コミューン、一九〇五年・一九一七年のロシア革命におけるソヴィエト、一九一八－一九年のドイツ革命におけるレーテなどを挙げている。(4)

例えばアーレントはレーニンによるロシア革命とその後のスターリニズム体制に対しては明確にこれを批判しているが、その革命に際して労働者・農民・兵士らによって自発的に結成された評議会として現われてきたソヴィエトに対しては対照的に好意的な評価を寄せている。他方で、革命当

(4) アーレントの評議会制度への高い評価は、マルクスではなくローザ・ルクセンブルグの思想によるものであると考えられる。ベルンシュタイン流の修正資本主義論とも、レーニン流の革命主義とも異なる第三の道として、評議会制度による下からの革命を志向したローザの思想をアーレントは生涯高く評価していた。アーレントのローザ評価について詳しくは『暗い時代の人々』所収のエッセイ「ローザ・ルクセンブルグ」を参照のこと。

初には確かに市民〔労働者〕による自発的政治組織としての評議会制度が存在していたにもかかわらず、その後に成立した「ソヴィエト連邦」がこのような草の根の評議会制度をことごとく根絶し、一方的な中央集権体制を敷いたことに対しては、アーレントは強い怒りを表明している。

労働者評議会は決して正統派の社会主義や共産主義の正義の一部にはなりませんでした――レーニンはすべての「権力をソヴィエト〔評議会〕へ」と言っていたのですが、革命政党やイデオロギーとは違って、革命そのものの唯一真実な派生物である評議会は、ほかならぬ共産党やレーニン自身によって容赦なく破壊されたのです。（CR, p.216/二一三頁）

このように、ロシア革命の当初に出現した評議会制度としてのソヴィエトに対して、アーレントは、これがヨーロッパ大陸の政党制に取って代わる意義を有すると同時に、全体主義に対抗する「新たな統治形態」となる可能性〔希望〕を秘めたものであるという高い評価を与えていた。(5) レーニンもまた、革命のさなかにはこうして登場した新しい統治形態がもたらす「人民の革命的創造性」を激賞し、「全権力をソヴィエトに」というスローガンによって十月革命を開始し、勝利したにもかかわらず、権力掌握後にはこの新しい評議会制度を放棄することを決定したのであった。「それ以来、革命後のロシアの「ソヴィエト連邦」という名称は欺瞞にすぎない」とアーレントは怒りをもって書きつけている（OR, p.250/四一一頁）。

また一九五六年のハンガリー革命にしても、それはスターリニズム的支配に対抗するかたちで、東側諸国の「周辺」から自発的に生じてきたものであって、全体主義的支配の傍らで同時にこのような「新しい統治形態」の可能性が生まれつつあることに、アーレントは深い感慨を抱いていた。たとえその試みが短期間に潰えたとしても、革命の傍らでこのような評議会制度が繰り返し自発的に出現してきた事実のうちに、どのような困難な状況においても「活動＝政治」は可能であるという希望が示されている。かように、〈労働する動物〉が勝利した時代においてもなお、民衆によるこのような自発的な「活動＝政治」が可能であるという驚きがアーレントに強い感銘を与えたのであり、この「出来事」が労働者は政治に参加すべきではないとする「イデオロギーとテロル」や『カール・マルクスと西欧政治思想の伝統』時点での彼女の考察に変更を迫ることになった。すなわち、労働者が政治に参加することに強い拒否感を示していたアーレントが、現実世界において久々に見出した理想的な「活動＝政治」がまさに労働者によって担われたものであったことから、彼女は自身の理論を修正（補足）する必要に迫られたのである。(6)

（5）『人間の条件』のなかで数少なく「全体主義」という語が用いられている以下の記述を参照。「全体主義制度の勃興を目撃している現代の歴史家が、とくにソ連の歴史を扱う際にうかうかと見過ごしてしまう事柄がある。それは、ちょうど、現代の大衆とその指導者たちが、少なくとも一時的には、全体主義というかたちで、まったく破壊的とはいえ正真正銘新しい統治形態を樹立するのに成功したのと同じように、人民の革命がもう百年以上も前から、なるほど成功はしなかったけれども、もうひとつ別の新しい統治形態を生み出している、ということである。すなわち、ヨーロッパ大陸の政党制に取って代わる人民の評議会制度がそれである」（HC, p.216／三四四頁）。

（6）アーレントの評議会制度論について詳しく論じたジョン・F・シットンも、アーレントが評議会制度に理想的な「活動＝政治」の形態を見出したきっかけがハンガリー革命であったことに言及している（Sitton 1987）。ただし、

3　〈労働する動物〉と「労働者」の差異

以上見てきたように、アーレントが高く評価した「労働運動」とは、一般的にイメージされるような、労働組合や労働者政党による労働者の待遇改善運動を意味するものではなく、労働者を中心とした一般市民が自発的に評議会制度をはじめとした自治制度を立ち上げ、草の根レベルでの自己統治を行っていく、そうした「活動＝政治」のあり方を意味している。『革命について』第六章「革命的伝統とその失われた宝」のなかでより明確に示されているように、アーレントはこのような労働者／一般市民によって自発的に形成・運営される評議会制度のうちに共和主義的精神が継承されていると考えていた。その際にポイントとなるのが、繰り返しになるが、「政治的なもの」（公的な現われ）と「社会的なもの／経済的なもの」（私的な利害関心）との区別である。

しかし本書でここまで繰り返し見てきたように、アーレントは近代における〈労働する動物〉としての人間＝「大衆」の登場こそが、全体主義運動の大きな原因であると捉えていたのではなかったか。たとえアーレントが労働者によって統治される評議会制度に高い評価を与えていたとしてもこの事実は揺るがない。そうであるとすれば、たとえアーレントが労働運動／評議会制度への評価のなかで「政治的なもの」と「社会的なもの／経済的なもの」を峻別するという態度を維持していたとしても、やはり「労働者の政治参加への評価」と「〈労働する動物〉としての近代人への批判」というアーレントの二つの議論には齟齬を来たすところがあるのではないだろうか？

川崎修が指摘するように、近代社会において労働者は形式的には政治参加の権利を認められているにもかかわらず、十全に社会に参加できていないという不満を持つがゆえに「労働運動へのパトス」が引き起こされたのであり（川崎二〇一〇a、一三五頁）、近代社会で「労働」が最重視される営みとなったからこそ、労働者の社会的地位が引き上げられ、公的な政治参加が可能になったこともまた確かな事実である。それではアーレントは結局のところ、近代における労働者の地位向上を善きものとして捉えていたのか、悪しきものとして捉えていたのか、どちらだったのか。当然にこのような疑問が湧いてくることだろう。

しかし、ここでわれわれは重要な概念的差異に気づくのではないか。すなわち、アーレントの考察のなかでは、〈労働する動物〉と「労働者」が概念的に区別されているという事実に思い至るのではないか。(7) 改めて確認しておけば、『人間の条件』第三〇節のなかでアーレントは次のように述べていたのであった。

〈労働する動物〉は自分を際立たせる能力を欠き、したがって活動と言論の能力を欠いている。……しかしそれに劣らず、驚くべきことは、近代の政治において、労働運動が果たした突然の、

シットンはウォリンと同じく、アーレントの評議会制論が、政治的なものと社会的なもの（経済的なもの）、公的領域と私的領域、統治と管理などをあまりに明確に区分しようとするアーレントの姿勢には異議を唱えている。

（7）〈労働する動物〉と「労働者」を概念的に区別すべきであろうという考えについては、京都大学の森川輝一教授から大学院のゼミにおいて直接にアドバイスを頂いたものである。記して感謝したい。

そしてしばしば異常に生産的な役割である。一八四八年の諸革命から一九五六年のハンガリー革命まで、ヨーロッパの労働者階級は、人民の唯一の組織化された部分として、したがってその指導的な部分として、近年の歴史の最も栄光ある、おそらく最も期待される一章を綴ってきた。
(HC, p.215/三四三頁、強調引用者)

〈労働する動物〉が活動と言論の能力を欠いた反政治的存在である一方で、「労働者」階級は近代社会におけるほとんど唯一の理想的な「活動」の担い手である。一見あからさまな矛盾にしか思えないこの記述も、アーレントが〈労働する動物〉と「労働者」を概念的に区別していると考えれば、その意図がたちまち理解しやすくなるのではないか。

アーレントにとって、〈労働する動物〉はあくまで人間の行為類型を理解するために設けられた理念上のカテゴリーであって、必ずしも〈労働する動物〉そのものである人間が存在しているわけではない。同じ人間をとってみても、〈労働する動物〉としての側面もあれば、〈製作人〉や〈政治的動物〉としての側面もあるだろう。「労働者」が労働しているときや消費しているときには〈労働する動物〉として存在しているが、同じ「労働者」が余暇に市民運動へ参加する際には〈政治的動物〉として存在しうるのである。[8]

換言すれば、労働者が市民運動に参加する際には、その人は〈労働する動物〉としてではなく〈政治的動物〉としてその活動に参加せねばならない。先にも述べたように、「政治」の場に参加する際には、〈労働する動物〉としての私的利害や生命維持の必要性と切り離して、「公共的な事柄」

についての「活動」に取り組まねばならない。逆にいえば、〈労働する動物〉としての存在のままに労働者が「政治」の舞台に現われるときには、「政治」が破壊され悲劇が引き起こされるとアーレントは考えていたのであった。その典型例が、『革命について』のなかで批判されたフランス革命の失敗である。ベンハビブもまたアーレントの労働運動論に関して次のように述べている。「ヨーロッパの労働者階級が歴史に参入した際、彼らは〈労働する動物〉としての立場でそうしたのではなく、社会的権力から排除された大衆の代表として参入したのだ」、と（Benhabib 1996, p.141）。

それゆえ、アーレントは労働運動を評価する記述においても、〈労働する動物〉が公的領域に現われるべきではない、という態度を崩してはいない。本章のタイトルに示した問いに端的に答えるならば、「労働者」[9]に政治は可能であっても〈労働する動物〉には政治は不可能である、と言わなければならない。「労働」と「政治」を重ねあわせ、〈労働する動物〉の政治参加を称揚するマルク

（8）一九七二年に開かれた"The work of Hannah Arendt"と題されたシンポジウムにおいて、アーレントは現代において可能である「政治的なもの」の具体例として「タウンミーティング」と「陪審員制度」の二つを挙げている（OHA, pp.316-317）。例えば「タウンミーティング」では「どこに橋を架けるべきか」といったその地域に関する公共の事柄が話し合われる。また「陪審員制度」では、一般の市民たちが「重大な責任」のもとに共通の事件について「複数の視点」から議論を行い、裁きを下す役割を果たす。アーレントはこの二つの公共的討議を自ら体験し、それらのうちに「政治的なもの」「公共的なもの」がいまだ息づいていることに感銘を受け、興奮を覚えたのだと感慨深げに述懐している。これらの政治＝活動には、労働者を含めたあらゆる市民が参加しうると想定されていることは言うまでもないだろう。

（9）一九五三年の「イデオロギーとテロル」論文および『カール・マルクスと西欧政治思想の伝統』草稿では、まだ

ス主義を彼女が批判した意図もまた、この〈労働する動物〉と「労働者」の区別に求めることができるであろう。

労働者は政治に参加できない・すべきではないという立場（『カール・マルクスと西欧政治思想の伝統』時点）から、労働者もまた政治に参加しうる、そこに現代的「活動＝政治」の可能性があるという立場（『人間の条件』以降）へと軌道修正した結果、アーレントの政治運動／評議会制論は一見、マルクス主義が称賛する政治運動に接近しているかのようにも見える。労働者を中心とした一般市民が既存の政治体制に抗して自発的に立ち上がるというハンガリー革命は、「労働」と「政治」を重ね合わせ、〈労働する動物〉による「政治」を称揚したマルクスの構想に合致するものであるかのように思われるからである。

しかしここでもわれわれは、アーレントの労働運動論が政治的要求と経済的要求の次元を区別していたことにマルクス主義との相違を見出すべきであろう。マルクス主義が「労働」と「政治」の次元を重ねあわせようとするのに対し、アーレントはあくまでその両者を区別する。労働運動においても政治的要求と経済的要求は区別されねばならず、「労働」と「政治」は分離されなければならない。同じく「労働者」と〈労働する動物〉も概念的に区別されなければならない。このような区別を保持する思考が、アーレントとマルクス主義の労働運動論を隔てるものであった。すなわち、「このような企てを促す源泉となったのは、労働ではなかった。……そうではなく、その源泉となったのは、実に、不正や偽善に対する抗議であった」（HC, p.219/三四七頁）。

4　「束の間のユートピア」としての評議会空間？

以上のように近代社会において労働運動が果たした意義を評価しつつも、アーレントは、そのような理想的政治空間が歴史上あくまで限定的にしか成り立ちえなかったことを指摘している。実際にアーレントが『人間の条件』を執筆した一九五〇年代半ばにおいてすでに「労働運動のこの政治的、革命的役割はどう見ても終わりに近づきつつ」あった。いまや労働者は投票権を有する立派な社会の一員であり、「労働運動の政治的重要性は、今では、他の圧力集団の重要性と同じものになっている」（HC, p.219／三四七頁）。ヨーロッパ諸革命時に垣間見えた「創設」や「現われ」の輝きはもうそこにはない。反対に、生き残ったのは政党制や議会制や労働組合などアーレントが批判した制度のほうであった。「労働者階級における二つの傾向、つまり労働組合運動と人民の政治的熱望というこの二つの傾向の歴史的運命は極めて対照的であった。なぜなら、労働組合、つまりただ近代社会の諸階級のひとつとして存在するかぎりでの労働者階級は、次々と勝利を重ねてきたのに対し、政治的な労働運動は、政党の綱領や経済的改革とは別個に自分自身の要求を思いきって提出するたびに敗北してきたからである」（HC, pp.216-217／三四四頁）。

〈労働する動物〉と「労働者」の区別が明確になされておらず、「労働者」の政治参加全般に対して否定的な記述を行なっていた点が、『人間の条件』とは異なる。

新しい政治体制を構成する政治運動は輝きを放ち、束の間、理想的な政治状態（構成的権力 pouvoir constituant）を創出して見せてくれる。しかしそれらの政治運動もまた、それに参加した人々自身が「体制」の側に回ると、すぐさま硬直した政治状態（構成された権力 pouvoir constitué）へと堕してしまう。そうであるとすれば、結局のところ、アーレントが理想的に見出した労働運動における「活動」のあり方とは、古い秩序が崩れ新しい政治体が創設される際にのみ、束の間出現するユートピアにすぎないのだろうか。(10)

『人間の条件』では深く論じられなかったこの問題については、一九六三年に発表された『革命について』へとその議論が持ち越されている。先にも述べたように、『革命について』第六章「革命的伝統とその失われた宝」のなかでアーレントは、ヨーロッパ諸革命時に繰り返し自発的に立ち上がってきた評議会制度とアメリカ独立革命とを重ねあわせて論じている。すなわち、この二つはともに「自由の空間」の創出、「新たな政治体」の創設に成功し、近代人もまた「活動＝政治」に参加し、「始まり」をもたらしうることを示すいっぽうで、その政治空間が長くは続かず、革命精神を持続させることに失敗している点で共通している。ジェファーソンが頭を悩ませたように、「アメリカ革命はなるほど、人々に自由を与えはしたけれども、この自由を行使することのできる空間を与えることはできなかった」（OR, p.227／三七九頁）。何か新しいことを「始める」という革命精神は、それを永続的に制度化しようとするとその生き生きとした革命精神を殺してしまうというジレンマに悩まされることになる。(11)「ここから、ほかならぬ革命の成果そのものに最も危険で、最も鋭い脅威を与えているのは、その成果をもたらした革命精神以外にないという、不幸な結論が出てくるように見える」(OR, p.224/三七六頁)。アメリカ建国の父たちのなかでこの問題を唯一意識していたのはジェファーソンであったが、この問題を解決するために彼が提案した郡区制《ウォード》や

(10) アントニオ・ネグリは『構成的権力』のなかでまさにこの問題を扱っている(ネグリ 一九九九、三九-四五頁)。ネグリ曰く、アーレントの革命論は構成的権力を「政治的なものを無から構成するものとして」、あるいは「絶対的始まり」として捉えた点では非常に鋭く、本質を突いている。すなわち、「革命の中心思想は、自由の確立、すなわち自由が出現しうる空間を保証する政体の確立である」と論じた点ではアーレントは正しい。しかし、アーレントはすぐさまそのようにして現出した「構成的権力」および「自由の空間」を、「構成的権力とは逆のもの」に、すなわち「構成された権力」へと転換してしまう点では決定的に間違っている。ネグリにとっては、自由と民主主義の空間を創出する構成的権力を、憲法(Constitution)の制定という立法過程に還元してしまうことは、近代政治思想が繰り返し犯してきた過ちであり、アーレントもその轍を踏んでいる。紙に書かれて固定化された条文となり、いわば「死んだ文字」となった憲法=「構成された権力」には、もはや新たな始まりと自由を生み出す「構成的権力」のエネルギーは失われている。アーレントの革命論は、結局のところ、動態的な「構成的権力」の持つ無尽蔵のエネルギーを、静態的な「構成された権力」(憲法=国制)という固定された権力形態に貶めてしまうものではないのか。これがネグリのアーレント批判であった。筆者はこのようなネグリのアーレント批判は、アーレントの革命論/評議会制度論に孕まれるジレンマの所在を鋭く捉えつつも、本章第五節・第六節で展開するような「仕事」の役割という側面を見落としている点では、不十分なものであると考える。

(11) これとは少し違う角度からであるが、ボニー・ホーニッグと石田雅樹は、アーレントの革命論につきまとう革命のアポリアについて論じている。すなわち、もはや神や自然法などの超越的(宗教的)権威に依拠することができない近代において、いかにして新たな政治体に権威を付与するのかという問題がそれである。ホーニッグは、アーレントが独立宣言を行為遂行的(パフォーマティブ)な実践として捉えることによってこのアポリアを解決したことを主張し、石田はこれに加えて「祝祭」という出来事が権威付与に果たした役割を強調している(Honig 1991, 石田 二〇〇九)。

基礎的共和国《エレメンタリー・リパブリック》というアイデアがアメリカの政治制度のうちに根づくことはなかった。

こうして革命精神が引き継がれるのに失敗したとき、「統治 government」はたんなる「管理 administration」に堕することになる、とアーレントはいう。このとき「活動中のところを見たり見られたりする空間は存在せず……政治的問題は必要によって指図され、専門家によって決定されるべきものとなり、意見と本物の選択には開かれていない事柄となる」(OR, p.229/ 三八二 - 三八三頁)。この状況で公的領域を占拠しているのは「人民 people」ではなく「行政官僚たち administrative officers」であり、「市民の公的問題への参加」は不可能なものとなっている。このとき、「共和制を樹立することによって廃止しようとした支配者と被支配者という、あの古くからある区別が再び姿を現わし始める。そして今一度、人民は公的領域から締め出され、またもや統治の仕事は……「有徳の気質を用いる」ことのできる少数者の特権となる」(OR, p.229/ 三八三頁)。

アーレントにとって「管理 administration」と「経営 management」は、経済的次元に関わるものであって、政治的次元に関わるものではない。政治・統治が管理・経営にその座を明け渡すとき、政治的領域は「経済的なもの」「社会的なもの」に飲み込まれて、「活動 = 政治」が為されるための空間は消滅する。実際に労働者評議会における「活動」が工場評議会における「管理」へ引き継がれたときには、その試みは必ず失敗したとアーレントは述べている(OR, pp.265-266/ 四三三 - 四三四頁)。第四章で論じたように、公的領域と私的領域を隔てる境界線が失われ、「社会的なもの」が「政治的なもの」の内に流入するときに政治の「腐敗」が始まるのであり、「統治」と「管理」の区別がつかなくなるときに評議会制度が有していた「活動 = 政治」の輝きは失われてしまうのである。

このような「革命精神の腐敗」の芽は、アメリカ独立宣言のうちに書き込まれた「幸福追求権」の表現のうちにすでに象徴的に示されていたとアーレントはいう。すなわち、ジェファーソンは独立宣言文のなかで「生命、自由《リバティ》、財産」という古い定式を「生命、自由《リバティ》、幸福追求」という定式に置き換えており、後者でいう「幸福追求権」とは「活動＝政治」に参加する「公的幸福」を意味するのではなく、社会的・経済的利益の追求という「私的幸福」を意味するようになる。この文言のうちに、革命後の人々がもはや「公的関心」を失って「私的関心」へと没入していくことが予示されており、ここにアメリカにおける革命的精神の継承の失敗が象徴的に示されているというのである。「もし革命の終わりと立法政府の導入が、公的自由の終わりを意味するとしたなら、革命を終わらせることは本当に望ましいことであろうか?」（OR, p.125／二〇四頁）。

また代表制度（representation system）の導入が及ぼした影響も重大である。タウンシップ制度とタウン・ホール・ミーティングがアメリカ憲法のうちに織り込まれなかった理由は、この代表制度（間接民主制）の導入にあり、これによって「すべての権力は人民に由来するが、彼らがそれを保持するのは選挙の日だけである。選挙がすめば、権力は人民の支配者の所有物となる」（ベンジャミン・ラッシュ）という事態が生じる（OR, p.228／三八一頁）。これによって、支配者と被支配者の分断が実質的に復活し、そこから「公的精神の腐敗（衰退）」が生じてくることになった、とアーレントは見る。[12] この結果として、「革命精神が忘れ去られたのち、そのなかでアメリカに残された

---

(12) アーレントの代表制民主主義批判に対する反論として、例えばKateb（1983）を参照。

ものは、市民的自由（civil liberties）、最大多数の個人的福祉、そして平等主義的で民主主義的な社会を支配する最大の力としての世論であった。この変化は、公的領域に社会が侵入したこととまったく正確に対応している」（OR, p.213/三五九頁）。ここでいう「世論 public opinion」は、人々の複数的な「意見 opinions」を廃し、全体一致の社会的「意見」を意味するものとして否定的な意味合いで使われており、民主主義社会／大衆社会における「全体主義的なもの」の萌芽を先取りするものとして捉えられているのである。

このような「革命的精神の衰退」および「公的精神の腐敗」は、「公的なものと私的なものを区別する境界線が曖昧となり」、「私的利害が公的領域を侵す」場合に生じてくるとアーレントはいう。

図式化していえば、腐敗は、私的利害が公的領域を侵すばあいに起こるのであり、上からでなく下から発生するのである。……人民自身の腐敗は――代表者たちや支配階級の腐敗とは違って――、人民に公的権力への参加をゆるし、その扱い方を教えている政府のもとでのみ可能である。支配者と被支配者の裂け目が接近しているところでは、公的なものと私的なものを区別する境界線が曖昧となり、最終的には消滅するかもしれない。近代と社会の勃興以前には、共和政体に固有のこの危険は、たいていの場合、公的領域から起こり、私的利害の領域に侵入して、その範囲を広げようとする公的権力への傾向から生じるのが普通であった。……繁栄それ自体の状況ではなく、絶えざる急速な経済成長の状況、つまり間断なく増大してゆく私的領域の拡大――これはもちろん近代の状況であるが――という状況のもとでは、腐敗と逸脱の危険は、公的権力よりは

むしろ私的利害からいっそう発生しやすい。（OR, p.244／四〇三－四〇四頁、強調引用者）

「絶えざる急速な経済成長の状況、つまり間断なく増大してゆく私的領域の拡大」という状況のもとで公的領域の逸脱と腐敗が私的領域の側から生じてくると述べられていることからも分かるように、アーレントは近代の政治を腐敗させる最大の原因が「絶えざる経済成長」＝「資本の無限増殖運動」（G－W－G′）にあると見ていた。「経済成長は、いつか、善いことではなく呪いになることもありうるし、どんな条件のもとであれ、自由をもたらしたり、自由の存在を証拠だてたりするものではありえない」（OR, p.209／三五四頁）。このような事態を防ぐためにも、「公的なもの」と「私的なもの」、「政治的なもの」と「社会的なもの／経済的なもの」を区別する境界線が必要であると考えていたのであった。しかし、これらの領域をわける境界線が否応なく曖昧化・消失していく近代社会の状況を前にして、『革命について』におけるアーレントの見通しは総じて悲観的なものであったように見える。アーレントが近代社会における「ありうべき活動＝政治の可能性」として示した評議会制度の構想は、あくまで「束の間のユートピア」に過ぎないのだろうか？　この「活動＝政治」をより持続的なものとしていく手立てはないものだろうか？

5　構成・憲法・国制

ここでアメリカ独立革命がフランス革命に比して「成功した革命」であったとアーレントが評価

したのはなぜであったのか、ともう一度問い直してみよう。ごく簡潔にまとめれば、フランス革命が「社会問題」の解決にそのエネルギーを使い果たしてしまったのに対し、アメリカ独立革命は「自由の構成」「新たな政治体の創設」を目指してこれを成し遂げたところにその成功の要因があったというのがその答えであった。そして——ここがポイントなのだが——、ここで彼女がいう「自由の構成」「新たな政治体の創設」のメルクマールは、憲法の制定という出来事に集約される。「アメリカでは、植民地の武装蜂起と独立宣言につづいて、一三のすべての植民地で憲法作成が自発的に行われた。ジョン・アダムズの言葉によれば、まるで「一三の時計が一つとなって時を告げた」かのようだった」(OR, p.132/二二二頁)。

『革命について』の訳者、志水速雄が解説を加えているように(邦訳二二二頁)、Constitution という言葉には複数の(というよりも重層的な)意味合いがある。すなわち、(一) constitute する行為。つまり(主として)政治的制度化および組織化をする行為(=構成)。(二)その結果として constitute された政治的組織体(=構成体)。(三)そうして constitute された一国の政治制度・慣行(=国制)。(四)その政治制度・慣行を基本法として文書化する行為、つまり「憲法制定」。およびそうして制定された法典としての「憲法」。

アメリカ独立革命では、独立宣言がそのままアメリカ各州の憲法起草の先例となり、のちのフィラデルフィアにおける憲法制定会議の招集へと繋がった。憲法制定にあたっては、連邦派(フェデラリスト)と反連邦派(アンチ・フェデラリスト)の間で激しい論争が戦わされたが、最終的にはジェイムス・マディソンらが率いる連邦派が優位を保つかたちで新しい憲法案を採択した。この憲法制定をもって、正式にアメリカ合衆国連邦という「新たな政治体」が創設されたのである。「近代的条件のもとでは、創設の行為は憲法作成と同じことである」（OR, p.116／一九二頁）。

これに対して、フランス革命の失敗は安定的な憲法の作成に失敗したところにあるとアーレントは見る。バスティーユ牢獄襲撃後、憲法制定国民会議が発足され、人権宣言が採択されたものの、ルイ一六世はこの宣言の承認を拒否した。また一七九一年には正式に憲法が制定されるが（いわゆる一七九一年憲法）、一七九二年の王政廃止とフランス第一共和政の樹立にともなって、わずか一年後にこの憲法は破棄されることになる。その後、一七九三年に国民公会によって新たな憲法が採択されるが（いわゆる一七九三年憲法）、翌年のテルミドール九日のクーデターによって恐怖政治が終わりを告げると、これもわずか一年で破棄され、新たに共和暦三年憲法が定められる（いわゆる一七九五年憲法）。さらにブリュメール一八日のクーデターによって全権を掌握したナポレオンは共和暦八年憲法（一七九九年憲法）を制定して自らを第一統領と規定したのち、共和暦一〇年憲法（一八〇一年憲法）でこれを一部改正し（自らの地位を終身第一統領と規定）、共和暦一二年憲法（一八〇三年憲法）でさらに大幅改正。その後の王政復古によってこのナポレオン憲法も廃止され、ルイ一八世によって欽定憲法が再制定される（一八一四年憲法）。といった風に、フランス革命後の憲法状況は制定と廃止を繰り返して混乱を極めることとなった（福井二〇〇一、第五章・第六章）。

「社会問題」の解決が革命の目標となってしまったことに加えて、こうして安定的な憲法の制定に失敗したことが、フランス革命の失敗を決定づけているとアーレントは見ていた。「次から次へと目まぐるしく新しい憲法がつくられた結果、二〇世紀に入ってからも憲法の雪崩が続き、ついに憲法の概念そのものが見る影もなく分解した」（OR, pp.116-117／一九二頁）。この結果として、フランス国民議会の代表たちは「人民の憲法制定権力から自ら遊離し、創設者あるいは建国の父となることはなかった」。ここに独立革命の最終成果として憲法（＝国制）の制定と連邦制の樹立に成功して「自由の構成」「新たな政治体の創設」を成し遂げたアメリカの「建国の父」たちとフランス革命者たちとの大きな相違があったとアーレントは考えたのである。

こうして新たな憲法＝国制（政治体）を構成する行為と、その行為の結果として創り出される憲法＝国制（政治体）との両方を指し示すのがConstitutionという語である。このような憲法創設の行為とその成果としての憲法の制定が伴ってこそ、はじめて革命という政治的行為は完成される。逆に既存の政治権力に対して反乱を起こし、それを解体させるだけでは、それは成功した革命とは呼べないというのがアーレントの考えであった。すなわち、「一八世紀の人々にとっては、新しい政治的領域の境界を画し、その内部の規則を規定する憲法が必要であることは自明のことであった」（OR, p.117／一九三頁）。

このとき、アメリカの「建国の父」たちにとって、憲法の制定にとって肝要なのは「権力の制限」ではなく「権力の樹立」であったとアーレントはいう(13)（OR, p.139／二三一頁）。これは「権力」を抑圧的な強制力として捉えるのではなく、「活動し語る人々の間に現われる潜在的な出現の空間、すなわち公的領域を存続させる」ための力としてポジティブに捉えるアーレントの権力観に対応している（HC, p.200／三二二頁）。それゆえ、「アメリカ憲法の真の目的は、権力を制限することではなく、もっと大きな権力を作りだすことであった」（OR, p.145／二三九頁）。権力を制限して消極的自由（liberty）を獲得することではなく、権力を創出することによって積極的自由（freedom）を実現することにこそ、革命の真の意義があるというのが、アーレントの一貫した立場であった[14]。

以上のような革命と憲法制定の関係を考えるとき、われわれはこれが『人間の条件』における「活動」と「仕事」の関係に相当することに思い当たるだろう。すなわち、新たな「始まり」をもたらす「活動」によって革命がなされるのに対して、新たな政治体を創設するためには憲法＝国制の制定という「仕事」の役割が必要とされる。「活動」という営みはそれ自体では「脆く儚い」も

(13) アンドレアス・カリヴァスは、ネグリの批判とは対照的に（本章注10参照）、憲法制定の過程を通じて「構成的権力 constitent power」を「構成された政府 constituted government」へと転換できること、非日常的な（extraordinary 異常な、超 - 秩序的な）政治を日常的な（ordinary 常態的な、秩序的な）政治へと転換することによって、政治の安定化が実現されることを論じたところに、アーレントの政治理論の意義があるとしている（Kalyvas 2008, 第九章）。「非日常的なものを制度化し、構成的権力を構成された政府へと変換することが、新たな始まりを保護し、現われの領域を安定化させ、そしてこれが最も重要だが、正常な自由と闘争的な論争が安全に行われうるような政治的なものの範囲を縁取る。アーレントによれば、一八世紀の革命家たちがよく知っていたのは、非日常的な政治の最終生産物としての憲法のみが、新たな政治的領域に境界線を引くことができ、その枠内でのルールを定めることができるということ、そして「政治的自由」または「政治的幸福の追求」が何世代にもわたって自由に享受されるような新たな政治的空間を見つけ出し、創造しなければならないということであった」（Kalyvas 2008, p.256）。

(14) こうしたアーレントの権力論が、西欧政治思想において通常用いられている「権力」概念と大きく異なるものである点については、ハーバーマスのアーレント権力論（Habermas 1977）、および千葉眞『アーレントと現代』第三章「権力論」を参照。

のであるが、その脆さと儚さを補うのが「仕事」が生み出す工作物である。

人々の住処となる人間の工作物がなければ、人間事象は遊牧民の放浪と同じように浮草のような、空虚で無益なものとなるであろう。……各人が生まれることによってもたらすことのできる新しい「始まり」を世界の舞台のなかに持ち込む活動なしには、「日の下に新しいものはない」。現われて光輝く「新しいもの」をたとえ一時的にであろうと具体化し記憶させる言論なしには、それは「覚えられることがない」。人間の工作物の耐久的な永続性なしには、「来るべき後の者のことも、後に起こる者はこれを覚えることはない」。そして権力なしには、公的な活動と言論によってもたらされた出現の空間も、生きた行為、生きた言葉と同じように素早くかき消えてしまうであろう。（HC, p.204/三二八頁）

これらの記述から明らかなように、新しい「始まり」をもたらす「活動」の行為それ自体がどれだけ輝かしく美しいものだったとしても、その栄光を具体化し記憶させる「工作物」がなければ、その「出来事」はすぐに消え去り、忘れ去られてしまうだろうとアーレントは考えていた。逆に言えば、「始まりの出来事」や「活動の輝かしさ」を具体化し記憶するための「作品」と、それを創り出す「仕事」がその役割を果たさない限り、「活動」の意義はその耐久性を保つことができない。つまり、「仕事」による「作品化」の働きがあってこそ、「活動」は初めてその輝かしさを記憶されることが可能となるのだ。例えば、アキレウスの数々の栄光は、ホメロスがこれを『イーリアス』

という長編叙事詩という「作品」に書き記すことによって、現代に至るまでわれわれの記憶に留まり続けているのである（WIP, S.91-92/七五‐七六頁）。

こうした「活動」と「仕事」の補完関係が、革命という政治的出来事においても重要な役割を果たすとアーレントは考えていたに違いない。つまり、革命という政治的「活動」は、憲法制定という「製作」行為が伴ってはじめて、十全にその意義を成し遂げうると彼女は考えていたのではないか。腐敗した権力を打ち倒して、予測不可能な「始まり」をもたらすというだけでは、「活動」はその輝かしさを長く保持しておくことはできない。新しい政治体（権力）の創出にむかって人々が自発的に立ち上がり、「活動」へ参加したという記憶を「物化＝作品化」し、これを「仕事＝作品」（work）として残すという行為まで伴ってこそはじめて、革命は完成する。このときWorkという語は、作品を創出する行為と同時に、その行為によって創出された作品それ自体をも指すという二重の意味を持つ点で、Constitutionという語にぴったりと対応している。

> 建国の父たちが自分たちの一般的概念の伝統にしばられた狭い枠組みを乗り越えることができたのは、自分たちの新しい創造物に安定性を与え、政治生活のすべての要素を「永続的な制度」のなかに安定させたいという切迫した欲求のためであった。（OR, p.221/三七一頁）

いかなる文明――各世代が次々と住まうために創った人工物――も、変化の流れを留めておくための安定した枠組みがなければありえなかっただろう。慣習、習俗、伝統よりも持続性のある安定のための要因の第一は、世界におけるわれわれの生活とお互いの日常的な事柄を統制する法体系である。だからこそ、変化の速い時代に、法が「抑制する力、したがって積極的な活動を統制する世界のなかでの否定的な影響力」があるように見えるのである。（CR, p.79／七二頁）

6 「活動」と「仕事」の補完関係

ここで注意せねばならないのは、「活動」と「仕事」の補完関係は、「活動の製作化」とは似て非なるものだということである。「活動の製作化」とは、「活動」の脆さや不安定さを回避するために、「活動」を「製作＝仕事」によって置き換えようとする西欧政治の伝統的な解決策である（『人間の条件』第三一節「活動の伝統的代替物としての製作」）。

しばしば誤解されがちなことであるが、アーレントは必ずしも「活動」を素晴らしく理想的な営みとしてだけ描いているわけではない。むしろアーレントは「活動」の危険な側面や否定的な側面を数多く指摘している。(15) その否定的側面は、「活動」の「無制限性 boundlessness」、「予測不可能性 unpredictability」、「不可逆性 irreversibility」という三つの性格から説明されている（HC, pp.190-192／三〇八－三一一頁）。すなわち、「活動」はいちど始まってしまえば、それは次々に「活動」の連鎖を引き起こし、際限なくその連鎖が続く（無制限性）。またそのような「活動」の連鎖がどのように生じ、最終的にどのような結末をもたらすかを前もって予測することは不可能である（予測不可能性）。さらにそれらの「活動」が引き起こす結果がどのようなものであっても、それを元に戻すことはできない（不可逆性）。

こうした「活動」の否定的側面を回避するために、西欧政治思想の伝統は「活動の製作化」という方法を用いてきた。本書第一章でも述べたように、この方法を初めに確立したのはプラトンの哲人政治であったとアーレントは論じている。すなわち、ソクラテスが複数的な「意見」の吟味を通じて真理に迫ろうとする「活動」を実践したのに対して、プラトンは単一的な「真理」としてのイデアにもとづきながら、哲人王があるべき国家を「製作」する政治を構想するに至ったのである。それは、最終生産物（作品）の姿をあらかじめ「観照」によってイメージし、そのイメージにもとづいて生産物を「製作」するという「観照‐製作」モデルの「政治」のあり方であった。〈活動的生〉よりも〈観照的生〉が優位にあった西欧政治思想の伝統では、長らく「活動」モデルの政治よりも、こうした「観照‐製作」モデルの政治のほうが支配的であったとアーレントは見る。

それゆえ、プラトンは「政治問題を製作として扱い、政治体を製作のかたちで支配するよう提案

---

(15) アーレントは「歴史の概念」論文のなかで「活動する能力が人間のすべての諸能力と諸可能性のうちで最も危険であるのは疑いえない」と述べ（BPF, p.63/八二頁）、また「哲学と政治」論文のなかではかつて古代ギリシアにおいても「活動」に随伴する闘争精神がポリスに嫉妬と憎悪を蔓延させ、最終的に「この闘争精神が最終的にはギリシア都市国家を破滅へと追いやってしまった」と述べている（PP, p.82/九五頁）。マーガレット・カノヴァンも「活動を称賛した、無条件の賛歌として『人間の条件』を読むのは誤りである」と警告を発し、「順調にいかないことは別にして、活動は本当に危険である。その不断の始まりは絶えず人間世界の安定性を脅かす。なぜなら、これらの始まりは、限りない不可逆的な過程を絶えず開始するからである」と論じている（Canovan 1992, p.132/一七三頁）。

した最初の人」であり（HC, p.230／三六一頁）、彼が構想した哲人政治という「観照 - 製作」モデルの政治のあり方は、「活動の冒険と危険を取り除きたいという誘惑がいかに根強いものであるか」を物語るものであった。「ソクラテス学派が活動よりも製作を好んだのは、製作のほうが活動よりも信頼できるからである。人間が、その活動能力を、活動の空虚さ、活動の無制限性、活動の結果の不確実性もろとも、投げ捨ててしまいさえすれば、それだけで人間事象の脆さを救うことができる。ソクラテス学派が言いたかったのはそういうことであったように思われる」（HC, p.195／三一五頁）。

こうした「活動の製作化」の伝統をアーレントは強く批判した。それは政治から「活動」（複数性）の要素を奪うものであったからである。プラトン以降の「西欧政治思想の伝統」に抗い、複数的な「活動」の意義を政治の中心に取り戻すことこそ、アーレントが『人間の条件』で目指したものであった。「活動の製作化」という伝統に対抗して、アーレントが立ち戻ろうとしたのはソクラテス以前の「ギリシア人の解決策」であった（『人間の条件』第二七節「ギリシア人の解決」）。それは端的に言えば、ポリスの建設（製作）によって「活動」の不安定性を回避し、「仕事」の働きによって「活動」を補完するという方法であった。「この活動の脆さに対するギリシア人の独創的で前哲学的な救済手段はポリスの創設であった」（HC, p.196／三一七頁）。

ポリスという都市空間は、「活動」のための安定的で永続的な舞台を提供するとともに、そこで行われた「活動」の意義を記憶し後世に伝えていくための媒介装置（メディア）の役割を果たすものであった。

つまりポリスというのは、活動した人々が自分たちの行った善い行為や悪い行為を、詩人たちの援助を受けることなく、永遠に記憶に留め、現在と将来にわたって称賛を呼び覚ますためのものであった。言いかえると、ポリスという形で共生している人々の生活は、活動と言論という人間の営みのなかで最も空虚な営みを不滅にし、活動と言論の結果である行為と物語という人工の「生産物」のなかで最も儚く触知できない生産物を不滅にするように思われたのである。ポリスという組織は、物理的にはその周りを城壁で守られ、外形的にはその法律によって保証されているが、後続する世代がそれを見分けがつかないほど変えてしまわない限りは、一種の組織された記憶である。(HC, pp.197-198/三一八－三一九頁)

ポリスはそこに住む人々が生まれる前から存在し、死んだ後も存続する。その意味で、都市としてのポリスは、安定的で永続的な「世界」そのものである。そこでなされた卓越した「活動」は、人々の記憶に残り、語り継がれることになるだろう。この広場で、あるいはあの議会場で、あのとき誰それがこうした演説を行った、それに対してこのような議論が行われた、そこにあの名言が飛び出した……、という風に、優れた「活動」はポリスという組織、およびそれを構成する耐久的な工作物(建造物など)とセットにして記憶され、語り継がれていくことになるだろう。

ポリスは死すべき活動者にある保証を与える。なぜならリアリティというのは、人々が見られ、聞かれ、そして一般に、仲間の聴衆の前に姿を現わすことから生まれてくるものであるが、ポリスにおいては、たとえ、活動者の存在が束の間のものであり、その偉大さが過ぎ去ってゆくものであるにしても、このようなリアリティは決して欠けていないからである。もしポリスがなければ、これらの聴衆たちは、ただ活動者の演技が行われている短い間だけそこに居合わせるだけであり、したがって、その場合には、もはやそこにいない人々と出会うためには、ホメロスや「彼と同じ技巧を持つ他の人々」を必要としたであろう。（HC, p.198／三一九頁）

逆にもしポリスという媒介装置がなければ、そこで営まれる「活動」はそれが行われている間しか継続せず、その営みが終わるやいなや跡形もなく消え失せてしまうであろう。耐久性のある「使用対象物」を製作する「仕事」はもとより、耐久性の低い「消費財」を生産する「労働」と比べても、「活動」は脆く儚く空虚である。それゆえ「活動」の意義が記憶され伝達されるためには、その意義を記録し作品化する「仕事」の役割が不可欠である。こうして「仕事」によって「活動」の不安定性が補完されたときに初めて、「活動」もまた不死的なものとなりうるのである。これは、「活動の製作化」と似て非なる営みである。

「仕事」は「活動」を二つの意味で補完する。ひとつめは「活動」が行われる前の働きであり、もうひとつは「活動」が行われた後の働きである。まず「活動」が行われる前には、「活動」が行われるための公共的な舞台としての「世界」を製作するという役割がある。この舞台が安定した耐久的なものでなければ、「活動」が安定したかたちで持続的に行われることは難しいだろう。古代ギリシアの市民たちはアゴラと呼ばれる街の中心部の広場に集まることで討議を行っていたとされる。こうした公共空間が確保されてこそ、複数的な「活動」の営みも活性化され、多くの人々に「政治」参加への道が開かれるだろう(16)。

次に「活動」が行われた後には、その「活動」の意義を記憶し作品化するという役割がある。繰り返しになるが、「活動」という営みは脆く儚いものである。その意義を記憶し伝達するためには、何らかの物化・作品化が必要となる。これを果たすのが詩人・歴史家・作家などの「製作人」たちである。彼らは、公共の舞台で繰り広げられた「活動」を物語化し、作品化する(17)。それによって、その場に居合わせなかった人々や、後世の人々にまで、その「活動」の栄光が伝達され、その活動者たちの死を超えて、その意義が記憶されることが可能となる。「結局、物語とは活動が必ず生み出す結果であるとしても、物語を感じとり、それを「創る」のは活動者ではなく、物語の語り手(storyteller)なのである」(HC, p.192/三一〇－三一一頁)。

(16) 近年では山本理顕が、アーレントの「活動」論における空間の重要性について、建築家の見地から興味深い分析を行っている(山本二〇一五)。

(17) このような「製作＝作品化」は「活動」が終わったのちに、第三者の視点から(すなわち活動者とは別の者の手によって)初めて可能になる。逆に、「活動」が進行している最中には、活動の当事者にはそこで何が起こっているのか、その意味と意義を正しく理解することはできない。その意味と意義は「作品化」ののちに初めて理解されることが可能となる。「活動の過程、したがって歴史過程全体を照らす光は、ようやくその過程が終わったときにのみ現われ、場合によっては、参加者全員が死んだあとで現われる。いいかえると、活動が完全にその姿を現わすのは、物語作者である歴史家が過去を眺めるときだけである。そして実際、一体何事が起こったのかをよく知っているのは、常に、参加者よりも歴史家のほうである」(HC, p.192/三一〇頁)。

小活

こうして「活動」の前と後に「仕事」の働きがこれを補完することによって、「活動」の不安定性や空虚さへの防壁が築かれることになるだろう。アーレントによれば、ポリスが果たした第一の役割は、「すべての人々が自らを際立たせ、行為と言葉によって、他人と異なるユニークな自分の「誰 who」を示す機会を増やし」、「「不死の名声」を獲得する機会を増やす」ところにあり、第二の役割は「活動と言論の空虚さを救う救済手段を与えること」、「名声に値する行為を忘れ去ることなく、「不死」のものにする」ことにあった。こうして「活動」前の「仕事」の役割（＝「世界」という公共舞台の製作）と、「活動」後の「仕事」の役割（＝「活動」の物語化・作品化）の二つが組み合わさることによって、「仕事」による「活動」の補完が可能になり、ここに「可死的 mortal」な人間が「不死性 immortality」に至る道が拓かれるのだと見ることができるだろう。

前節までに述べてきた、「革命」という「活動」の儚さも「憲法制定」という「仕事」の働きによって、初めて耐久性を獲得し「不死」のものとなることが可能になるのである。アメリカ独立革命とフランス革命の差を分けたのもこれであり、アメリカ独立革命の意義が後世に十分継承されず、ハンガリー革命をはじめとする評議会制度の働きが長く継続しなかった理由もまたここにあったと捉えることができるだろう。そしてこれまでのアーレント研究のなかで十分に考慮されてこなかったのも、このような「活動」と「仕事」の補完関係の重要性ではなかっただろうか。

アーレントといえば、今でも「活動」と「公共性」の思想家というイメージが強い。また彼女が「世界」という概念を重視したこともよく知られている。しかし、その「世界」を創り出す「仕事」の意義にはこれまで十分に注意が払われてこなかったように思われる。「仕事」は単に耐久的な使用対象物を創り出すだけの営みではない。その製作を通じて、「世界」に安定性と永続性を与え、脆く儚い「活動」を作品化して「不死」のものとするところにその重要な意義が存するのである。こうした「仕事」の補完的働きなくしては、輝かしい「活動」もまた束の間の光を放ってすぐに雲散霧消することになってしまうであろう。アーレント自身は、『革命について』のなかではこのような「仕事／製作」の役割について十分に触れていないが、評議会制という「束の間のユートピア」をより持続可能なものとしていくために必要なのは、こうした「仕事／製作」の働きであったと考えられる。

そうであるとすれば、アメリカ独立革命は、その革命時に「活動」の成果を「憲法」として「作品化」することには成功したのだが、年月を経るなかでその革命精神が次第に忘れられてしまい、アメリカ人もまた私的な「労働」や「消費」に耽溺して、公共的な「活動」の意義を忘れ去ってしまったということになるだろう[18]。ではどうすれば良かったのか。アーレントは、ジェファーソンが

(18) ただし、『革命について』の発表後、アーレントは公民権運動やベトナム反戦運動の高まりを目の当たりにして、そこにアメリカの革命精神の復活を見出している。「私の見るところでは、実に久しぶりに自発的な政治運動が起こり、それが単に宣伝を行うだけでなく、活動し、しかも、そのうえほとんどもっぱら道徳的な動機から活動したということなのである。……活動するのは楽しいということを彼らは理解したのです」と、アーレントは晩年

革命時に行っていた二つの提案に着目している。ひとつめは「この国のあらゆる政治活動のもともとの源泉であったタウンシップとタウン・ホール・ミーティング」を憲法に織り込むこと、ふたつめは「憲法そのもののなかに、世代の交代期間にほぼ相当する一所定の期間ごとにそれを修正する」規定を設けること、である（OR, p.224ff/三七六頁以下）。ひとつめの提案は、人々の持続的な「活動」への参加を制度化すること、ふたつめの提案は、定期的に憲法を修正することによって「活動」と「仕事」の結合を反復すること、を意味している。こうした提案への着目からも、アーレントが理想的政治体を維持するために、「活動」と「仕事」の補完関係（結合）を重視していたことが読み取れるだろう。

そうであるとすれば、ジェファーソンが果しえなかった「活動」と「仕事」の補完関係を政治制度のなかに組み込み、これを日常的に継続していくことこそが、公的な「活動の喜び」を持続させるとともに安定的な「世界」の持続を可能にするのだ、ということになるのではないか。『人間の条件』においても『革命について』においても、実際にはアーレント自身が、そのような「仕事／製作」の重要性に十分に気づききれていない側面があるのだが、今日、われわれが彼女の思考から学びとるべきは、そうした「活動」と「仕事」の補完性の意義ではあるまいか。[19]

労働者もまた「政治」に参加することは可能であるが、その「活動」の意義を持続させるためには、「労働」とは異なる「仕事」の営みが必要とされるのである。

のインタビューのなかで興奮交じりに語っている（CR, p.203／一九八頁、強調原文）。彼女はこれらの市民による政治運動を「市民的不服従」として捉え直し、これをアメリカに引き継がれてきた「自発的結社の最新の型」として高く評価している。

ハンガリー革命を通じて評議会制度という現代に可能なる「活動＝政治」のあり方を見出したのと同様に、一九六〇年代における公民権運動やベトナム反戦運動を通じて、彼女は市民的不服従という自発的結社の最新の型を見出し、ここに「活動する喜び」の復活を見出したのである。そしてここでも、黒人たちが政治的権利および基本的権利を求めて立ち上がった公民権運動が公民権法（Civil Rights Act）の制定に結実し、それまで有名無実化していた憲法修正第一四条を実効化させる結果をもたらしたところにその大きな意義が存在するのであり、単に市民たちが「活動」に参加しそこに「喜び」を見出したからそれだけで良い、ということにはならないはずである。

（19）ただし、「活動」と「仕事」という二つの営みはつねに調和的に補完しあうものではなく、ときには対立する要素を秘めてもいるだろう。例えば、『革命について』のなかでは、「革命の精神は、互いに和解し難く矛盾さえしているように見える二つの要素を含んでいる。新しい政治体を創設し、新しい統治形態を構想するという行為は、その新しい構造の安定性と持続性に対する重大な関心を、そのうちに含んでいる」と述べられ（OR, pp.214-215／三六一頁）、「安定性に対する関心」と「新しいものの精神」という革命に付随する二つの要素が、ときに対立を孕むことが指摘されている。この二つの対立は、「仕事」と「活動」の対立にほぼ対応し、「世界性」（安定性と耐久性）と「複数性」（始まり）の対立にも対応していると言えよう。新しいことを始める「活動」と、世界の安定性を保とうとする「仕事」がときに対立するのは、ある意味では自然なことであり、この二つが調和的に補完しあうかどうかは、究極「やってみなければ分からない」。その挑戦もまた偶然的な予測不可能性に晒されているのである。

終章　「労働」から「仕事」へ

1　アーレントがマルクスから学んだもの

本書では、『全体主義の起源』発表後のアーレントがなぜマルクス研究へ没頭していったのかという問いから出発して、アーレントがマルクス思想のどのような点に関心をもち、それをどのように解釈し、批判していったのか、またそこにはどのような誤読が含まれ、その誤読を超えて彼女がどのように独自の思想を構築していったのか、という過程を考察してきた。まずアーレントの心を捉えたのは、〈労働する動物〉というマルクスの概念であり、またマルクスが「労働」を人間の本質的営みとして規定し、「労働」を軸とした思想・理論を打ち立てたという事実であった。本来、生命維持の手段にすぎなかったはずの「労働」が、近代以降には人間にとって本質的な営みと見なされるようになり、「仕事」や「活動」を遥かに凌ぐ最重要な営みと見なされるようなった。この「労働」の地位の急上昇こそが、近代社会の特質を最も端的に表しているとアーレントは考えたのだった。そして、このような時代の変化を最も的確に捉え、「労働」を中核に据えた思想体系を初めて構築したのがマルクスその人だったというのが彼女の理解であった。

それゆえ、アーレントのマルクスに対する評価は両義的である。一方で、マルクスは近代社会の本質を誰よりも的確に理解し、それを明快に理論化した点では偉大な思想家である。他方でマルクスは、「労働」こそが人間にとって本質的な営みとなっている近代社会の状況を肯定し、「労働を賛美」する思想を創りあげた点では、根本的な誤りを犯していた思想家である。このようなマルクスへの両義的評価が、アーレントの著作を貫いている。基本的にアーレントはマルクスを徹底的に批判する姿勢をとっているのだが、同時にその背景には、マルクスこそが近代社会の問題の核心を摑んでいた思想家であったという確信がある。アーレントはその両義的な思想から多くのことを学び、同時にその多くを批判した。その批判は、彼女の思索をさらに深め、それを元にして彼女独自の思想を生み出すことに大きく寄与した。とりわけアーレントのマルクス批判は、『全体主義の起源』と『人間の条件』という彼女の二つの主著をつなぐ思考の架け橋になり、労働・仕事・活動の三分類にもとづく〈活動的生〉の構想を生み出すための重要な源泉のひとつとなった。

さらにアーレントがマルクス批判を通じて、全体主義への分析を深化させたことも重要である。すなわち、「労働と全体主義」のあいだの深い結びつきを、彼女は見出したのであった。「その主要な価値が労働によって決定される、言いかえれば、すべての人間の営みが労働に転化されてしまっている」ときにこそ、人間は「世界」から疎外されて「孤立」した状態となり、そこに全体主義支配が生まれてくることになる。「労働」はもともと人間の生物学的身体を維持するための必然的な営みであったが、それが本来定められた領域を超えて「社会」のなかで過剰なまでに拡張したとき、そこにある種の歪みが生じてくることになる。人間の生のあらゆる領域が「労働」に取り込まれ、近代人は〈労働する動物〉と化す。「仕事」と「活動」の営みは衰弱し、「労働」のうちに飲み込まれるようになる。それに伴って、人間は「世界性」と「複数性」を失い、「世界疎外」の状態に陥ることになる。画一的な「社会的なもの」の拡張運動が作動し始め、公的領域と私的領域の区別が失われる。人々は「孤立した大衆」と化し、「根を絶たれた余計者」となる。こうした状況においてこそ、人々の「複数性」を消去して「全体性」のうちへ吸収しようとする全体主義の運動が現われてくるのである。

マルクス自身は全体主義の直接の父親ではない、と『カール・マルクスと西欧政治思想の伝統』草稿の冒頭でアーレントは断っていた。ただし、マルクスは「労働」を賛美する思想を創りあげた点で、全体主義が生まれる土壌を準備したのであり、この点で全体主義の出現に間接的に責任を負っている、というのがアーレントの考えであった。序章でも述べたように、ナチズムにせよスターリニズムにせよ、全体主義支配は「労働」を国民（民族）に積極的に奨励し、「労働」を通じて国民（民族）を同一化させることを試みる政策を取っていたのであった。こうした政策の面でも、マルクスは「全体主義という新たな統治形態に悪用された人物」であったとアーレントは述べている。いや、全体主義にかかわらず、近代国家は国民に「勤勉」を奨励することによって、国民の均質性を担保するとともに、そこから生み出される生産力を糧として経済成長を遂げてきたのではなかったか。

しかし、マルクスの思想に詳しい人であれば、こうしたアーレントの見解には即座に異を唱えたくなるに違いない。そもそも、マルクスは「労働を賛美」した思想家ではない、むしろマルクスは近代資本主義における「疎外された労働」を批判的に捉えた思想家であった、ましてやマルクスが全体主義の土壌を生み出す思想家であったなどとは大きな誤解である、といった反論が返ってくるだろう。本書のなかでも、アーレントのマルクス批判には多くの「誤読」が含まれていることを再三強調してきた。ただし、本書ではその「誤読」を単なる誤読として切り捨てるのではなく、アーレントがその誤読を通じて独自の思想を打ち立ててきたという「生産的誤読」として、これを肯定的に捉え直してきた。あくまでアーレントのマルクス批判が誤読にもとづくものであることをきちんと認めたうえで、その誤読を通じて彼女がどのような独自の思想を打ち立てていくに至ったかを検証することが重要だという立場を取ってきた。

『全体主義の起源』初版から『人間の条件』および『全体主義の起源』第二版に至る間にアーレントがマルクス批判を通じて獲得したもうひとつの視座は、資本主義や帝国主義のみならず、全体主義もまた「膨張のための膨張運動」（無限の自己増殖運動）という構造を持っているということであった。マルクスが『資本論』のなかで資本主義の本質をG‐W‐G′という価値の自己増殖運動として捉え、その原動力を商品化された労働力に見出したように、アーレントもまた『全体主義の起源』第二版のなかで全体主義を「加速する膨張運動」として捉え、その原動力を〈労働する動物〉としての近代人＝「大衆」による支持に見出したのであった。

資本主義が「余剰＝余計なもの」を絶えず蓄積し、これを膨張させていこうとする運動であるとすれば、帝国主義は「余剰＝余計なもの」を国外へ排出（排斥）することによって膨張を成し遂げようとする運動であり、全体主義はあらゆる人間を「余剰＝余計なもの」にし、これを完全に廃棄することによってイデオロギー的膨張を成し遂げようとする運動である。それゆえ、資本主義から帝国主義へ、帝国主義から全体主義へと連続的に引き継がれているのは、「余剰＝余計なもの」を賭け金として絶えず自己増殖していく運動の構造である。スラヴォイ・ジジェクも言うように、「ファシズムとは、資本主義が「正常に」発展した形態からたんに逸脱してしまったものではなく、その内側から発達してきた必然的な結果なのである」（ジジェク 二〇〇五、二五頁）。

アーレントの全体主義論についてこれまで多くの研究が行われてきたが、意外にも、彼女の全体主義論を資本主義論と結びつけて論じた研究は少なかったように思われる。資本主義から帝国主義を介して全体主義へと結びつく「膨張のための膨張運動」の系譜について、あるいは、資本主義と全体主義がともに「労働」によって駆動される自己増殖運動という構造を持つことについて、アーレント自身は明確な言及を行っていない。しかし本書で示してきたように、マルクスという補助線を入れてアーレントのテキストを読むとき、そこに明確には言及されていない「資本主義」の問題が存在していることは明らかである。言いかえれば、「資本主義」の視点を導入してアーレントのテキストを読み直すとき、そこに「労働と全体主義」という新たな問題系が見えてくるはずである。

2　「労働」することと「仕事」すること

もうひとつ本書が強調してきたのは、アーレントがマルクスへの批判を通じて「労働」と「仕事」を区別する視座を獲得したことの重要性であった。アーレントがマルクスの労働思想に対して抱いた最大の違和感のひとつは、「労働」に過剰な役割が付与されている一方で、安定的な「世界」を創り出す「仕事」の役割に全く配慮がなされていないことであった。これに対して、生命・生活の必要性＝必然性を満たすための「労働」と、安定的で永続的な「世界」を製作するための「仕事」の営みとを理念的に区別し、加えて循環的な「自然」に対する人工的な「世界」の重要性を強調するところに彼女の独自性があった。

「労働」が耐久性の低い「消費財」を生み出すことによって人間の「生命」を維持するのに役立つのに対して、「仕事」は耐久性の高い「使用対象物」を生み出すことによって安定的で永続的な「世界」を構築することに役立つ。このことは同時に、アーレントが耐久性の低い労働生産物を短期的に「消費」することと、耐久性の高い仕事生産物を長期的に「使用《ユーズ》」することとを区別していたことを意味している。長持ちする物を使い《ユーズ》込むことによって、慣れ親しんだ《ユーズド》世界を生み出すことができる、とアーレントはいう。他方で新しい商品を次々と「消費」していくことは、「社会」の流動化を後押しすることに繋がるだろう。

この区別は、アーレントが「生命」の維持と「世界」の製作とを、二つの異なる「人間の条件」

として捉えようとしていたことを意味している。ここでのアーレントの独自性は「世界」という概念を導入したことにある。[1] マルクスの労働思想は近代社会の核心を捉えているが、そこには「世界」の安定性と永続性という発想が欠けている、とアーレントは考えていた。「世界」の安定性と永続性がなければ、人間の儚い生には安定性が与えられず、「活動」の儚さと脆さにも不死性が与えられることもない。逆に言えば、「世界」の安定性と永続性が確保されているときにのみ、人間の儚い生に安定性が与えられ、脆く儚い「活動」に不死性が与えられることが可能になる。そしてこの安定性と永続性を備えた「世界」を創り出すためには、「労働」とは異なる「仕事」の営みが必要になる。

しかし、近代社会では「労働」の役割が肥大化するのにあわせて、「仕事」と「活動」の役割は衰弱する。「人間の条件」の観点から見れば、それは「生命」過程が肥大化し、「世界性」と「複数性」の意義が衰退することを意味している。このとき、人間は「世界」の安定性から疎外され、根なし草＝故郷喪失者の状態へと陥る。先にも述べたように、近代人が〈労働する動物〉と化すこうした状況においてこそ全体主義支配が登場してくるのであり、その意味において、近代社会における「労働」の肥大化が全体主義の淵源となっているのである。

そうであるとすれば、この「世界疎外」の状況を食いとどめるためには、安定的で永続的な「世

(1) カノヴァンは、アーレントの「労働」と「仕事」概念の相違について、それが「厳密な区別というよりもむしろ世界への一般的指向性という点での違いを指し示している」と述べている（Canovan 1992, p.125／一六三頁）。

界」を取り戻すことが必要であり、そのためには「世界」を創り出す「仕事」の営みを取り戻すことが必要である、ということになるだろう。不思議なことに、アーレント研究のなかで「世界」の役割の重要性はしばしば指摘されるが、それを創り出すための「仕事」の役割を取り戻すことの必要性が強調されることは極めて少ない。しかし、全体主義の危機を回避するために現代社会に求められているのは、これ以上の「労働」の肥大化を抑え、もう一度「仕事」の役割を取り戻すことではないだろうか。

アーレントの思想研究においては、今でも「活動」や「公共性」、「複数性」、「始まり」の重要性が強調されることがほとんどである。実際にアーレント自身がそうしていたのであるから、これらの概念がアーレント思想において枢要な位置づけを占めていることは間違いない。しかし本書では、これらの概念にあわせて、「世界」の安定性とそれを創り出す「仕事」の営みの重要性を強調しておきたい。ジョージ・ケイティブが言うように、「政治的活動は世界性が存する場所においてのみ起こりうるもの」(Kateb 1984, p.2) だからである。(2)

アーレントが最も高く評価した「活動」と、最も低く評価した「労働」との間に挟まれて、その中間にある「仕事」が主題的に取り上げられることはこれまで決して多くなかった。「活動」と「仕事」の違いや「労働」と「仕事」の違いが強調されることはあっても、「仕事」それ自体に注目が集まることは少なかった。しかし本書では、アーレントのマルクス批判から出発して、「労働」をめぐるアーレントの思想を追いかけてきた結論として、「労働」とは異なる「仕事」の意義を強調しておきたい。

このような「仕事」の重要性は、アーレント自身によっても明確に主張されてきたとは言い難い。むしろアーレントは「仕事」の要素が社会的に大きな意義を持ちすぎることの危険性のほうをより強調していたように思われる。合理的な目的‐手段図式が社会に浸透しすぎると、人々の行動様式が「有用性 utility」に縛られるようになり、そこから「自由」が失われていく(3)。また、プラトン以降の西欧政治の伝統である「活動の製作化」への強い批判意識から来るところの影響も大きかっただろう。プラトン以来の「政治の製作化」の伝統を批判し、「活動としての政治」を取り戻そうとするところにこそ、アーレントの政治思想の強調点があったからである。

そうした「世界」の安定性と「仕事」の取り戻しのためには、過剰に肥大化した「労働」を生命・生活の維持という本来的役割に戻してやることも必要になるだろう。近代社会における「キメ

---

(2) 建築家の山本理顕は『権力の空間/空間の権力』のなかで、あらゆる営みが「労働」のうちに吸収されていく近代社会の状況を批判しながら、これを克服するための方途として、市民が積極的に自治に参加することのできる「地域社会圏」を創造することを提案している。すなわち、この「地域社会圏」は「自らが決めるべきことを自ら決める意志」を持った人々が住む場所であり、「公的権力に参加する自由」(ジェファーソン)のための場所である(山本 二〇一五、二四〇頁)。それは、私的な居住空間と公的な「見世」の空間とを併せもつ新たな空間構造(「閾」としての空間)の提案であると同時に、そうした「地域社会圏」の設計に市民が自発的に参加できる仕組みを創り出すことによって新たな「公共空間」を生み出そうとする提案である。建築家の発想らしく、これもまた「活動」と「仕事」(政治と製作)とを組み合わせることによって、新たな「公共空間」(公共性)を創り出そうとする試みであると見ることができるだろう。

(3) 「有用性」が持つこのような危険性については、『人間の条件』第二一節「手段性と〈製作人〉」、および Bowring (2011, pp.18-23) を参照。

ラ化した労働」がすべての「使用対象物」を「消費財」に変え、労働‐消費のサイクルを加速度的に速め、人々を「孤立」した「根無し草」の状態に追い込んでいるのだとすれば、その速度を緩め、「労働」を生命・自然の必然性に対応した循環的な営みへと還元することによって、「労働」と「仕事」の本来的区別が回復され、「仕事」の取り戻しも可能なものとなるはずだからである。

本論でも述べたが、アーレントが批判していたのは、あくまで近代社会のもとで肥大化した労働（キメラ化した労働）であって、本来的な「労働」そのものではない。むしろ、生命維持の必然性に対応する「労働」が人間の生にとって不可欠であることを認め、「労働」がその本来の役割の範囲内に留められるべきことをこそ、彼女は主張していたのであった。同様に、安定的で永続的な「世界」を製作することこそが「仕事」の本来的役割であり、近代社会ではこの役割が衰弱しているがゆえに「世界疎外」が進行し、「活動」のための公的舞台が掘り崩されていることを彼女は問題視していたのである。

3　テーブルとしての「世界」

アーレントの「公共性」の概念を象徴的に示すものとしてしばしば引用されるのが、『過去と未来の間』の序文に記された以下の一節である。

われわれが一緒に食事をとるたびに、自由は食卓に招かれている。椅子は空いたままだが席は

空けてある。（BPF, p.4／三頁）

この一節は、誰に対しても議論のための席は開かれているという「公共性＝公開性 Öffentlichkeit」の原則を示す比喩的表現として繰り返し解釈され、重宝されてきた（齋藤 二〇〇〇、ⅲ頁）。もちろんそのような解釈はそれとして妥当なものであるのだが、それとは別様にこの一節を再解釈することもまた可能であるように思われる。すなわちこの記述は、公共的な議論（活動）の成立のためには「テーブル」と「椅子」が必要とされるということを象徴的に示しているのではあるまいか。複数的な「活動」（自由な討論）のためには、安定的で永続的な舞台としての「世界」（テーブルと椅子）が必要とされるのであり、複数の意見を持った人々が共通のテーブルを囲むことによって、公共的な空間が形成されるのである。

アーレントは『人間の条件』のなかでも「世界」をテーブルに喩えている。

> 世界のなかに共生するというのは、本質的にはちょうど、テーブルがその周りに座っている人々の間（between）に位置しているように、事物の世界がそれを共有している人々の間にあるということを意味する。つまり世界は、すべての介在物（in-between）と同じように、人々を結びつけると同時に人々を分離させている。（HC, p.52／七八－七九頁）

同じテーブルを囲むことによって、われわれは対話者と適切な距離を保ちながら、議論（＝活動）

のための舞台（＝世界）を共有することができる。この共通世界としての公的領域は、人々が集ってコミュニケーションするための共通の場所を提供するとともに、人々が個々として直接的に対峙しあわなくても良いような「介在物 in-between」の役割を果たす。「介在物」（テーブル）としての「世界」はわれわれを隔てつつ、関係させる。「共通世界としての公的領域は、私たちを一緒に集めるけれども、同時に、私たちがいわば身体をぶつけ合って競争するのを阻止している」（HC, p.52/ 七九頁）。

共通のテーブルを囲むことによって、われわれはそれぞれに意見は違えども、そのテーブルを囲んでいるという事実を共有することができる。このテーブルはわれわれの一生を超えて、次の世代へと引き継がれていくものであり、われわれはこのテーブルを大切に保全しながら、より良きものへと作り変えていく責務を負っている。なんとなれば、このテーブルに象徴される「世界」は、われわれの生に安定性と永続性を与え、われわれを人間たらしめる「活動」を可能としてくれるものだからである。そしてわれわれの「活動」や「議論」もまた、この「世界」としてのテーブルをいかにして良きものにしていくか、この「世界」をいかにして守り、次世代へ繋げていくかという論点をめぐって展開されることになるのである。(4)

他方で、今日の大衆社会を堪え難いものにしているのは、「人々の介在物であるべき世界が、人々を結集させる力を失い、人々を関係させると同時に分離するその力を失っているという事実」である（HC, pp.52-53/ 七九頁）。議論のためのテーブル（公的舞台としての「世界」）を失ったとき、われわれは共通の関心を失い、議論のための土台を失う。同時に、われわれは複数的な視点を失い、互いの適切な距離感を失い、それぞれに孤立するほかなくなるだろう。これこそ、アーレントが

「世界疎外」と呼んだ状況にほかならない。

そしてここでわれわれが改めて確認しておくべきことは、安定的で永続的な「世界」を再構築する際に必要とされるのが、「労働」とは区別される「仕事」の営みだということである。[5] あるいは近代的労働から「仕事」を奪還することが必要とされる、と言ってもよい。短期間に消耗されてし

（4）この比喩について、黒宮一太は次のように解説を加えている。「テーブルを囲んで複数の席が用意されている。この空間が「共通世界」と呼ばれるものである。つまり、「テーブル」＝「同一の対象」と「複数の席」＝「複数性」が、「共通世界」（＝「公的な領域」）を構成しているのである。／用意された席の一つに自分が座るとしよう。また別の人が自分とは異なる席につく。そのとき、自分とその人とは、テーブルの周りにある席につくことで同一の対象に関わっていることになる。自分とその人とがテーブルを介して結びつけられるのである。ただし、テーブルを挟んで異なる席についているのだから、テーブルにたいして二人は異なる位置を占めている。自分とその人とは、同一の対象にたいして異なる角度から関わっていることになるのである」（黒宮 二〇〇七、一五七頁）。
（5）リチャード・セネットは『クラフツマン』のなかで、公共世界における「仕事」の役割を軽視したアーレントを批判しながら、職人（クラフツマン）がおこなう「仕事」が持つ公共的意義を強調している。セネットは耐久性のある使用対象物を製作する職人だけでなく、円熟した技を持つプログラマーや医師や芸術家などをも職人のうちに含めながら、今日失われつつある職人気質（クラフツマンシップ）の持つ社会的意義について歴史的に考察している。セネットは「労働する動物」と「製作人」（ホモ・ファーベル）を分離するアーレントの思考を批判し、ルーティン的な作業を繰り返す「労働」のうちにも、長い時間をかけて培われていく職人的要素が育まれていく可能性があることを指摘している。「反復と実践という身体的行為によって、この「労働する動物」は内部から技術を発達させ、緩やかな「変容（メタモルフォシス）」のプロセスを介して物質的世界を構成し直すことができる」（セネット 二〇一六、四九七－四九八頁）。同時に、セネットはわれわれの社会を安定させるうえでの物質（モノ）の重要性を繰り返し強調している。

まう「消費財」を生み出す「労働」とは異なる、耐久的な「使用対象物」を生み出す「仕事」の営みを取り戻すことこそ――複数的な「活動」の次元の取り戻しとあわせて――、公共性を復権するための第一歩になるのだと考えることができよう。「仕事」が創り出す安定した「世界」の存在こそ、アーレントが複数的な「活動＝政治」を取り戻すための必要条件と考えていたものであったからである。

誤解を恐れずに言えば、ある意味では、現代社会では「活動」の機会じたいはむしろ過剰なほどに存在している。テレビや新聞や雑誌やインターネットなどの媒体において、毎日さまざまな人々がさまざまな政治的発言を行い、日々数え切れぬほどの議論が行われている。単純な量だけで見れば、過去これほど多くの人々が政治的な議論を行った時代もないだろう。いまや専門家／素人の区別を問わず、誰も彼もが「政治」や「社会」について語りたがる。しかし、これはやはりアーレントが理想とした「活動」や「複数性」とは根本的に異なっている。現代社会に横溢する「多様な」政治的議論には、アーレントがいうところの「複数性」や「公共性」は存在しない。

その違いを決定的に分けるのは、一言でいえば、「共通世界」の舞台の有無ではないだろうか。今日のメディアに溢れる多様な意見・議論は、安定した「世界」の舞台の上でなされるものではなく、絶えず流動性に晒される「社会」のなかでなされるものに過ぎない。そこには議論のための共通の土台（公的舞台）が存在せず、また散発的に行われた議論や意見の表明を記憶し「作品化」するための契機も存在しない。それはストック化されることなく、ただフローのうちに消え去るのみである。つまり、そこに欠けているのは耐久的で永続的な「世界」とそれを製作するための「仕事」の役割ではないか。それがない限り、活発になされているように見える多様な価値の表明や政治的発言は、宙のうちへ消え去っていってしまうほかないだろう。

> 活動と言論と思考は、それ自体ではなにも「生産」せず、生まず、生命そのものと同じように空虚である。それらが、世界の物となり、偉業、事実、出来事、思想あるいは観念の様式になるためには、まず見られ、聞かれ、記憶され、ついで変形され、いわば物化されて、詩の言葉、書かれたページや印刷された本、絵画や彫刻、あらゆる種類の記録、文書、記念碑など、要するに物にならなければならない。人間事象の事実的世界全体は、まず第一に、それを見、聞き、記憶する他人が存在し、第二に、触知できないものを触知できる物に変形することによって、はじめてリアリティを得、持続する存在となる。もし記憶されなかったとしたら、記憶の実現のために必要とされる物化が行われなかったとしたら、あらゆる芸術の母である古代ギリシア人が考えたように、そのとき活動と言論と思考の生きた営みは、それぞれの過程が終わると同時にリアリティを失い、まるで存在しなかったかのように消滅するだろう。（HC, p.95／一四九－一五〇頁）

その意味では、今日、「公共性」を取り戻すために必要とされているのは「活動」よりもまず「仕事」の営みではないだろうか。耐久的で安定的な「世界」という舞台がなければ、複数的な「活動」もまた継続的になされえないからである。われわれの「社会」に何より欠けているのは、「世界」の安定性ではないだろうか。『人間の条件』のタイトルとして、アーレントが当初『世界へ

の愛 *Amor Mundi*』を考えていたという逸話からも、彼女が「世界」概念をいかに重視していたかをうかがい知ることができよう。(6)「世界疎外」が進行する現代社会において多少なりとも「世界性」を取り戻すこと、そして「世界」を製作し維持する「仕事」の意義を取り戻すこと、それこそが現代に求められていることではあるまいか。

繰り返し述べておけば、筆者はここで「労働」や「活動」よりも「仕事」の営みのほうが重要度が高い、ということを主張したいのではない。あるいは「活動」(政治)の営みを「仕事」(製作)によって取って替えようとしているのでもない。つまり、アーレントが「活動の製作化」と呼んで批判したところのものを、筆者は主張しようとしているのではない。「活動」の偶然性や危険性を避けるために、合目的的で確実性の高い「仕事」の営みを立てようとしているわけではない。そうではなく、筆者が強調したいのは「活動」と「仕事」の相互補完性——持続的な「活動」のためには「仕事」の働きが必要であり、また「仕事」の働きは持続的な「活動」を可能にし、それを記憶するためにある——なのである。(7)

第六章でも述べたように、「仕事」は「活動」を二つの意味で補完する。ひとつめは「活動」が行われる前の働きであり、もうひとつは「活動」が行われた後の働きである。まず「活動」が行われる前には、「活動」が行われるための公共的な舞台としての「世界」を製作するという役割がある。この舞台が安定した耐久的なものでなければ、「活動」が安定したかたちで持続的に行われることは難しい。古代ギリシアの市民たちはアゴラと呼ばれる街の中心部の広場に集まることで討議を行っていたとされる。こうした公共空間が確保されてこそ、複数的な「活動」の営みも活性化され、多くの人々に「政治」参加への道が開かれるだろう。

人々が活動し始める以前に、すでに一定の空間が確保されていなければならず、すべての活動が行われる場所には、すでに一定の構造物が建てられていなければならなかった。ここでいう空間がポリスという公的領域であり、構造物というのが法律であった。要するに立法と建築とは同じカテゴリーに属していたのである。（HC, p.194-195／三二四頁）

次に「活動」が行われた後には、その「活動」の意義を記憶し作品化するという役割がある。何度も繰り返すが、「活動」という営みは脆く儚いものである。その意義を記憶し伝達するためには、何らかの物化・作品化が必要となる。これを果たすのが詩人・歴史家・作家などの「製作」者たちである。彼らは、公共の舞台で繰り広げられた「活動」を物語化し、作品化する。(8) それによって、

（6）アーレントからヤスパースへの一九五五年八月六日付の手紙（Arendt & Jaspers, S.264／(二)四〇‐四一頁）。

（7）リチャード・セネットは『新資本主義の文化』（邦題『不安な経済／漂流する個人――新しい資本主義の労働・消費文化』）のなかで、過剰に流動化した現代社会と新自由主義の猛威に対抗するための「文化的錨」として、物語性（narattive）、有用性（utility）、職人技（craftsmanship）の三つの価値を提示している（セネット二〇〇八、第四章）。「物語ること」（活動）に加えて、「有用性」と「職人技」（仕事）という価値を評価し直すことによって、現代の過剰流動性に歯止めをかけようとするセネットの提案は、「仕事」と「活動」の組み合わせが「世界疎外」および「膨張のための膨張運動」への対抗策になるという本書の提案と呼応するものであろう。

（8）アーレントによれば、「活動」の意味・意義が明らかになるのは、「活動」が終わったのち、それが「観察者」の

その場に居合わせなかった人々や、後世の人々にまで、その「活動」の栄光が伝達され、その活動者たちの死を超えて、その意義が記憶されることが可能になるのである。

活動と言論と思考がとにかく世界に残るために経なければならぬ物化は、ある意味で、支払わなければならない代償である。なぜならその場合、「生きた精神」から生まれ、実際束の間は「生きた精神」として存在した何物かの代わりに、いつも「死んだ文字」がそれに取って代わるからである。活動と言論と思考の営みがこのような代償を払わなければならないのは、これらがまったく非世界的な性格を持っているために、それとは異なる性格を持つ営みの助けを必要とするからである。つまり、活動と言論と思考がリアリティを得、物化されるためには、他の人工物を作るのと同じ職人の技（workmanship）を必要としているのである。（HC, p.95／一五〇頁）

4 労働・仕事・活動の三角形バランス

以上のような「仕事」と「活動」の補完関係に加えて、本書は労働・仕事・活動という三つの営みを、アーレントが想定したようなヒエラルキー関係（活動＞仕事＞労働）ではなく[9]、フラットな関係性のうちに捉え直すことを提案したい。つまり、労働・仕事・活動という三つの営みは、いずれもわれわれの生にとって不可欠なものであり、その間に優劣はなく、それぞれに取替不可能な固有の役割を持っている。重要なのはこれらの営みの適正な三角形バランスを保っていくことであって、そのヒエラルキーを維持していくことではない。「アーレントと共に、アーレントに抗して」（セイラ・ベンハビブ）、以上のように考えてみてはどうだろうか。

労働・仕事・活動の区分が職業的・身分的に固定化されていた近代以前の社会であればまだしも、そのような前提が崩れた近代以降の社会においては、われわれひとりひとりが労働・仕事・活動の三つの営みすべてを引き受けていくほかない。誰もが生活の各場面において、ときには「労働」をし、ときには「仕事」をし、ときには「活動」せねばならない。それ自体は決して否定されるべき事柄ではなく、むしろ積極的に受け止められていくべき事態である。問題なのは、いずれか一つの

視点から眺められ、評価・判断が下されるときである。「活動」の最中には、その参加者には、進行している「活動」が優れたものであるか、そうでないかを判断することはできない。そこには「活動者 actor」と異なる「観察者 spectator」の視点が必要とされるのである。「活動の過程、したがって歴史過程全体を照らす光は、ようやくその過程が終わったときにのみ現われ、場合によっては、参加者全員が死んだあとで現われる。いいかえると、活動が完全にその姿を現わすのは、物語作者である歴史家が過去を眺めるときだけである。そして実際、一体何事が起こったのかをよく知っているのは、常に、参加者よりも歴史家のほうである」（HC, p.192／三二〇頁）。この点、「観察者」の役割については、アーレントの『カント政治哲学講義』を参照のこと。

（9）『人間の条件』の訳者、志水速雄はアーレントにインタビューした際、次のようなやりとりをしたことを記録している。（志水）「あなたは価値のヒエラルキーについて書いておられますが、活動をそのヒエラルキーの最上段において評価されているのでしょうか?」、（アーレント）「イエスともノーともいえます。どんな文化にもヒエラルキーはあるものです。わたしが示そうとしたのはこのヒエラルキーがどのように変化しているかということです。もちろん、わたしはわたし自身のシンパシーをもっておりますが、しかし原則的にはヒエラルキーはありません」（志水 一九七二、六九－七〇頁）。

営みが肥大化して、他の営みを呑み込んでしまうような事態であって、守られるべきは、三つの営みがそれぞれに在るべき領域において果たすべき役割をしっかりと果たしている状況なのである。

念のために断っておけば、アーレント自身もまた、これら三つの営みが職業的あるいは身分的に固定されるべきだなどということを主張していたわけではない。アーレントが古代ギリシア・ローマを賛美した伝統主義者であったという固定観念から、彼女は依然として自由市民／職人／奴隷という身分秩序を前提にしたうえで、古典的な政治の復興を夢見ていたという理解を導き出す人もいまだに少なくないが、そのような解釈は明白に誤りであると改めて言っておこう。マーガレット・カノヴァンをはじめとする多くのアーレント研究者によって繰り返し否定されてきたように、アーレントは素朴に古代ギリシア的な政治体制を現代に復興すべきだなどと考えていたわけでは決してない。

アーレント自身、日常的に食い扶持を稼ぐための「労働」をし、「作品」を製作するための著述活動に勤しみ、ときには（政治的または非政治的な）「活動」に参加していた一市民であったことからも、その態度は明らかであろう。また彼女が尊敬をもって交友していたとされるエリック・ホッファーは、沖仲仕として日々の労働をこなしつつ、港湾労働者のための労働組合で幹部を長く務め、残された余暇で思索と著述活動を行うというスタイルを取っていた(10)。こうした労働・仕事・活動・思考の組み合わせこそ、現代人が取りうる最良の〈活動的生〉および〈精神の生活〉ではないだろうか。

先に引用した「われわれが一緒に食事をとるたびに、自由は食卓に招かれている。椅子は空いたままだが席は空けてある」という一節は、ある意味では、労働・仕事・活動の三つの要素がすべて入り込んでいると解釈することもできる。なぜなら、「食卓を囲みながら友人とともに議論をする」という行為は、食事を用意すること・食事をすること（労働）、テーブルや椅子を製作・保全すること（仕事）、議論すること・語り合うこと（活動）、という複数の行為の組み合わせによって構成されているはずだからである。

アーレントのいう「人間の条件 Human Condition」は、しばしば、これこれの条件を満たさなければ人間に値しない動物以下の存在である、という規範的な言説として受け止められがちであるが（そしてそういう要素も少なからずアーレントの記述のうちに含まれてはいるのだが）、より正確には、それは人間の生がつねに一定の要素によって「条件づけられて be conditioned」いることを示すものであり、ある意味では人間の生を「限界」づける言説として捉えられるべきものである。[11] アーレントが一貫して反対したのは、この「人間の条件＝被制約性」を超えた理想状態を実現しようとする運動（イデオロギー）であった。その意味において、人間の「複数性」を消去して「全体性」の

（10）アーレントとエリック・ホッファーの交流については、矢野（二〇一四、一三三－一四〇頁）および三浦（二〇一七）を参照。労働と活動、思索を組み合わせた〈活動的生〉を実践していたホッファーの生涯と思想については、『エリック・ホッファー自伝』を参照のこと。アーレントはホッファーを「砂漠の中のオアシス」に喩え、そのオアシスを「政治的な条件からは独立して存在する生の領域」と呼んでいた（矢野 二〇一四、一三七－一三八頁）。

（11）このことは、『人間の条件』のドイツ語版『活動的生 *Vita Activa*』における「条件 condition」の対応語が Bedingtheit（被制約性）であることを見れば、よりよく理解できるだろう。

うちへ吸収しようとする全体主義も、人類を「労働から解放」しようとするマルクス主義も、「世界」の安定性を破壊して人々を絶えざる流動性（過程）のもとに晒そうとする資本主義（経済成長主義）も、彼女にとっては同根の問題を有するものであったと言えよう。

『人間の条件』の第一節で説明されているように、人間の生は何よりもまず「誕生 birth」と「死 death」という二つの出来事によって条件づけられており、それゆえに「出生 natality」と「可死性 mortality」こそが人間の生を特徴づけている。このことは、人間の生が有限なものであること、誕生と死という明確な「始まり」と「終わり」を持っていることを意味している。しかし、これに加えて重要なのは、人間がその有限性を超えて「不死性 immortality」へと至りうる可能性を持っているということである。そして、その「不死性」を可能にするのが、まさに「活動」と「仕事」の補完関係なのである。優れた「活動」が「仕事」を通じて「作品化」されることにより、その「活動」は人々の記憶に残り、われわれの有限な生を超えて生き残ることができる。われわれが死んだ後も、その記憶は語り継がれうる。言い換えれば、その「作品」は永続的な「世界」の一部を成すことになる。

死すべきものの任務と潜在的な偉大さは、無限のなかにあって住処（home）に値する、そして少なくともある程度まで住処である物――作品、偉業、言葉――を生み出す能力にある。こうして死すべきものは、それらの物によって、自分を除いては一切が不死である宇宙のなかに、自分たちの場所を見つけることができたのである。不死の偉業に対する能力、不朽の痕跡を残しうる能力によって、人間はその個体の可死性にもかかわらず、自分たちの不死を獲得し、自分たち自身が「神」の性格を持つものであることを証明する。(HC, p.19/三四頁)

しかし、この「不死性」は「永遠 eternality」とは区別されるべきものである。神・イデア・宇宙などの抽象的観念によって代表される「永遠」は、「観照」や「信仰」によってのみ人間が到達しうる超越的な領域を指しており、〈観照的生〉が関わるべき領域である(HC, pp.17-21/三一-三七頁)。これに対して、「不死」の事物は人間の一生を超える耐久性を持つが、しかし「永遠」とは違って、それもまたいずれは朽ちて滅んでいく性質を持つものである。このうち、アーレントは敢えて完全な「永遠」ではなく、不完全な「不死性」をこそ重視し、それに至るための道筋を『人間の条件』のうちに示そうとした。自然・生命の循環運動を超え出て、直線的な「人間の生」へと踏み出し、その軌跡を後の世代に残すところにこそ、人間の有限な生の意義がある。そのような「不死性」への到達は、卓越した「活動」のみでは為しえないものである。それを「作品化」する「仕事」の営み、そしてさらには生命維持の必然性を満たす「労働」の営みが組み合わさってこそ、初めて可能となるものである。[12]

(12) 森一郎は、「3・11以後」の日本の社会状況を見据えながら、ハイデガーとアーレントの科学技術論について再考し、耐久性を持つモノによって構成される「世界」(=死を超えるもの)の重要性について論じている(森 二〇一三)。

「偉大な行為を行うことと偉大な言葉を語ること」はいかなる痕跡も残さず、活動の瞬間と語られた言葉が過ぎ去ったのちにも存続するようないかなる生産物も残さない。〈労働する動物〉が労働を和らげ、苦痛を取り除くために〈製作人〉の助けを必要とし、また死すべき人間が地上に住処を樹立するのにも〈製作人〉の助けを必要とすれば、活動し語る人々は、最高の能力を持つ〈製作人〉の助力、すなわち、芸術家、詩人、歴史編纂者、記念碑建設者、作家の助力を必要とする。なぜならそれらの助けなしには、彼らの営みの産物、彼らが演じ、語る物語は、決して生き残らないからである。（HC, p.173/二七三頁）

われわれを適切に隔てつつ関係させるテーブルとしての「世界」を取り戻すこと、そのテーブルを彩る食事をつくり、友人とともにその食事を味わうこと、そしてその友人たちとともに語らい合い、議論しあうこと、こうした営みの重なりあいこそがアーレントが描き出そうとした〈活動的生〉のあるべき姿だったと言うことができるだろう。そうしたごく当たり前の営みを取り戻すことからしか、〈活動的生〉の再建は始まらない。逆に言えば、こうした営みの複層的重なりが成立していないときには、われわれは「世界疎外」の状態に陥り、「孤立した大衆＝根無し草」と化している危険性がある。そのとき、全体主義の出現はわれわれのすぐ目の前にまで迫っているかもしれない。

「資本の自己増殖運動」（新自由主義）がその勢いをいや増す現代社会において、「全体主義的なもの」の危険性はいまだわれわれの元を去っていないどころか、新たな装いのもとに再びわれわれの眼前にその姿を現わしつつあるように見える。本書で見てきたように、「資本主義」が危機＝恐慌（crisis）を迎えたときに、その危機を乗り越えるものとして「帝国主義」および「全体主義」が登場してくるのだとするならば、まさにそれらの危機と対峙しながら独自の思想を紡ぐことを生涯の課題としたアーレントの思想のうちには、今なおわれわれが学び直すべきものが多く残されているはずである。この「暗い時代」を生き伸びるための知恵を、われわれはアーレントの「仕事＝作品work」から受け継いでいかねばならない。

あとがき

本書は、二〇一五年三月に京都大学大学院人間・環境学研究科に提出した博士号申請論文「「労働」と全体主義――「無限増殖運動」に抗するアーレント」を元に執筆されたものである。各章の初出情報は以下のとおりである。ただし、各章とも本書を執筆するにあたって大幅な加筆・修正を加えている。

序章　書き下ろし
第一章　「〈労働する動物〉と全体主義――アーレントのマルクス批判はいかなる思想的意義をもつか」、『社会思想史研究』第三七号、社会思想史学会、九五‐一一四頁、二〇一三年。
第二章　「ハンナ・アーレントの労働思想――「労働のキメラ化」に抗して」、『唯物論と現代』第五二号、大阪唯物論研究会、六八‐八五頁、二〇一四年。
第三章　「アーレントのマルクス「誤読」に関する一考察――労働・政治・余暇」、『社会システム研究』第一七号、京都大学人間・環境学研究科、七一‐八五頁、二〇一四年。
第四章　書き下ろし

第五章　書き下ろし
第六章　「〈労働する動物〉に「政治」は可能か？――ハンナ・アーレントの労働運動論から」、『唯物論研究年誌』第一八号、唯物論研究協会、二三六‐二五七頁、二〇一三年。
終章　「「労働すること」と「仕事すること」――「世界疎外」の時代に抗して」、『現代社会理論の変貌――せめぎあう公共圏』、日暮雅夫・尾場瀬一郎・市井吉興編、ミネルヴァ書房、六三‐八三頁、二〇一六年。

大学院進学以来、一〇年間にわたって取り組んできた、アーレントとマルクスの思想比較、およびアーレントの労働思想研究について、ひとまずの区切りをつけることができて、ほっとしている。学部卒業後に約三年間勤めた会社を退職し、大学院進学のための試験勉強をしていたときに出会ったのが、アーレントの『人間の条件』であった。「働くこと」について思想史の観点から何らかの研究をしたい、という漠然とした計画しか持っていなかった当時の私は、その書物の「労働」と「仕事」をめぐる一風変わった議論に強く惹きつけられた。学部時代にマルクスに関心を持っていたこともあり、この人の労働論とマルクス批判について研究してみよう、と思い立ったのがそのときであった。大学院に入ったのち、図書館でふと目にした『カール・マルクスと西欧政治思想の伝統』を手に取って読み始めたとき、その思いつきはより具体的な構想へと繋がっていった。そこからあれよあれよという間に一〇年の月日が立ってしまったが、ようやくその研究成果をひとまずの形にするところまで来た。アーレントとマルクスという思想史における二大巨頭を比較しながら

「労働と全体主義」の親和性について考察するという無謀な試みが果たしてどれだけ成功しているのか、その判断は読者諸賢に委ねることにしたい。

序章にも書いたように、昨今、アーレントの思想が大きな注目を集めていることは、アーレント研究者としてはありがたいものであるが、社会的（政治的）状況としては決して望ましいものではないのだろう。全体主義は決して過去の問題ではなく、現代社会につねに潜在する問題である、というアーレントの洞察がこれほど身に迫ってくるものになるとは、一〇年前にアーレント研究を始めた頃には全く予想していなかった。本書では、アーレントとマルクスの仕事＝作品 work を読み解くことを通じて、「労働と全体主義」の親和性、資本主義→帝国主義→全体主義へと引き継がれる「膨張のための膨張運動」の系譜、近代における「労働」の肥大化、などの構造を明らかにすることを目指してきたが、その考察が今日の「暗い時代」を思想的に捉えるための一助となれば幸いである。

本書の執筆にあたっては、多くの方々から助言と協力をいただいた。

まず大学院時代の指導教員である大黒弘慈先生にお礼申し上げたい。大黒先生には学部時代からお世話になり、本当に多くのことを教えていただいた。何よりも、一冊のテキスト、一人の思想家と向き合うにあたっての心構え、学問的な態度を教えていただいたと感じている。大学院のゼミや読書会、研究会などを通して、これまで多くの時間を共にさせていただいたが、先生との議論から得た知識と刺激は計り知れない。拙速な結論を出しがちな私を適切なタイミングで引き留め、いつも対等な目線で議論してくださったことには本当に感謝している。本書によって、これまでの学恩に少しでも報いることができていればと願うばかりである。

また博士論文の副査を務めてくださった、佐伯啓思先生、那須耕介先生、柴山桂太先生にも厚くお礼申し上げる。博士論文の公聴会で、先生方とやりとりさせていただいた三時間は今も強く印象に残っている。各先生から投げかけていただいた質問・指摘はいずれも本質を突くものばかりで、拙いながらに必死にその問いに応答し続け、共に議論させていただいたあの時間は、私にとってとても貴重な経験であった。同時にそれは、この大学院を選んで良かったと心の底から思えた時間でもあった。あの場で先生方からいただいたご指摘と助言は、本書の執筆にあたっても大きな支えと励みとなった。

博士課程修了後、日本学術振興会特別研究員として私を受け入れていただいた日暮雅夫先生は、三年間、様々な面でお気遣いをくださり、快適な研究環境を整えてくださった。研究会や共著の執筆にお誘いをいただき、細々としたお願い事にもいつも快く応じていただいたことにも感謝している。ハーバーマスやホネットをはじめとする批判理論について多くを教えていただけたことも大変勉強になった。そこから今後の研究に向けての重要な課題を与えていただいたとも感じている。

アーレント研究者として尊敬する森川輝一先生からも、本当に多くのことを学ばせていただいた。労働と全体主義の親和性という本書の核となるアイデアを得たのは森川先生のご著書からであった。第六章で言及した〈労働する動物〉と「労働者」の区別についてご教示していただいたのも森川先生の大学院のゼミにおいてである。まだまだ遠く及ばない存在であるが、いつか森川先生のような研究の境地にたどり着けるよう、今後も研鑽を積んでいきたい。

『カール・マルクスと西欧政治思想の伝統』の編訳者である佐藤和夫先生からは、貴重な資料をお貸しいただいた。アーレントとマルクスの思想比較というアイデアの端緒をいただいたのも、佐藤先生のお仕事からであった。不躾ながら先生の御宅に伺わせていただき、アーレントについて様々なことを教えていただいたのも良き思い出である。本書によって、佐藤先生のお仕事を少しでも引き継ぐことができたのであれば幸甚である。

他にも、ひとりひとり名前を挙げることはできないが、各学会・研究会でコメントを戴いた先生方、的確なアドバイスを与えてくれた先輩方、原稿のチェックを手伝ってくれた友人や後輩、苦楽を共にしてきたアーレント研究会の同志にも感謝したい。

本書は、立命館大学の学術図書出版推進プログラムの助成金を受けて出版される。関係者各位に謹んでお礼申し上げる。また、人文書院編集者の松岡隆浩さんは原稿の執筆にあたって、いつも的確なアドバイスをくださり、不器用な私を最後まで辛抱強くリードしていただいた。心よりお礼申し上げたい。最後に、私事ではあるが、今日まで私を支えてくれた両親と妻に本書を捧げたいと思う。

二〇一七年一二月

百木　漠

本書の出版にあたっては、以下の助成を受けた。記して感謝する。
科学研究費特別研究員奨励費「ハンナ・アーレント労働論の批判的検討——近代的労働の系譜学的研究」（二〇一二‐二〇一三年度）［課題番号 12J00280］
科学研究費特別研究員奨励費「労働と全体主義の親和性に関する思想史研究——アーレントの労働思想を中心に」（二〇一五‐二〇一七年度）［課題番号 15J09162］
科学研究費基盤研究（C）「ハンナ・アーレント思想の哲学・倫理学的意義の総合的再検討」（二〇一七‐二〇一九年度）［課題番号 17K02191］

Society, vol.71 no.4, pp.431-454.
Sitton, John.F, 1987, "Hannah Arendt's Argument for Council Democracy", *Polity*, vol. 20, no. 1, pp. 80-100.
Strauss, Leo, 1965, *Natural Right and History*, University of Chicago Press.（= 2013、『自然権と歴史』、塚崎智・石崎嘉彦訳、ちくま学芸文庫。）
Suchting, W. A, 1962, "Marx and Hannah Arendt's The Human Condition", *Ethics*, vol. 73, no. 1, pp.47-55.
Tsao, Roy T, 2002, "The Three Phases of Arendt's Theory of Totalitarianism", *Social Research*, vol. 69, no.2, pp.579-619.
Villa, Dana Richard, 1996, *Arendt and Heidegger: The Fate of the Political*, Princeton University Press.（= 2004、『アレントとハイデガー——政治的なものの運命』、青木隆嘉訳、法政大学出版局。）
——————, 1999, *Politics, Philosophy, Terror : Essays on the Thought of Hannah Arendt*, Princeton University Press.（= 2004、『政治・哲学・恐怖——ハンナ・アレントの思想』、伊藤誓・磯山甚一訳、法政大学出版局。）
Weisman, Tama, 2013, *Hannah Arendt and Karl Marx: On Totalitarianism and the Tradition of Western Political Thought*, Lexington Books.
Wolin, Sheldon, 1977, "Hannah Arendt and the Ordinance of Time", *Social Research*, vol.44, no.1, pp.91-105.
——————, 1983 "Hannah Arendt: Democracy and The Political", *Salmagundi*, no.60, pp.3-19.
Young-Bruehl, Elisabeth, 1982, *Hannah Arendt : For Love of the World*, Yale University Press.（= 1999、『ハンナ・アーレント伝』、荒川幾男ほか訳、晶文社。）
——————, 2006, *Why Arendt Matters*, Yale University Press.（= 2017,『なぜアーレントが重要なのか』新装版、矢野久美子訳、みすず書房。）

※引用文献について、邦訳があるものについては基本的にそれを参照したが、筆者の判断で訳文は適宜改めた。

――――――――, 2015, *Arendt and America*, The University of Chicago Press.
King, Richard.H, and Stone, Dan, 2008, *Hannah Arendt and the Uses of History: Imperialism, Nation, Race, and Genocide*, Berghahn Books.
Klausen, Jimmy Casas, 2010, "Hannah Arendt's Antiprimitivism", *Political Theory*, vol.38, no.3, pp.394-423.
Koenig, Wolfgang, 2004, "Adolf Hitler vs. Henry Ford: The Volkswagen, the Role of America as a Model, and the Failure of a Nazi Consumer Society", *German Studies Review*, vol.27, no.2, pp.249-268.
Niggemeyer, Lars, 2008, *Gesellschaft und Freiheit bei Hannah Arendt: Ein Vergleich mit Karl Marx*, Papyrossa Verlags.
Magun, Artemy, 2013, "Karl Marx and Hannah Arendt on the Jewish question: political theology as a critique", *Continental Philosophy Review*, vol.45, no.4, pp.545-568.
Major, Robert. M, 1979, "A Reading of Hannah Arendt's " Unusual„ Distinction between Labor and Work„, *Hannah Arendt: the Recovery of the Public World*, edited by Hill, Melvyn A, St. Martin's Press, pp.131-155.
Negri, Antonio and Hardt, Michael, 2000, *Empire*, Harvard University Press. （= 2003、『〈帝国〉――グローバル化の世界秩序とマルチチュードの可能性』、水嶋一憲ほか訳、以文社。）
Parekh, Bhikhu, 1979, "Hannah Arendt's Critique of Marx", *Hannah Arendt: the Recovery of the Public World*, edited by Hill, Melvyn A, St. Martin's Press, pp.67-100.
Pitkin, Hanna Fenichel, 1995, "Conformism, Housekeeping, and the Attack of the Blob: The Origins of Hannah Arendt's Concept of the Social", *Feminist Interpretations of Hannah Arendt*, edited by Bonnie Honig, Pennsylvania State University Press. （= 2001、「画一主義、家政、そしてブラッブの襲撃」、『ハンナ・アーレントとフェミニズム――フェミニストはアーレントをどう理解したか』、岡野八代・志水紀代子訳、未來社。）
――――――――――, 1998, *The Attack of the Blob: Hannah Arendt's Concept of the Social*, University of Chicago Press.
Ring, Jeniffer, 1989, "On needing both Marx and Arendt: Alienation and the Flight from Inwardness", *Political Theory*, vol.17, no.3, pp.432-448.
Sayers, Sean, 2003, "Creative Activity and Alienation in Hegel and Marx", *Historical Materialism*, vol.11, no.1, pp. 107-128.
――――――, 2007, "The Concept of Labor: Marx and His Critics", *Science &*

Gordon, Neve, 2002, "On Visibility and Power: An Arendtian Corrective of Foucault", *Human Studies*, vol.25, no. 2, pp.125-145.

Habermas, Jürgen, 1977, "Hannah Arendt's Communications Concept of Power", *Social Research*, vol. 44, no. 1, pp.3-24.

Hansen, Phillip, 1993, *Hannah Arendt: Politics, History and Citizenship*, Stanford University Press.

Hayden, Patrick, 2009, *Political Evil in a Global Age: Hannah Arendt and International Theory*, Routledge.

Heidegger, Martin, 1983, *Einführung in die Metaphysik*, Gesamtausgabe, Band. 40, Frankfurt am Main.（= 1994、『形而上学入門』、川原栄峰訳、平凡社ライブラリー。）

——————, 2000, *Reden und andere Zeugnisse eines Lebensweges: 1910-1976*, Gesamtausgabe, Band. 16, Frankfurt am Main.

Holman, Christopher, 2011, "Dialectics and Distinction: Reconsidering Hannah Arendt's Critique of Marx", *Contemporary Political Theory,* vol.10, no.3, pp.332-353.

Honig, Bonnie, 1991, "Declarations of Independence: Arendt and Derrida on the Problem of Founding a Republic", *The American Political Science Review*, vol. 85, no. 1, pp.97-113.

Ince, Onur Ulas, 2016, "Bringing the Economy Back In: Hannah Arendt, Karl Marx, and the Politics of Capitalism", *The Journal of Politics*, vol. 78, no.2, pp. 411–426.

Isaac, Jeffrey, 1994, "Oases in the Desert: Hannah Arendt on Democratic Politics", *The American Political Science Review*, vol. 88, no. 1, pp.156-168.

Jünger, Ernst, 1933, *Der Arbeiter : Herrschaft und Gestalt*, Hanseatische Verlagsanstalt.（= 2013、『労働者——支配と形態』、川合全弘訳、月曜社。）

Kalyvas, Andreas, 2008, *Democracy and the Politics of the Extraordinary: Max Weber, Carl Schmitt, and Hannah Arendt*, Cambridge University Press.

Kateb, George, 1983, "Arendt and Representative Democracy", *Salmagundi*, vol.60, pp.20-59.

——————, 1984, *Hannah Arendt, Politics, Conscience, Evil*, Rowman & Allanheld.

King, Richard.H, 2010, "On Race and Culture: Hanna Arendt and Her Contemporaries", *Politics in Dark Times: Encounters with Hannah Arendt,* edited by Seyla Benhabib, Cambridge University Press.

Press, pp.49-65.

Baranowski, Shelley, 2007, *Strength Through Joy: Consumerism and Mass Tourism in the Third Reich*, Cambridge University Press.

Barbour, Charles, 2014, "The Republican and the Communist: Arendt Reading Marx (Reading Arendt)", *(Mis) readings of Marx in Continental Philosophy*, edited by Habjan, Jernej and Whyte, Jessica, Palgrave Macmillan, pp.51-66.

Benhabib, Seyla, 1996, *The Reluctant Modernism of Hannah Arendt*, Sage Publications.

———, 2004, *The Rights of Others: Aliens, Residents, and Citizens*, Cambridge University Press.（=2014、『他者の権利——外国人・居留民・市民』新装版、向山恭一訳、法政大学出版局。）

Beiner, Ronald, 2014, *Political Philosophy*, Cambridge University Press.

Bernstein, Richard J, 1996, *Hannah Arendt and The Jewish Question*, The MIT Press.

———, 2002, *Radical Evil: a Philosophical Interrogation*, Polity Press.（= 2013、『根源悪の系譜——カントからアーレントまで』、阿部ふく子・後藤正英・齋藤直樹・菅原潤・田口茂訳、法政大学出版局。）

Bowring, Finn, 2011, *Hannah Arendt: A Critical Introduction*, Pluto Press.

Braun, Kathrin, 2007, "Biopolitics and Temporality in Arendt and Foucault", *Time & Society*, vol. 16 no. 1, pp.5-23.

Canovan, Margaret, 1974, *The Political Thought of Hannah Arendt*, Harcourt Brace Jovanovich.（= 1995、『ハンナ・アレントの政治思想』、寺島俊穂訳、未來社。）

———, 1978, "The Contradictions of Hannah Arendt's Political Thought", *Political Theory*, vol. 6, no. 1, pp.5-26.

———, 1992, *Hannah Arendt : A Reinterpretation of her Political Thought*, Cambridge University Press.（= 2004、『アレント政治思想の再解釈』、寺島俊穂・伊藤洋典訳、未來社。）

Friedrich, Carl Joachim, and Brzezinski, Zbigniew K. 1965, *Totalitarian Dictatorship and Autocracy*, revised version, Harvard University Press.

Geisen, Thomas, 2011, *Arbeit und Subjektwerdung in der Moderne: Ein dialogue imaginaire zwischen Karl Marx und Hannah Arendt*, VS Verlag fuer Sozialwissenschaften.

Gines, Kathryn.T, 2014, *Hannah Arendt and the Negro Question*, Indiana University Press.

孝・若森文子訳、法政大学出版局。

森一郎、2008、「労働のゆくえ――「ハイデガーからアーレントへ」の途上」、『ハイデッガーと現代ドイツ哲学：講座近・現代ドイツ哲学Ⅲ』、千田義光・久保陽一・高山守編、理想社。

―――、2013、『死を超えるもの――3・11以後の哲学の可能性』、東京大学出版会。

森川輝一、2002a、「アレント解釈を読む（一）」、『名城法学』、第52巻第1号、名城大学法学部。

―――、2002b、「アレント解釈を読む（二）完」、『名城法学』、第52巻第4号、名城大学法学部。

―――、2010、『〈始まり〉のアーレント――「出生」の思想の誕生』、岩波書店。

―――、2011、「アーレントの「活動」概念の解明に向けて――『人間の条件』第二四－二七節の注解」、『聖学院大学総合研究所紀要』、第50号、13-49頁、聖学院大学。

森分大輔、2007、『ハンナ・アレント研究――〈始まり〉と社会契約』、風行社。

リースマン、ディヴィッド、1964、『孤独な群衆』、加藤秀俊訳、みすず書房。

ルクセンブルク、ローザ、2013、『資本蓄積論 第3篇 蓄積の歴史的諸条件――帝国主義の経済的説明への一つの寄与』、『ローザルクセンブルク選集』編集委員会、小林勝訳、御茶の水書房。

レーニン、1956、『帝国主義論』、宇高基輔訳、岩波文庫。

―――、2011、『国家と革命』、角田安正訳、講談社学術文庫。

山口定、2006、『ファシズム』、岩波現代文庫。

山本秀行、1995、『ナチズムの記憶――日常生活からみた第三帝国』、山川出版社。

柳澤治、2017、『ナチス・ドイツと中間層――全体主義の社会的基盤』、日本経済評論社。

矢野久美子、2014、『ハンナ・アーレント――「戦争の世紀」を生きた政治哲学者』、中公新書。

山本理顕、2015、『権力の空間／空間の権力――個人と国家の〈あいだ〉を設計せよ』、講談社選書メチエ。

吉田傑俊・佐藤和夫・尾関周二編、2003、『アーレントとマルクス』、大月書店。

欧語文献

Allen, Amy, 2002, "Power, Subjectivity, and Agency: Between Arendt and Foucault", *International Journal of Philosophical Studies*, vol.10, no.2, pp.131-149.
Bakan, Mildred, 1979, "Hannah Arendt's Concepts of Labor and Work", *Hannah Arendt: the Recovery of the Public World*, edited by Hill, Melvyn A, St. Martin's

ハーバーマス、ユルゲン、1984、『哲学的・政治的プロフィール（上）——現代ヨーロッパの哲学者たち』、小牧治・村上隆夫訳、未來社。

ヒルファーディング、1982、『金融資本論』上下巻、岡崎次郎訳、岩波文庫。

福井憲彦、2001、『フランス史』、山川出版。

フーコー、ミシェル、1974、『言葉と物』、渡辺一民・佐々木明訳、新潮社。

————————、1986、『知への意志——性の歴史Ⅰ』、渡辺守章訳、新潮社。

————————、2007a、『ミシェル・フーコー講義集成〈6〉社会は防衛しなければならない』、石田英敬・小野正嗣訳、筑摩書房。

————————、2007b、『ミシェル・フーコー講義集成〈7〉安全・領土・人口』、高桑和巳訳、筑摩書房。

————————、2008、『ミシェル・フーコー講義集成〈8〉生政治の誕生』、慎改康之訳、筑摩書房。

藤田暁男、1971、「イギリスにおける「大不況」（1873年〜1896年）と諸資本の対応（1）」、『経営と経済』、第51巻、第1号、169-195頁。

藤田省三、1995、『全体主義の時代経験』、みすず書房。

フロイト、2011、『ドストエフスキーと父親殺し／不気味なもの』、中山元訳、光文社古典新訳文庫。

フロム、エーリッヒ、1965、『自由からの逃走』新版、日高六郎訳、東京創元社。

ポストン、モイシュ、2012、『時間・労働・支配——マルクス理論の新地平』、白井聡・野尻英一監訳、筑摩書房。

ホックシールド、アーリー、2000、『管理される心——感情が商品になるとき』、石川准・室伏亜希訳、世界思想社。

ホッファー、エリック、2002、『エリック・ホッファー自伝——構想された真実』、中本義彦訳、作品社。

ホブソン、1951、『帝国主義論』上下巻、矢内原忠雄訳、岩波書店。

牧野雅彦、2015、『精読 アレント『全体主義の起源』』、講談社選書メチエ。

マラッツイ、クリスティアン、2009、『現代経済の大転換——コミュニケーションが仕事になるとき』、多賀健太郎訳、青土社。

三浦隆宏、2017、「砂漠のなかのオアシス——沖仲仕の哲学者ホッファーとアーレントの邂逅について」、『季報唯物論研究』、第140号、20-29頁。

ミルズ、チャールズ・ライト、1971、『ホワイトカラー——中流階級の生活探究』、杉政孝訳、東京創元社。

村井淳、2010、「ソ連における強制労働と建設——囚人と捕虜は、どのように労働利用されたか」、『関西外国語大学研究論集』、第91号、関西外国語大学。

メーダ、ドミニク、2000、『労働社会の終焉——経済学に挑む政治哲学』、若森章

みすず書房。

ジジェク、スラヴォイ、2005、『厄介なる主体1 ——政治的存在論の空虚な中心』、鈴木俊弘・増田久美子訳、青土社。

柴田寿子、2009、『リベラル・デモクラシーと神権政治——スピノザからレオ・シュトラウスまで』、東京大学出版会。

志水速雄、1972、「ハンナ・アレント会見記」、『歴史と人物』、1972年1月号、中央公論社、60-74頁。

杉村芳美、1990、『脱近代の労働観——人間にとって労働とは何か』、ミネルヴァ書房。

セネット、リチャード、2008、『不安な経済/漂流する個人——新しい資本主義の労働・消費文化』、森田典正訳、大月書店。

——————————、2016、『クラフツマン——作ることは考えることである』、高橋勇夫訳、筑摩書房。

平子友長、2007、「西洋における市民社会の二つの起源」、『一橋社会科学』、第1号、23-66頁、一橋大学大学院社会学研究科。

田野大輔、2007、『魅惑する帝国——政治の美学化とナチズム』、名古屋大学出版会。

田畑稔、1994、『マルクスとアソシエーション——マルクス再読の試み』、新泉社。

千葉眞、1996、『アーレントと現代——自由の政治とその展望』、岩波出版。

津戸正広、2001、「労働、仕事と自由な活動——人間の活動力をめぐるアーレントとマルクス」、『大阪府立大學經濟研究』、第46巻、第4号、1-11頁、大阪府立大学。

ティルゲル、アドリアーノ、2009、『ホモ・ファーベル——西欧文明における労働観の歴史』、小原耕一・村上桂子訳、社会評論社。

轟孝夫、2002、「ハイデガーにおける労働の概念について——ナチズム加担問題の再検討」、『倫理学年報』、第51号、95-110頁。

トラヴェルソ、エンツォ、2010、『全体主義』、柱本元彦訳、平凡社新書。

ネグリ、アントニオ、1999、『構成的権力——近代のオルタナティブ』、斉藤悦則・杉村昌昭訳、松籟社。

ハインリッヒ、ミヒャエル、2014、『『資本論』の新しい読み方——21世紀のマルクス入門』、明石英人ほか訳、堀之内出版。

バウマン、ジグムント、2006、『近代とホロコースト』、森田典正訳、大月書店。

——————————、2008、『新しい貧困——労働、消費主義、ニュープア』、伊藤茂訳、青土社。

橋爪大輝、2016、「余暇・観想・思考——アーレントにおける「観想」のゆくえ」、『季報唯物論研究』、第134号、52-62頁。

哲学年報』、1992巻、127-135頁。

ガルブレイス、ジョン・ケネス、2006、『ゆたかな社会 決定版』、鈴木鉄太郎訳、岩波現代文庫。

川崎修、2002、「全体主義」、『デモクラシーの政治学』、福田有広・谷口将紀編、東京大学出版会、72-90頁。

―――、2010a、『ハンナ・アレントの政治理論　アレント論集Ⅰ』、岩波書店。

―――、2010b、『ハンナ・アレントと現代思想　アレント論集Ⅱ』、岩波書店。

―――、2014、『ハンナ・アレント』、講談社学術文庫。

紀平英作、1999、『アメリカ史』、山川出版社。

木村靖二編、2001、『ドイツ史――新版 世界各国史』、山川出版。

ギル、グレイム、2004、『ヨーロッパ史入門 スターリニズム』、内田健二訳、岩波書店。

黒宮一太、2007、『ネイションとの再会――記憶への帰属』、NTT出版。

ケインズ、2010、「孫たちの世代の経済的可能性」、『ケインズ説得論集』、山岡洋一訳、日本経済新聞出版社、205-220頁。

コリングウッド、ロビン・ジョージ、2002、『自然の観念』、平林康之・大沼忠弘訳、みすず書房。

斎藤幸平、2016a、「マルクスのエコロジーノート」、『nyx』第3号、堀之内出版、24-39頁。

―――、2016b、「「フラース抜粋」と「物質代謝論」の新地平」、『マルクスとエコロジー――資本主義批判としての物質代謝論』、岩佐茂・佐々木隆治編、堀之内出版、215-246頁。

齋藤純一、2000、『公共性』、岩波書店。

坂下浩司、2003、「「生ける自然」としてのピュシス」、『自然概念の哲学的変遷』、池田善昭編、世界思想社、27-47頁。

坂本達哉、2011、『ヒューム 希望の懐疑主義――ある社会科学の誕生』、慶応義塾大学出版。

佐々木隆治、2011、『マルクスの物象化論』、社会評論社。

―――、2015、「マルクス 「潜勢的貧民」としての「自由な労働者」」、『労働と思想』、市野川容孝・渋谷望編、堀之内出版、99-128頁。

―――、2016a、『カール・マルクス――「資本主義」と闘った社会思想家』、ちくま新書。

―――、2016b、「マルクス主義を超えるマルクス――マルクス研究の新段階としてのMEGA研究」、『nyx』第3号、堀之内出版、8-23頁。

ジェラテリー、ロバート、2008、『ヒトラーを支持したドイツ国民』、根岸隆夫訳、桑和巳訳、以文社。

アリストテレス、1959、『形而上学』上下巻、出隆訳、岩波文庫。

――――――、2001、『政治学』、牛田徳子訳、京都大学学術出版会。

石井伸男、1997、「ハンナ・アレントとマルクス「労働」と「仕事」の区別をめぐって」、『高崎経済大学論集』、第40号、111-134頁。

石田雅樹、2009、『公共性への冒険――ハンナ・アーレントと《祝祭》の政治学』、勁草書房。

石田勇治、2015、『ヒトラーとナチ・ドイツ』、講談社現代新書。

市野川容孝・宇城輝人編、2013、『社会的なもののために』、ナカニシヤ出版。

市野川容孝、2006、『社会』、岩波書店。

――――、2015、「ルソー『社会契約論』を読む」、『労働と思想』、市野川容孝・渋谷望編、堀之内出版。

伊藤洋典、2001、『ハンナ・アレントと国民国家の世紀』、木鐸社。

井上茂子、1989、「第三帝国とドイツ労働戦線（DAF）」、井上茂子・木畑和子・芝健介・矢野久・永岑三千輝、『1939――ドイツ第三帝国と第二次世界大戦』、同文舘出版、109-150頁。

今村仁司、1998、『近代の労働観』、岩波新書。

岩佐茂編、2010、『マルクスの構想力――疎外論の射程』、社会評論社。

ヴィルノ、パオロ、2004、『マルチチュードの文法――現代的な生活形式を分析するために』、廣瀬純訳、月曜社。

植村邦彦、2006、『マルクスのアクチュアリティ――マルクスを再読する意味』、新泉社。

内田弘、2005、『新版『経済学批判要綱』の研究』、御茶の水書房。

宇野邦一、2013、「反〈生政治学〉的考察」、『思想』、第1066号、岩波書店、40-57頁。

エンゲルス、フリードリヒ、1960、『反デューリング論2』、村田陽一訳、大月書店、国民文庫版。

――――――――――、1965、『猿が人間になるについての労働の役割』、大月書店編集部訳、大月書店、国民文庫版。

大谷禎之介、2011、『マルクスのアソシエーション論――未来社会は資本主義のなかに見えている』、桜井書店。

大藪龍介、1996、『マルクス社会主義像の転換』、御茶の水書房。

尾関周二、2002、『言語的コミュニケーションと労働の弁証法――現代社会と人間の理解のために』、大月書店。

金剌亮介、1993、「私有財産と私的領域――ハンナ・アレントの私有財産論」、『法

ジ数とともに本文中（）内に注記した。例えば、（MEGA II/1.2, S.501）は *Marx-Engels-Gesamtausgabe* の第二巻・第二分冊（『経済学批判要綱』）の 501 ページからの引用、（MEW 23, S.92）は *Marx-Engels Werke* の第 23 巻（『資本論』第 1 巻）の 92 ページからの引用であることを示す。

Marx, Karl, *Ökonomisch-philosophische Manuskripte*, in *Marx-Engels Werke*, Ergänzungsband Schriften bis 1844, Erster Teil, Dietz Verlag, 1968［原著 1844］.（＝『経済学・哲学草稿』、城塚登・田中吉六訳、岩波文庫、1964 年。）

——, *Ökonomische Manuskripte* 1857/58, in *Marx-Engels-Gesamtausgabe*, II/1.1・1.2, Dietz Verlag, 1976・1981［原著 1861-63］.（＝『1857-58 年の経済学草稿〔経済学批判要綱〕』、『マルクス資本論草稿集 1・2』、大月書店、1981・1993 年。）

——, *Ökonomische Manuskripte 1861-63*, in *Marx-Engels-Gesamtausgabe*, III, Dietz Verlag, 1976［原著 1857-58］.（＝『経済学批判（1861-63 年草稿）』、『マルクス資本論草稿集 4-7』、大月書店、1978-1982 年。）

——, *Inauguraladresse der Internationalen Arbeiter-Assoziation*, in *Marx-Engels Werke*, Band.16, Dietz Verlag, 1962［原著 1864］.（＝『国際労働者協会創立宣言』、『マルクス＝エンゲルス全集』第 16 巻所収、大月書店、1966 年。）

——, *Das Kapital*, Band.1-3, in *Marx-Engels Werke*, Band.23-25, Dietz Verlag, 1962［原著 1867］.（＝『資本論』第 1-3 巻、全 9 分冊、岡崎次郎訳、大月書店、国民文庫版、1972 年。）

——, *Der Bürgerkrieg in Frankreich*, in *Marx-Engels Werke*, Band.17, Dietz Verlag, 1962［原著 1871］.（＝『フランスの内乱』、『マルクス＝エンゲルス全集』第 17 巻所収、大月書店、1966 年。）

——, *Kritik des Gothaer Programms*, in *Marx-Engels Werke*, Band.19, Dietz Verlag, 1973［原著 1875］.（＝『ゴータ綱領批判』、『マルクス＝エンゲルス全集』第 19 巻所収、大月書店、1968 年。）

Marx, Karl and Engels, Friedrich, *Deutsche Ideologie*, in *Marx-Engels Werke*, Band.3, Dietz Verlag, 1962［原著 1845］.（＝『ドイツ・イデオロギー』、廣松渉・小林昌人編訳、岩波文庫、2002 年。）

————, *Manifest der Kommunistischen Partei*, in *Marx-Engels Werke*, Band.4, Dietz Verlag, 1977［原著 1848］.（＝『共産党宣言』、大内兵衛・向坂逸郎訳、岩波文庫、1971 年。）

邦語文献

アガンベン、ジョルジョ、2003、『ホモ・サケル——主権権力と剥き出しの生』、高

edited by Hill, Melvyn A, St. Martin's Press, pp.301-339, 1979.
OR　*On Revolution*, Penguin Books, 1977［原著 1963・1965］.（＝『革命について』、志水速雄訳、ちくま学芸文庫、1995 年。）
OT　*The Origins of Totalitarianism*（new edition）, Harcourt Brace & Company, 1973［原著 1951］.（※邦訳版『全体主義の起原』はドイツ語版を底本にしているが、英語版の引用に際しても対応箇所があるところは頁数を示した。）
OT 1951　*The Origins of Totalitarianism*（first edition）, Harcourt Brace & Company, 1951.
TI　"Totalitarian Imperialism: Reflections on the Hungarian Revolution", *The Journal of Politics*, vol.20, no.1, pp.5-43, 1958.
PP　"Philosophy and Politics", *Social Research*, vol.57, no.1, pp.73-103, 1990.［原著 1954］.（＝「哲学と政治」、千葉眞訳、『現代思想』、第 25 号第 8 巻、88-100 頁、青土社、1997 年。）
WIP　*Was ist Politik? : Fragmente aus dem Nachlaß*, herausgegeben von Ursula Ludz, Piper, 2003.（＝『政治とは何か』、佐藤和夫訳、岩波書店、2004 年。）
Arendt, Hannah, 1953, "Ideology and Terror: A Novel Form of Government", *The Review of Politics*, vol.15 no.3, pp. 303-327.
――――――, 1968, *Men in Dark Times*, Harcourt Brace Jovanovich.（＝『暗い時代の人々』、阿部齊訳、ちくま学芸文庫、2005 年。）
――――――, 1989［原著 1982］, *Lectures on Kant's Political Philosophy*, edited by Beiner, Ronald, University of Chicago Press.（＝『完訳カント政治哲学講義録』、仲正昌樹訳、明月堂書店、2009 年。）
――――――, 1994［原著 1960］, *Vita Activa oder Vom tätigen Leben*, Piper.（＝『活動的生』、森一郎訳、みすず書房、2015 年。）
――――――, 2005, *The Promise of Politics*, edited by Jerome Kohn, Schocken Books.（＝『政治の約束』、高橋勇夫訳、筑摩書房、2008 年。）
――――――, 2003, *Responsibility and Judgment*, edited by Jerome Kohn, Schocken Books.（＝『責任と判断』、中山元訳、筑摩書房、2007 年。）
Arendt, Hannah und Jaspers, Karl, 1993, *Briefwechsel 1926-1969*, Piper.（＝『アーレント＝ヤスパース往復書簡 1926-1969』1-3、大島かおり訳、みすず書房、2004 年。）

マルクス著作

マルクスの著作について *Marx-Engels-Gesamtausgabe* からの引用は MEGA、*Marx-Engels Werke* からの引用は MEW とそれぞれ略して、巻号、原書ペー

参考文献

アーレント著作

アーレントの主要著作については以下の略号を用いた。例えば、(DT II, S.459／(二)一三頁) という引用表記は、『思索日記』からの引用で、原著では第二分冊の459ページ、邦訳では第二分冊の13ページを指していることを示す。

BPF *Between Past and Future : Eight Exercises in Political Thought*, Penguin Books, 1977 [原著1961・1968]. (=『過去と未来の間』、引田隆也・齋藤純一訳、みすず書房、1994年。)

CR *Crises of the Republic*, Harcourt Brace Jovanovich, 1972. (=『暴力について』、山田正行訳、みすず書房、2000年。)

DT *Denktagebuch : 1950-1973*, herausgegeben von Ursula Ludz und Ingeborg Nordmann, Piper, 2003. (=『思索日記』I・II、青木隆嘉訳、法政大学出版局、2006年。)

EJ *Eichmann in Jerusalem*：*A Report on the Banality of Evil*, Penguin Books, 1977 [原著1963・1965]. (=『イェルサレムのアイヒマン――悪の陳腐さについての報告』新装版、大久保和郎訳、みすず書房、1994年。)

EU *Essays in Understanding*：*1930-1954*, edited by Jerome Kohn, Harcourt Brace & Company, 1994. (=『アーレント政治思想集成1　組織的な罪と普遍的な責任』・『アーレント政治思想集成2　理解と政治』、斎藤純一・山田正行・矢野久美子訳、みすず書房、2002年。)

EUTH *Elemente und Ursprünge totaler Herrschaft : Antisemitismus, Imperialismus, Totalitarismus*, Piper, 1986 [原著1955]. (=『全体主義の起原』新装版1-3、大久保和郎・大島かおり訳、みすず書房、1981年。)

HC *The Human Condition*, The University of Chicago Press, 1958. (=『人間の条件』、志水速雄訳、ちくま学芸文庫、1994年。)

KM "Karl Marx and the Tradition of Western Political Thought", *Social Research*, vol.69 no.2, pp.273-319. (=『カール・マルクスと西欧政治思想の伝統』、佐藤和夫編訳、大月書店、2002年。) (※加えてアメリカ議会図書館ウェブサイト内のHannah Arendt Papersアーカイブから閲覧できる草稿データを適宜参照した) http://memory.loc.gov/ammem/arendthtml/arendthome.html

OHA "On Hannah Arendt", *Hannah Arendt: the Recovery of the Public World*,

著者略歴

百木漠（ももき　ばく）
1982年生まれ。京都大学大学院人間・環境学研究科博士課程修了。博士（人間・環境学）。現在、関西大学法学部准教授。著書に、『漂泊のアーレント、戦場のヨナス』（共著、慶應義塾大学出版会、2020年）、『アーレント読本』（共編、法政大学出版局、2020年）、『嘘と政治』（青土社、2021年）など。

アーレントのマルクス
労働と全体主義

二〇一八年二月二八日　初版第一刷発行
二〇二一年一一月三〇日　初版第二刷発行

著者　百木漠
発行者　渡辺博史
発行所　人文書院
〒六一二-八四四七
京都市伏見区竹田西内畑町九
電話〇七五・六〇三・一三四四
振替〇一〇〇〇-八-一一〇三

装幀　間村俊一
印刷所　モリモト印刷株式会社

落丁・乱丁本は小社送料負担にてお取り替えいたします

ISBN978-4-409-03097-4 C3010

篠原雅武著

公共空間の政治理論

公共空間の成立条件とは何か？　アーレント、ルフェーブルの思想をたどり、公共性への問いを「空間」から捉え返す、現代都市論・社会理論の刺激的試み。進行する空間の均質化に抗う、丹念にして膂力に満ちた思考の誕生。

二四〇〇円

篠原雅武著

人新世の哲学

思弁的実在論以後の「人間の条件」

一万年に及んだ完新世が終わり、新たな時代が始まっている。環境、物質、人間ならざるものたちとの共存とは何か。メイヤスー、ハーマン、デランダ、モートン、チャクラバルティ、アーレントなどを手掛かりに探る壮大な試み。

二二〇〇円